An

EL CLAMOR DE MI CORAZÓN

anhelo más de Jesús

Publicado por
Editorial Unilit
Miami, Fl. 33172

Primera edición 2005

Originalmente publicado en inglés con el título:
My Heart's Cry
por W Publishing Group, una división de
Thomas Nelson, Inc.
P O Box 141000
Nashville, Tennessee 37214.

Proyecto conjunto de las agencias literarias
William Neill-Hall Ltd., de Cornwall, Inglaterra, y
Alive Communications, Inc., de Colorado Springs, CO, EE.UU.

Traducción: Adriana E. Tessore de Firpi
Diseño de la portada: Ximena Urra
Fotografías de la portada: Corbis y BrandXpictures

Producto 495365
ISBN 0-7899-1242-2
Impreso en Colombia
Printed in Colombia

Contenido

Nota del editor: Cuando lea el libro, por favor no deje de consultar las notas al final de la publicación. Se incluyen referencias bíblicas, pero también preciosa información y conclusiones de las historias que eran demasiado importantes como para eliminarlas, pero muy detalladas como para incluirlas en el texto.

Dedicado

a

todos aquellos que anhelan más y siempre más

de

JESÚS

Anhelo Más...

TOMÉ EL PRIMER VUELO que partía de Belfast, Irlanda del Norte, donde estaba predicando, para acudir junto a mi padre. Respondía así a un mensaje urgente en el que me expresaban que mi padre pensaba que iba morir y quería verme.

Llegué a la habitación del hospital con el corazón en la boca, el rostro bañado en lágrimas y una extraña mezcla de sentimientos y oraciones que me daban vueltas por la mente. Mi padre parecía apenas una sombra del hombre apuesto y prominente que era. Estaba sumamente delgado, demacrado, y tenía en la piel un tono grisáceo; el magnífico cabello grueso y abundante faltaba en la parte donde lo habían rasurado para colocarle el sistema de desviación que aliviaría la hidrocefalia. Su rostro dulce y radiante se emocionó al reconocerme. Lo rodeé cariñosamente con mis brazos y lo abracé mientras le susurraba cuánto lo amaba y que había acudido en respuesta a su llamado.

Con el paso de los días, se recuperó y me fui. Al llegar a casa, recibí la noticia de que mi padre había tenido que someterse a otro tratamiento de emergencia. Luego de consultar con varios médicos, abordé un avión y acudí a su lado. Era el Día del Padre del año 2000 cuando volví a entrar a aquel cuarto de hospital. Esta vez estaba dormido, así que solicité a la enfermera que se retirara y ocupé la silla que estaba junto a la cama, donde él pudiera verme cuando se despertara. Tenía la cabeza completamente rapada y cubierta solo por una gorrita verde que le protegía la herida.

Me sentí abrumada por la emoción y las lágrimas comenzaron a fluir a raudales. «¡Dios mío! Señor... te lo ruego... Sé que mi padre está listo para ir al "hogar", pero yo no estoy lista para separarme de él todavía. Sánalo, restablécelo y dale fuerzas. He tenido a mi padre durante cincuenta y dos años pero no es suficiente. Anhelo más... más tiempo, más charlas, más abrazos, más besos, más consejos, más caminatas por las montañas... Por favor, te ruego *que me des más de mi padre...*»

Porque cuando uno ama a alguien con todo el corazón, siempre anhela más...

...y siempre MÁS

EL APÓSTOL JUAN experimentaba lo que serían los últimos días de una experiencia inolvidable y transformadora: caminaba y conversaba con Jesucristo durante su ministerio público antes de ir a la cruz. Ninguno de los discípulos, ni siquiera Juan, comprendía plenamente lo que habría de acontecer: la separación, la crucifixión, la resurrección, la ascensión y la comisión que recibirían. Sin embargo, todos tenían un mal presentimiento cuando Jesús hablaba de abandonarlos[1]. Cuanto más hablaba de eso, más se resistían ellos a creerlo y se sumían en un oscuro abismo emocional[2].

Durante tres años Juan y los demás discípulos habían abandonado todo lo que eran y tenían para seguir a Jesús. En el transcurso de ese tiempo, Juan fue testigo de experiencias transformadoras e inolvidables:

Lo vio darle la vista a un ciego de nacimiento[3].

Observó cómo sanaba los oídos de un sordo[4].

Se maravilló cuando, ante una divina orden de Jesús, los demonios huyeron[5].

Estuvo con Él cuando alimentó a cinco mil personas con cinco panes y dos peces[6].

Gritó aterrado cuando lo vio caminar sobre la superficie del lago en medio de una tormenta[7].

Se asombró cuando Jesús ordenó a los vientos huracanados y a las olas que rompían con furia en el mar de Galilea que se calmaran y lo obedecieron[8].

Sintió temor cuando Jesús demostró ser la resurrección y la vida al resucitar a Lázaro[9].

Sin embargo, Juan seguía a Jesús por mucho más que la emoción de ver las señales y maravillas que acompañaban su ministerio. No se sentía tan atraído por las cosas que Jesús hacía, sino por quien era Jesús. Por...

el tono seguro de su voz,
la mirada compasiva de sus ojos,
la tierna suavidad de sus manos,
la impactante autoridad de su mensaje,
la sensibilidad y comprensión que manifestaba en sus consejos,
la intimidad con que elevaba sus oraciones,
el ejemplo sacrificial de su generosidad,
la consistencia inquebrantable de su carácter,
la naturaleza incondicional de su amor.

Juan estaba plenamente convencido de que Jesús de Nazaret era el Mesías, el cumplimiento de la Ley y los Profetas, el Redentor de Israel, el Hijo de Dios. Jesús se había convertido en la vida, la esperanza, la paz y la razón de vivir de Juan. El solo pensamiento de dejar a Jesús, de vivir tan solo un instante sin Él o de tener que separarse de su lado le era inconcebible.

Juan ansiaba experimentar más de Jesús: más de su tiempo, más de sus pensamientos, más de sus enseñanzas... ¡más de Él en todo sentido! Sin embargo, todo parecía indicar que Jesús estaba preparando a Juan y a los otros discípulos exactamente para eso: su partida.

Al igual que Juan y los demás discípulos, he conocido a Jesús de una manera personal. Ellos lo conocieron cara a cara mientras que yo lo conozco por la fe; sin embargo, el mío no deja de ser un conocimiento personal, directo y experimental. Y ha ido en continuo crecimiento, desde que pequeña confesé mis pecados y le pedí que fuera mi Salvador, durante mi adolescencia cuando le consagré mi vida por entero, y en la época de madre joven llena de afanes cuando me alejé un poco para regresar después a su lado en el estudio disciplinado de su Palabra. También cuando respondí a su llamado a hacerme cargo de la enseñanza en una clase bíblica semanal, cuando di un gran paso de fe para seguirlo en el ministerio internacional itinerante y cuando tomé un bolígrafo y escribí la primera palabra que terminaría publicada, hasta el momento en que —bajo insoportable dolor y presión— mi corazón gritó: ¡Solo dame Jesús!

Pero de alguna manera, como Juan, siento que todo ese tiempo en su divina presencia y toda la devoción a su servicio no es suficiente. He llegado a la conclusión de que jamás será suficiente hasta que mi fe se convierta en vista y lo conozca plenamente como Él me conoce a mí[10]. Hasta que llegue ese día, sé que mi anhelo por Él es voraz y que una vez más me conducirá a sumergirme en las páginas de su Palabra. En especial, en el relato testimonial de su vida y ministerio relatados por el discípulo con el que más me identifico: Juan.

La mayor parte de este libro se basa en los pasajes del evangelio de Juan que contienen lo que Jesús enseñó a sus discípulos en los últimos momentos que compartieron, cuando estos intentaron retenerlo. Quise saber qué decía Él a quienes ansiaban desesperadamente más de Él.

Al escudriñar las Escrituras, mi corazón clamó por más, y siempre más...

para escapar del ardiente infierno.

para salvarme de la ira de Dios.

para poder llamarme cristiana.

para manejar la culpa.
para conseguir la entrada al cielo.
para poder escabullirme por la puerta del cielo.
Anhelo más que lo mínimo que Dios puede ofrecer.
Anhelo más de lo que la mayoría de los cristianos procuran.
Anhelo todo lo que Dios tiene para darme.
Anhelo más y siempre más...
¡para doblegar mi voluntad!
¡para despertar mi conciencia!
¡para quebrantar mi corazón!
¡para transformar mi mente!
¡para vencer mis prejuicios!
¡para elevar mi espíritu!
¡para hacerme conforme a su gloriosa imagen!
¡para garantizarme una espléndida entrada al cielo!

¡Anhelo saturarme de Jesús! *Por eso, te lo ruego, Dios mío, dame MÁS...*

Por esta razón me arrodillo delante del Padre,

de quien recibe nombre toda familia en el cielo y en la tierra.

Le pido que … con el poder que procede

de sus gloriosas riquezas …

sean llenos de la plenitud de Dios.

Al que puede hacer muchísimo *MÁS*…

EL APÓSTOL PABLO

1 MÁS *de* *su voz en mis oídos*

Juan 10:1-10

«DIOS ME DIJO QUE te dijera que debes casarte conmigo». Recibí esa asombrosa noticia en una hoja de cuaderno manchada de comida cuando tenía catorce años. Era una carta personal dirigida a mí y que había llegado a la organización de mi padre. Pertenecía a un joven iluso al que recuerdo haberle respondido con franqueza: «A mí no me lo dijo».

Si bien este incidente pudiera parecer simpático, algo parecido me transmitieron al comienzo de mi ministerio que no me causó nada de gracia. Algunos líderes eclesiásticos manifestaron su desaprobación a mi ministerio porque yo iba a hablar a un auditorio donde había hombres presentes. Basaban su posición en lo que ellos decían que Dios decía.

El clásico argumento de uno de estos hombres era algo así como: «Dios me dijo que usted como mujer no puede hablar frente a una audiencia en la que se hallan hombres. Dios también me dijo que las mujeres no deben predicar».

Mi reacción inicial fue la misma que tuve a los catorce años: «Bueno, a mí Dios no me lo ha dicho». Sin embargo, como este razonamiento lo esgrimían personalidades con títulos de seminarios y una reputación de ser hombres espirituales y piadosos, y pastores de iglesias, esta ovejita necesitaba escuchar la voz de su Pastor. Yo no deseaba escuchar lo que otros decían que Él decía. Quería escucharlo directamente de Él. Anhelaba escuchar el susurro de su voz en mi oído espiritual.

¿Se ha enfrentado alguna vez a algo parecido? ¿Se ha visto confrontado por quienes le han dicho algo así como: «Dios me dijo que le dijera que si tuviera más fe, sanaría», o «Si Dios lo amara de verdad, no le hubiera sucedido algo tan terrible», o «Era la voluntad de Dios que ese ser querido muriera»? Esas «palabras de sabiduría» expresadas por personas sinceras de nuestro círculo de amigos cristianos pueden lanzarnos en picada a un desastre emocional y de duda espiritual. Es particularmente traumático y confuso cuando esas palabras las transmite alguien que se halla en una posición de liderazgo espiritual.

¿Cómo podemos saber qué voz dice la verdad y por lo tanto es auténtica?

La Biblia dice que Dios habla a sus hijos y que nosotros escuchamos y conocemos su voz como la oveja escucha y reconoce la voz de su pastor.

En la cultura occidental, el concepto de un pastor individual carece de significado. Con el tema de la fiebre aftosa, hemos visto los ranchos de ganado lanar en los noticieros y las fotos de los rediles de Irlanda del Norte en la primera plana de los periódicos. Si habita una zona rural, sabrá que las ovejas hoy en día pastan en campos cuidadosamente vallados, al cuidado de perros pastores e identificadas con un número tatuado en la oreja. Las computadoras les siguen el rastro desde que nacen y determinan cuándo es el momento de esquilarlas o de sacrificarlas. No tienen un pastor individual. Aun en un pequeño campo con pocos animales, el propietario no puede distinguir una de la otra.

Sin embargo, el pastor oriental era muy distinto y sigue siéndolo en muchas partes del mundo. El pastor cría la oveja desde que es un corderito y se hace responsable de ella las veinticuatro horas del día, los siete días de la semana, año tras año, durante toda la vida de la oveja. No existen perros, ni vallas, ni tatuajes ni computadoras.

El pastor oriental de la época de Jesús criaba las ovejas principalmente en las zonas elevadas de Judea. La zona era rocosa, ondulada y atravesada por grietas y barrancos. Los manchones de pasto estaban por aquí y allá, de modo que el pastor tenía que establecer una relación individual con cada una de las ovejas, tenía que cultivar el amor y la confianza en él para poder guiarlas por el camino más accesible, a los pastos más tiernos, a las aguas más cristalinas y en donde hallaran seguridad en las noches. El pastor siempre guiaba a las ovejas. Las conocía por su nombre y cuando las llamaba, estas reconocían su voz y lo seguían como los polluelos a la gallina. Si él se detenía, las ovejas se amontonaban a su alrededor, contra sus piernas. Esa relación que cada una tenía con el pastor se basaba en la voz de este, una voz que conocían y en la que confiaban.

La Biblia establece un paralelismo entre nuestra relación con Jesús y la que el pastor oriental tiene con sus ovejas. Es una relación que se basa en la voz. Y cuidado: su voz es la Palabra de Dios, la Santa Biblia.

LA VERDADERA VOZ ES BÍBLICA

Dios habla en primer lugar a través de las Escrituras y, en ocasiones, a través de otras personas y es ahí cuando debemos ser sumamente cuidadosos. Una de las enseñanzas más conocidas de Jesús es de cuando confrontó a los «pastores», o líderes religiosos, de su época que afirmaban hablar de parte de Dios. Juan registra que la confrontación ocurrió luego del incidente en relación con uno de los muchos mendigos ciegos del pueblo.

Jesús caminaba por las congestionadas calles de Jerusalén cuando llamó su atención un mendigo ciego de nacimiento. Jesús se detuvo y con paciencia explicó a sus discípulos y a aquel hombre que aquella ceguera no se debía al pecado de nadie sino que era una ocasión para revelar la gloria de Dios. El resultado de la manifestación de la gloria de Dios al abrir Jesús aquellos ojos que jamás habían podido ver debió haber ocasionado que todos, incluso las autoridades religiosas (¡en especial las autoridades religiosas!) cayeran de rodillas a los pies del Señor en adoración. En cambio, provocó una discusión entre el hombre y los líderes religiosos que terminó con la expulsión del templo del que había sido ciego. Trate de imaginarse el drama del mendigo[1]:

En un mismo día, la vida del hombre que fue ciego dio un vuelco en todo sentido. Seguramente estuvo yendo de un lado al otro por las estrechas y atestadas callejuelas, intentando comprender lo que había experimentado y tomando conciencia de que si bien había obtenido la vista física, había perdido toda la aceptación social que era de esperarse. ¿Estaría librando una lucha sobrehumana por quitar su atención de todo lo que estaba viendo por primera vez en la vida y ponerla en las cosas que se agolpaban en su mente también por primera vez? ¿Y adónde iría? ¿Regresaría al callejón donde había mendigado toda su vida? ¿Iría a la casa de sus padres que resentían la desgracia que él había acarreado a la familia? ¿Regresaría a sus «amigos» que lo habían llevado ante las autoridades? Desde que recibió la vista, nadie lo había felicitado, ni le había dado la mano, ni le había dado palmaditas en la espalda, y ni siquiera le habían sonreído con alegría y aprobación. Luego de haber pasado toda su vida en la oscuridad, seguramente nunca se había sentido tan solo como se sentía ahora que estaba en la luz.

Eso fue hasta que escuchó aquella voz conocida. Provenía de un hombre de apariencia común que estaba frente a él...

un Hombre que había escuchado de su expulsión del templo,

un Hombre que sabía lo que era sentirse solo entre la multitud,

un Hombre que comprendía lo que se siente cuando lo tratan a uno como un criminal por tener la presencia de Dios en su vida,

un Hombre que había experimentado en carne propia lo que era el rechazo, no del templo ni de la ciudad, sino del corazón del hombre.

un Hombre que había escuchado, que comprendía, que amaba y que buscó hasta encontrar a este mendigo a quien Él le había dado la vista.

¡Gloria a Dios! Jesús se acerca a los afligidos, perseguidos, criticados y condenados al ostracismo. Jesús se acerca a los que sufren, en especial, a los que sufren por Él[2].

¿Saltaría de alegría el corazón de este hombre al escuchar aquella voz que no podría olvidar en toda su vida? ¿Buscarían sus ojos con avidez el rostro de aquel Hombre, absorbiendo cada detalle a la vez que prestaba atención a cada sílaba a la pregunta de si creía en el Hijo del hombre? Preguntó ansiosamente:

«—¿Quién es, Señor? Dímelo, para que crea en él.

»—Pues ya lo has visto —le contestó Jesús—; es el que está hablando contigo.

»—Creo, Señor —declaró el hombre. Y, postrándose, lo adoró» (9:35-38).

Luego Jesús condena de manera acerba a los fariseos que se habían puesto a juzgar a aquel hombre y que aún acosaban. Les dijo que el hombre que era ciego ya podía ver, pero no solo físicamente sino también espiritualmente porque reconoció a Jesús como el Hijo de Dios y depositó su fe en Él. Sin embargo, los fariseos, basados en el ejercicio religioso, el conocimiento y la experiencia, que creían tener los ojos espirituales abiertos, permanecían ciegos porque rechazaban la verdad de quién era Jesús (9:39-41).

Los altivos, santurrones y elaboradamente vestidos fariseos que se deslizaron por el patio del templo para espiar al mendigo lo hallaron conversando con Jesús. Entonces, Jesús aprovechó lo que sería otra inevitable e inminente confrontación con los líderes religiosos para dejar en claro algo que creo que debería seguir resonando en los oídos de los cristianos de nuestros días. Con ojos que seguramente brillaban de justa indignación, y con la misma firmeza con que acusó a los líderes espirituales de ceguera espiritual, Jesús advirtió a sus seguidores que no todos los líderes religiosos, o «pastores», eran auténticos.

La confusión en cuanto a la autenticidad

La mezcla de pastores verdaderos y falsos puede ser confusa para los que son superficiales en su relación con Dios y en su actitud hacia la Palabra. En el Antiguo Testamento, cuando el pueblo de Dios rehusaba prestar atención a Dios o a su Palabra, el Señor permitía que multitudes de falsos profetas predicaran en cada esquina de la ciudad, pero ninguno hablaba la verdad[3]. El Nuevo Testamento también nos advierte que este juicio se repetirá en los últimos tiempos de la historia de la humanidad, cuando una vez más una multitud de falsos profetas impregnará el panorama religioso[4].

¡Los que estamos en la iglesia necesitamos reaccionar! Solo el que alguien...

pastoree una iglesia,
emplee ejemplos de la actualidad,
lea griego y hebreo,
predique con elocuencia,
motive a la congregación,
provoque la risa del auditorio,
ostente un título de un reconocido seminario teológico,
se haga amigo de la gente con su conducta amable y carismática...

¡NO SIGNIFICA QUE SEA DE DIOS!

Con ojos que deben haberse entrecerrado con furia ante los fariseos engreídos que se autoproclamaban líderes espirituales y, sin embargo, intentaban destruir el testimonio de fe del mendigo, Jesús lanzó su advertencia. Con osado atrevimiento no se retractó ni un ápice ante sus presuntuosos y poderosos enemigos. Con una voz que debió haber resonado con un tono de indignación, dejó bien en claro ante los fariseos, el hombre que era ciego, los curiosos que había por allí e incluso ante sus propios discípulos de entonces y de ahora, que hay quienes se proclaman pastores y líderes de su pueblo, pero que no son sinceros.

Haciendo uso del conocido ejemplo de un redil o refugio invernal para ilustrar lo que decía, puntualizó con énfasis: «Ciertamente les aseguro que el que no entra por la puerta al redil de las ovejas, sino que trepa y se mete por otro lado, es un ladrón y un bandido. El que entra por la puerta es el pastor de las ovejas. El portero le abre la puerta, y las ovejas oyen su voz. Llama por nombre a las ovejas y las saca del redil» (10:1-3)[5].

Los rediles de invierno estaban localizados en las estériles y rocosas montañas de Judea. Cada uno era usado por varios pastores que mantenían allí sus rebaños durante la noche por seguridad. El redil tenía paredes altas de piedra y se entraba a través de una resistente puerta de madera. Carecía de techo. Uno de los pastores haría las veces de portero y permanecería junto a las ovejas toda la noche para cuidarlas de los ladrones, los animales salvajes y de cualquier cosa que pudiera dañarlas. A la mañana siguiente, los pastores legítimos se acercarían a la puerta para identificarse. El portero abría la puerta y cada pastor llamaba entonces a sus ovejas por nombre. Una a una se separaban del rebaño para seguirlo e ir a pastar por la zona montañosa de Judea durante todo el día.

El criterio de la autenticidad

Usted y yo, como «ovejas» de Dios, podemos determinar la autenticidad de los pastores cuando estos se nos acercan. A un pastor legítimo se le conoce porque *siempre entra* por la puerta de la Palabra de Dios que el Portero, el Espíritu Santo, abre para nosotros. El pastor falso entra por otra «puerta» que no es la Palabra de Dios. Puede

acceder a través de

una posición de liderazgo,

una doctrina denominacional,

un ritual ceremonial,

un prejuicio cultural,

la teología tradicional,

la opinión pública,

las estrategias de mercadeo,

la psicología popular.

Esta fue la enseñanza que aprendí al principio de mi ministerio itinerante hace trece años. Al salir al mundo en respuesta al llamado de Dios, una de las primeras invitaciones que acepté fue la de hablar en una gran convención de pastores. Ochocientos líderes se hallaban sentados a las mesas dispuestas en un inmenso salón que parecía extenderse más allá de lo que daba la vista. Mientras avanzaba hacia el atril, me distrajo el sonido de un movimiento que se producía entre los presentes. Me desconcertó ver que muchos pastores habían girado la silla para quedar de espaldas a mí. Algunos de los que aún miraban al frente lo hacían con una expresión de rechazo y hostilidad tal que me sentí confundida y avergonzada. Intenté presentar el mensaje que me habían invitado a dar, pero no podía dejar de temblar. Me sentía espiritualmente reprobada.

¿Cómo podían aquellos hombres piadosos encontrar tan ofensivo lo que yo hacía y demostrarlo de esa manera, en especial cuando yo era una invitada? Estaba sumamente confundida. ¿Era aquella voz casi inaudible que escuchaba de parte de aquellos hombres (que en esencia decía: «Anne, no tienes derecho a ocupar el púlpito o la plataforma mientras haya hombres presentes») *una voz legítima o no?*

En vez de acatar ciegamente lo que estos críticos demandaban o de responder con furia en un duro intercambio de palabras, le supliqué a Dios que me diera su Palabra. Sabía que muchos de estos hombres eran profesionales religiosos que pastoreaban iglesias. De inmediato consideré que su postura era valiosa. Sin embargo, deseaba escuchar la voz de mi Pastor y seguirlo a Él. En la práctica, eso significaba que debía ir a casa y abrir la Biblia.

Una vez en casa, le dije a Dios que jamás había tenido inconvenientes con que las mujeres tuvieran una parte en el ministerio, ni con que las mujeres hablaran de la Palabra de Dios habiendo hombres presentes, pero que ahora sí tenía inconvenientes. El problema que tenían estos pastores era ahora también mi problema. Así que con humildad le pregunté al Portero, al Espíritu Santo, que me condenara si estaba fuera de su divina voluntad o que me confirmara su llamado una vez más.

Cuando vine a ver estaba leyendo una vez más la historia de María Magdalena en Juan 20. Luego de la Resurrección, cuando María se encontró con el Cristo resucitado, Él le dio esta orden: «Ve más bien a mis hermanos y diles: "Vuelvo a mi Padre, que es Padre de ustedes; a mi Dios, que es Dios de ustedes"».[6] En otras palabras, Jesús le decía a María, *una mujer*, que fuera a Jerusalén a decirle a once *hombres* lo que ella había visto y oído. Jesús también envió a las otras mujeres que habían ido a la tumba temprano aquella mañana de domingo a que fueran a contarle la noticia a los discípulos. Y no solo que dieran el testimonio personal de su experiencia con el Cristo resucitado sino también su Palabra con las indicaciones de que fueran a Galilea[7]. Llegué a la conclusión de que Jesús mismo no tenía inconvenientes en que las mujeres dieran su testimonio personal o hablaran de la Palabra cuando hubiera hombres presentes.

Luego, el Portero pareció abrir la puerta de Jeremías, donde una vez más escuché la voz del Pastor que decía: «He puesto mis palabras en tu boca ... No te importe la reacción del auditorio. Solamente ocúpate de transmitir con fidelidad el mensaje que he puesto en tu corazón. ¡Levántate y háblales todo cuanto te mande! No temas delante de ellos, *ni a sus espaldas*, para que yo no tenga que quebrantarte en su presencia. Anne, no tienes que rendirle cuentas al auditorio sino a mí. Pelearán contra ti, pero no te vencerán, porque yo estoy contigo para librarte»[8].

Sentí que Dios me retaba, me animaba y me desafiaba al confirmarme una vez más el llamado a través de su Palabra y de su Santo Espíritu hablándome al corazón. La voz auténtica del Pastor parecía abrirse paso por entre toda aquella confusa retórica que confundía mis pensamientos. Su Palabra era como una bebida refrescante en un día de calor abrasador a medida que daba respuesta a cada una de mis preguntas. Sin embargo, antes de dejar el tema de lado de una vez por todas, le pedí que me ayudara a comprender las palabras de 1 Timoteo 2:12, donde Pablo prohíbe «que la mujer enseñe al hombre y ejerza autoridad sobre él». Mientras meditaba profundamente en el pasaje, me pareció que Dios me revelaba que todo giraba alrededor de tener «autoridad sobre él».

Por lo tanto, creo que lo que me prohíbe es enseñar o predicar desde una *posición de autoridad* sobre el hombre. En la práctica eso significa que tengo cerrada la puerta en cuanto ser ordenada al ministerio o ser pastora de una congregación. De modo que cuando hablo o predico lo hago como una mujer que no está *en autoridad*, sino que soy una mujer que está *bajo autoridad*, ¡la autoridad de mi Señor! Y cuando hablo lo hago con la autoridad que viene de aquel a quien conozco, y no de la posición que sostengo.

Esta enseñanza quedó nuevamente en relieve hace poco cuando, luego de una alocución en un seminario para evangelistas, permanecí allí saludando a todos los que se habían acercado a hablar conmigo. Estuve alrededor de una hora estrechando manos y orando con hombres que, con lágrimas en los ojos y la voz quebrada por la emoción, manifestaban que Dios les había hablado con claridad por medio de su Palabra.

El último que se me acercó fue un caballero alto y buen mozo que tenía una expresión en abierto contraste con la del resto de los hombres con los que había hablado. Se manifestó frío y distante si bien afirmaba ser un «simpatizante» que había leídos mis libros y me había escuchado con anterioridad.

Me preparé para lo que venía... ¡y llegó! En un tono un tanto condescendiente, dijo que quería preguntarme acerca de mi «interpretación» del pasaje de 1 Timoteo 2:12. Prosiguió diciendo que pensaba que lo que significaba en realidad era que las mujeres debían capacitarse antes de hablar o enseñar la Palabra de Dios.

Si bien yo recomiendo la capacitación y la formación académica para cualquier persona que desea dedicarse al ministerio, si esto es un *requisito* para el servicio, entonces yo quedaría excluida porque no lo tengo. Así se lo dije.

No solamente yo quedaría excluida sino también María Magdalena. Según el razonamiento de este evangelista, la orden de Jesús a María debió haber sido algo así: «María, ve a contarle a mis discípulos… dentro de cuatro años, cuando tengas un título en teología».

Es más, los discípulos también habrían quedado excluidos del ministerio porque el Sanedrín tomó nota «de que eran gente sin estudios ni preparación»[9].

Exasperada ante semejante prejuicio, permanecí inmóvil y mirando a mi contendiente a los ojos, le dije que esta ovejita conocía la voz de su Pastor. *Sé* que Él me llamó por mi nombre y me dio la orden de que me encargara de hablar de su Palabra con quienquiera que Él me pusiera delante. Y yo procuro hacerlo en fiel obediencia, con todo mi corazón, mente, alma y fuerzas.

LA VOZ AUTÉNTICA ES PERSONAL

Escucho la voz de mi Pastor cuando me habla a través de las páginas de su Palabra. Y lo hace en forma personal. Los religiosos pueden «practicar esgrima» durante todo el día con la «espada» que es la Palabra de Dios, y muchos lo hacen. Tienen a mano el versículo apropiado para afirmar las verdades que sustentan su posición y luego se dedican a pinchar a todos los que sostienen un punto de vista diferente. Sin embargo, Jesús explicó que la Palabra de Dios es sumamente personal cuando el Pastor «llama por nombre a las ovejas y las saca del redil. Cuando ya ha sacado a todas las que son suyas, va delante de ellas, y las ovejas lo siguen porque reconocen su voz» (10:3-4).

Aunque la explicación que brindo acerca de mi postura en cuanto al ministerio que desarrollo puede no satisfacer a todos y puede que no todos coincidan, a mí me satisface. Al leer, meditar y orar en los pasajes de las Escrituras mencionados, siento en mi espíritu que he escuchado la voz de mi Pastor que me habla de manera personal.

Y en definitiva, no serán mis partidarios ni mis críticos los que deban dar cuentas ante Dios en cuanto a mi servicio a Él, sino que seré yo misma. Si Dios me ha llamado a su ministerio, y en realidad así lo creo, y utilizara las críticas de los demás como excusa para desobedecerlo, Él me pedirá cuentas cuando esté en su divina presencia. Tengo que seguir al Pastor por donde creo que Él me guía y debo asentar mis pasos según lo que indica su divina voz en mis oídos.

Recuerdo que en cierta ocasión estaba junto a un grupo de personas entre las que se encontraban mi esposo, mis hijos, mis padres y varios dignatarios en la mansión gubernamental de nuestro estado. Mi padre hablaba a todo el grupo, de modo que yo daba por sentado que me hablaba también a mí, ya que yo era una de los presentes. Sin embargo, él se volteó y se dirigió a mí: «Anne…», y tuve la seguridad de que me hablaba a directamente *a mí.* Como la Biblia es la Palabra de Dios, Dios nos habla por su intermedio a todo aquel que tiene oídos para oír. No obstante, hay ocasiones en las que determinado versículo o pasaje parece resaltar o destacarse de manera especial dentro de la página. Es como si esa porción de las Escrituras tuviera impreso nuestro nombre.

Su Palabra se escucha en forma personal

El Pastor nos habla directamente, nos llama por nuestro nombre. Nos conoce por dentro y por fuera.

Sabe cuáles son nuestros pensamientos antes de que nos lleguen a la mente,
nuestras palabras antes de que se formen en nuestros labios,
nuestras emociones antes de que se manifiesten en nuestro corazón,
nuestras acciones antes de que nos movamos.

Y cuando nos habla, lo hace en el idioma particular de cada uno, por medio de un versículo o pasaje de las Escrituras que parece que salta de la página y que tuviera nuestro nombre impreso en él.

Muchísimas veces Dios parece hablarme a través de las páginas de la Biblia, y me da el secreto para restaurar el amor en mi matrimonio cuando este se ha ido, me asegura que mi hijo sanará *antes* de que sea intervenido quirúrgicamente para quitarle un cáncer, me guía una y otra vez en la expansión y en las prioridades del ministerio apartándome de una iglesia y conduciéndome hacia otra. A decir verdad, no tomo ninguna decisión importante, en especial si involucra a los demás, sin contar con una palabra específica de parte de mi Pastor.

Así que no fue una excepción en mi vida cuando Dios, una vez más, recientemente pareció hablarme a través de la Biblia. Directamente. En el lenguaje de mi vida. Abordó los temas específicos y las interrogantes que yo le había presentado de todo corazón. Me habían bombardeado personas que afirmaban hablarme de parte de Dios en lo concerniente a mi ministerio al decirme: «Dios me dijo que te dijera…» ¿Estaba Dios realmente hablándome por intermedio de ellos? ¿Qué voces estaban transmitiendo de veras la voz del Pastor? Una vez más, tuve que recurrir a la Biblia y escudriñar las Escrituras para pedirle a Dios que abriera mis oídos a la voz del Pastor y me diera un mensaje bíblico que también fuera personal. A veces Dios me habla por medio de otras personas, pero la prueba es que lo que los demás me dicen siempre tiene que concordar y ser confirmado por su Palabra. Así es que, al indagar en las Escrituras, me puse a reflexionar en mi ministerio público en cuanto a este particular.

Comenzó hace veinticinco años, cuando Dios me llamó a enseñar su Palabra fuera de mi hogar. Comencé a leer la Biblia y a orar de manera regular. Una tarde, mi piadosa suegra me convenció de que leyera el pasaje de Apocalipsis 3:8. Las palabras parecían saltar de la página y Dios parecía hablarme y llamarme por mi nombre a su servicio: «Anne, conozco tus obras, y no has hecho demasiado. Ya sé que tus fuerzas son pocas como las de todas las madres jóvenes; pero has obedecido mi Palabra y no has renegado de mi nombre. Por lo tanto, mira que delante de ti he dejado abierta una puerta que nadie puede cerrar»[10].

Sabía que la puerta abierta era una oportunidad de comenzar a enseñar en una clase bíblica para mujeres en mi localidad. También sabía que cuando Dios coloca delante de nosotros una puerta abierta, por lo general nos pide que pasemos por ella. Y es lo que hice. La clase pareció estallar de inmediato porque quinientas mujeres vinieron a estudiar juntas la Palabra de Dios. Como resultado de las horas que tuve que dedicar al estudio disciplinado para poder enseñar, mi relación con el Señor se convirtió en un valiosísimo tesoro, fuente inagotable de gozo en mi vida.

Ya había estado enseñando esa clase bíblica semanal durante doce años cuando mi Pastor pareció llamarme de una forma admirable con el pasaje de Deuteronomio 1:3,6-7: «Anne, el día primero del mes undécimo del año cuarenta, ... diles que ya has permanecido demasiado tiempo en este monte. Ponte en marcha»[11]. Aunque algunas personas piadosas me dijeron que estaban seguras de que Dios no me llamaba a que abandonara la clase bíblica, yo estaba convencida de que Él me indicaba que dejara ese ministerio para que me dedicara a una actividad de servicio más amplia. Sin embargo, dudé porque el estudio y la enseñanza de las Escrituras en esa clase estaba estrechamente ligada a mi relación con Él. Y debido a que era tan espiritualmente fructífera en la vida de otros, temía equivocarme en cuanto a lo que Dios me indicaba y sucumbir ante uno de los astutos engaños del enemigo.

Así que para poder tranquilizar tanto al grupo como a mí misma, le pedí a Dios que me confirmara su llamado. Me llevó a Hechos 26:16-18: «Ahora, ponte en pie y escúchame. Me he aparecido a ti con el fin de designarte siervo y testigo de lo que has visto de mí y de lo que te voy a revelar...». Sentí que me decía: «Te envío a estos ... a un ministerio itinerante que te llevará por todo el mundo». Supe que si Él era mi Señor, no tenía más opción que obedecer.

De modo que el día primero del mes undécimo del año cuarenta, el 1 de abril de 1988, anuncié al grupo de la clase bíblica que iba a dejarlos. Y al finalizar ese año, así lo hice. Mi obediencia a ese llamado me ha llevado por todo el mundo durante los últimos catorce años gracias a los recursos generados por nuestro ministerio sin fines de lucro.

El ministerio se llama *AnGeL Ministries*, no solo porque es un juego con mis iniciales, sino porque también describe con exactitud mi llamado. Los ángeles son mensajeros de Dios. Jamás van a un lugar a menos que sean enviados; cuando hablan, expresan la Palabra de Dios y se dirigen a quienquiera que Dios les coloque delante. Yo me considero en primer lugar una sierva de Dios, luego una mensajera enviada por Él dispuesta a ir a dondequiera que me envíe a hablar con cualquiera que me ponga delante y así transmitir el mensaje bíblico que ponga en mi corazón. Como una mesera que prepara la «comida», trato de que luzca lo más atractiva posible para servirla, sin estropearla, a quienes tienen hambre.

Hace cuatro años, Dios comenzó a agitar mi corazón con la necesidad desesperada de que hubiera un avivamiento en el corazón de su pueblo. Sin embargo, en ese entonces no se abrieron las puertas para que yo hiciera algo al respecto. En cambio, Dios comenzó a trabajar en mi vida para llevarme a un punto de desesperación tal que deseaba un nuevo toque suyo. Es lo que expreso en mi libro *Just Give Me Jesus*. En sus páginas confieso que no deseo *hablar* de avivamiento sino que deseo *experimentar* el avivamiento. Solo entonces el Pastor abrió la puerta y me llamó a que lo siguiera al ruedo con encuentros de avivamiento basados en mi libro *Just Give Me Jesus*, sabiendo que hablaría con el corazón y a partir de mi experiencia personal. Y esa tarea me ha llevado un paso más allá en mi anhelo de procurar MÁS de Jesús, a esa búsqueda de descubrimientos más ricos y comprensión más profunda de que le hablo en el libro que tiene en sus manos: *El clamor de mi corazón*.

Al avanzar por fe en la presentación de los encuentros de avivamiento, se creó una confusión en cuanto a si yo intentaba ocuparme de las *mujeres* en forma específica o si era para *mujeres* y *hombres*. El principal motivo que los llevó a la confusión era que los encuentros estaban abiertos a todo público. Algunos líderes religiosos bienintencionados me dijeron enfáticamente: «Dios nos dijo que le transmitiéramos que ese esfuerzo es dañino para la iglesia. No deseamos exponer a nuestros hombres ante una mujer que habla desde la plataforma a una audiencia mixta». Más de un pastor afirmó: «Dios me indicó que no debía dar mi apoyo, ni el apoyo de la iglesia, ni siquiera el apoyo de las mujeres de la iglesia a su encuentro de avivamiento porque usted permite que asistan tanto hombres como mujeres». Como se imaginará, eso me llevó una vez más a la Palabra de Dios, para escuchar la voz de mi Pastor.

Dios me había confirmado que estos encuentros debían ser totalmente gratuitos de modo que nadie se viera privado de asistir por razones económicas[12]. Esto significó que no hubo necesidad de inscripción y como se llevaron a cabo en grandes espacios públicos, algunos hombres asistieron. Si bien nosotros no los buscamos, tampoco les dijimos que se marcharan.

Al orar por este tema, le pedí a Dios una confirmación personal acerca de quien deseaba Él que fueran los asistentes a los encuentros de avivamiento. Una vez más, tuve un encuentro con Dios en mi tiempo devocional de la mañana y Él pareció hablarme con claridad, de manera personal y por medio de las Escrituras a través de mi lectura devocional en Ezequiel 44:1-3 (RV95):

> Me hizo volver hacia la puerta exterior del santuario [a los integrantes del equipo de producción les describí el predio diciéndoles que era un «santuario», y les solicité que al disponer la plataforma, las pantallas, las luces y el sonido fueran conscientes de que preparaban un Lugar Santísimo]. ... Y me dijo Jehová: «Esta puerta estará cerrada; no se abrirá y no entrará nadie por ella, porque Jehová, Dios de Israel, entró por ella; estará, por tanto, cerrada. En cuanto al gobernante, por ser el gobernante, él se sentará allí para comer

pan delante de Jehová; por el vestíbulo de la puerta entrará y por ese mismo camino saldrá».

Casi una conmoción generalizada sentí dentro de mi cuerpo al leer esas palabras. La voz del Pastor era inconfundible. Si bien en otras plataformas aparte de los encuentros de avivamiento seguía sintiéndome llamada a dirigirme a quien Dios me pusiera delante, no tenía dudas de que Él me había confirmado por medio de Ezequiel que nuestros encuentros de avivamiento eran para mujeres, aunque el «gobernante» (hombres selectos: pastores, esposos o cualquier persona que Dios quisiera traer al predio) sería bien recibido y el Señor le daría alimento.

Su Palabra se recibe en forma personal

En el proceso de confirmación de que nuestros encuentros de avivamiento debían ser primordialmente para mujeres, Dios también me confirmó que muchas de las voces que había escuchado por parte de los líderes religiosos que me desafiaban acerca de los asistentes a los encuentros también eran auténticas. Al menos, ¡Él usó aquellas voces para que yo le prestara una mayor atención a *Él!* Claro, ¿cómo podía yo discernir la diferencia entre los líderes religiosos de antes que me habían dicho que no debía hablar cuando hubiera hombres presentes y los que ahora afirmaban que los encuentros de avivamiento debían ser exclusivos para mujeres (en particular cuando sospechaba que la postura de los líderes en ambos casos era la misma)? No podía. No tengo esa clase de sabiduría y discernimiento. No obstante, estoy convencida más allá de toda duda de que el Pastor habla bíblica y personalmente a sus ovejas, y estas oyen su voz, reciben la Palabra, y lo siguen[13]. ¡Qué maravillosa convicción!

¿Cuáles son los temas que le causan confusión? Existen cuestiones que son tan básicas, primarias y claras que todos los cristianos concuerdan. Son temas como:

- Todos somos pecadores, separados de Dios y en camino al infierno[14].
- Dios nos amó aun cuando estábamos en pecado[15].
- Dios envió a su Hijo para que fuera nuestro Salvador[16].
- La salvación es un regalo que se recibe a través de la fe en Jesucristo[17].
- Dios ofrece el perdón de todos los pecados por medio de la sangre de Jesús[18].
- Los que reciben a Jesucristo por la fe nacen de nuevo en la familia de Dios[19].
- No existe otro camino para ser salvo y llegar al cielo aparte de Jesucristo[20].

Sin embargo, existen otros temas secundarios que no resultan tan claros. Se trata de cuestiones relacionadas con la vida personal, como por ejemplo si uno debe casarse o no, aceptar uno u otro empleo, jubilarse, operarse, vender la casa, inscribirse en un club deportivo o iniciar un ministerio. Son cosas que tienen que ver con nuestro estilo de vida, nuestras relaciones, nuestros negocios, nuestro hogar, nuestro futuro… la lista es interminable.

¿Quién clama por su atención alegando que habla de parte de Dios al decirle lo que usted debe hacer en cuanto a estos temas?

¿Un familiar?

¿Su cónyuge?

¿Un pastor?

¿Un consejero?

¿Un amigo?

¿Un jefe?

¿Un terapeuta?

¿Un médico?

¿Un profesor?

¿Y qué voz escucha? ¿Cómo podemos usted y yo tomar decisiones sabias en un mundo que gira y gira con opiniones contradictorias sobre cualquier tema? Aun el mundo dentro de la misma iglesia ofrece puntos de vista conflictivos. La única manera en la que podemos estar seguros es cuando escuchamos la voz del Pastor que nos habla por medio de la Palabra.

Todos los días nos enfrentamos con decisiones grandes y pequeñas para las que necesitamos un Pastor que nos guíe por el sendero correcto[21]. Y es por eso que Jesús nos prometió que iría delante de nosotros y nosotros lo seguiríamos porque reconoceríamos su voz.

Por cierto, una evidencia de que usted y yo somos ovejas genuinas no es solamente que nos guía el Pastor verdadero sino que sus ovejas «a un desconocido jamás lo siguen; más bien, huyen de él porque no reconocen voces extrañas» (10:5).

Cuando una persona afirma que habla de parte de Dios y no es así, la oveja verdadera puede que no discierna con claridad qué está mal pero instintivamente sabe que lo está. Es como si sonara una alarma en nuestro espíritu. Algunas veces me ha ocurrido en algún culto, al compartir el estrado con diversos líderes religiosos. En una de esas ocasiones, me hallaba en otro país cuando uno de los oradores de otra de las plenarias comenzó a predicar que Dios había enviado a Jesús para liberarnos de toda las ataduras, de la opresión y de la pobreza. Mi «antena» espiritual se puso en alerta. Mientras continuaba escuchando con atención, le oí decir cosas que sé que no son bíblicas. No fue sino hasta más tarde que me enteré que él creía en lo que llamamos «teología de la liberación», que realiza una aplicación política de lo que Dios desea para nosotros en el plano espiritual.

Entonces, ¿cómo hemos de saber qué predicador de los que se para en el púlpito es legítimo? La única manera en que podemos diferenciar al verdadero del falso es conociendo la voz del Pastor: la Palabra de Dios.

Una de las razones principales por las que necesitamos estudiar de manera disciplinada las Escrituras es para poder saturarnos en la verdad. Cuando conocemos la verdad y se nos presenta algo falso, lo reconoceremos de inmediato. Evaluar las filosofías, las teologías, las opiniones, los sermones, los libros, las doctrinas, los consejos por medio de la Palabra de Dios es como comprobar la curvatura en una vara colocando al lado una vara derecha. El mayor halago que un auditorio puede hacerme es traer su Biblia e ir siguiendo la lectura mientras yo hablo de modo que puedan cotejar lo que digo con lo que Dios dice. Seré una maestra de la Biblia auténtica solo si permanezco fiel a la Palabra de Dios[22].

Y para poder entregar la Palabra de Dios para que los demás escuchen la divina voz de Dios en sus oídos, *debo* (y no es una opción sino una obligación)...

leerla,
estudiarla,
comprenderla,
aplicarla,
vivir por ella.

¡Pero eso no es suficiente! Necesito escuchar la voz de mi Pastor que me habla de manera *personal* a través de ella. A mí, en forma *individual.* Y al hacerlo, su Palabra provoca un impacto duradero que trae fruto eterno porque tiene poder.

LA VOZ AUTÉNTICA ES PODEROSA

Los escribas y los fariseos, apiñados en un apretado y mísero nudo de hostilidad, deben haber continuado mirando a Jesús. Si bien los curiosos espectadores estaban conscientes del tenso trasfondo, no captaban el sentido de sus palabras (10:6) ni cómo se relacionaba lo que decía con la situación. Los discípulos con seguridad también aguzaron los sentidos para poder captar la verdad de lo que se estaba diciendo.

Seguramente sabían por experiencia que valía la pena que recordaran y comprendieran lo que decía. Sin embargo, me pregunto si el mendigo habrá absorbido cada una de las palabras con ojos que brillaban como carbones encendidos, si contenía el aliento con cada sílaba y si comprendía la parábola que Jesús relataba. Debe haber notado de inmediato cuando Jesús pasó de usar el redil invernal como una analogía para explicar la autenticidad del pastor y luego comenzó a hablar de un redil veraniego para explicar el papel salvador del pastor.

La voz tiene poder para salvar vidas

Durante el estío, el pastor mantenía a las ovejas en las montañas y no se arriesgaba a entrar a las ciudades. Por la noche, las hacía dormir en un redil ubicado en las pasturas. El redil era unas paredes sencillas de piedras encaramadas unas sobre otras. En la pared de piedra se dejaba una abertura que permitía a las ovejas entrar y salir. Esa abertura no tenía puerta ni tranquera. Por las noches, cuando las ovejas estaban a salvo en el interior, el pastor se acostaba en la abertura de modo que nada ni nadie pudiera entrar o salir sin tener que pasar por encima de él.

La aplicación que Jesús le dio a esta sencilla escena pastoral era fascinante en su significado, pero ofensiva para las personas de entonces y ahora. Mientras recorría con la mirada la multitud reunida y abrazaba verbal y emocionalmente al mendigo. Jesús lanzó la bomba: «Ciertamente les aseguro que yo soy la puerta de las ovejas. Todos los que vinieron antes de mí eran unos ladrones y unos bandidos, pero las ovejas no les hicieron caso» (10:7-8). Los fariseos alcanzaron a ponerse rígidos y erizados mientras se aclaraban la garganta para objetar vigorosamente, cuando Jesús repitió: «Yo soy la puerta; el que entre por esta puerta, que soy yo, será salvo» (10:9).

No había forma de malinterpretar el significado. Jesús estaba poniendo a los líderes religiosos de la época contra su propia pared moralista, comparándolos con ladrones que robaban a las personas al cambiar la genuina relación con Dios por una pesada carga de religión. Los ladrones de entonces y los actuales dicen que hay otros caminos para llegar a Dios además de Jesús, que una religión es tan buena como la otra mientras el creyente sea sincero en su búsqueda y que la persona puede ganarse el favor divino observando una serie de rituales y tradiciones inherentes a la religión que profesa. El enfrentamiento que se produce es la clásica lucha entre el evangelio de la gracia y la ley de la religión. Si uno sucumbe en esta batalla, le estarán privando de la salvación, la vida eterna, la paz, el gozo, el perdón de los pecados, el significado de la vida, la reconciliación con Dios, el cielo cuando muera y otras bendiciones demasiado numerosas para poderlas citar todas.

La voz tiene un poder que cambia la vida

Hace algunos años tuve el privilegio de orar con una mujer en mi clase que aceptó el mensaje de la Palabra de Dios, confesó su pecado, declaró que por medio de la cruz se obtiene la expiación de los pecados e invitó a Jesús a que entrara en su corazón y en su vida, aceptándolo como Salvador y Señor. Cuando se levantó de la posición de rodillas en la que había estado orando, en su rostro, aunque lleno de lágrimas, había una maravillosa sonrisa. Estaba segura de pertenecer al Pastor y se encontraba dentro del redil disfrutando una relación personal y permanente con Dios.

Varios días más tarde, me pidió que la acompañara a comunicarle al pastor la decisión que había tomado. Me senté a su lado en el pequeño sillón de la refinada oficina pastoral mientras ella abría su corazón. Con voz temblorosa por la emoción y los ojos humedecidos por las lágrimas, describió la entrega que había hecho en oración esa misma semana y por último expresó: «¡Nací de nuevo!».

El pastor, que lucía un oscuro traje a rayas de tres piezas con una cadena de oro que le cruzaba por el pecho, escuchaba con atención desde su silla de escritorio de cuero rojo. El cabello plateado lucía impecable, y las manos bien arregladas estaban apoyadas una contra la otra en actitud pensativa. Con gesto amable y paciente habló con una voz profunda que resonó en la oficina, el mismo tono condescendiente que podría haberse usado con un niño corto de entendederas. Le dijo: «Pero mi querida Susan, ¡usted no puede haber nacido de nuevo esta semana! Usted fue bautizada a los doce años… es miembro de esta iglesia, enseña en la Escuela Dominical… ¡Ha sido cristiana toda su vida!».

Apenas si percibí la mirada fulminante que me lanzó ya que me había quedado sin habla. La reacción que tuvo ante Susan fue una totalmente inesperada revelación de lo que parecía ser ¡un pastor falso!

Ella le dijo que había confesado su pecado y que había recibido el perdón de Dios.

> La *Palabra de Dios* dice que Él lo hizo[23].

Le dijo que le había pedido a Dios que le diera vida eterna.

> La *Palabra de Dios* dice que Él lo hizo[24].

Le dijo que había abierto su corazón e invitado a Jesús a entrar.

> La *Palabra de Dios* dice que Él lo hizo[25].

Le dijo que había nacido de nuevo.

> La *Palabra de Dios* dice que ahora es una hija de Dios[26].

Le dijo que creía que Jesús había muerto y resucitado por ella.

> La *Palabra de Dios* dice que si ella confiesa con su boca que Jesús es el Señor y cree con su corazón que Dios lo levantó de los muertos, será salva[27].

¡Susan había aceptado la Palabra de Dios! Había escuchado la voz del Pastor que la llamaba por su nombre y había respondido siguiéndolo por fe y dando el primer paso de aceptar la salvación. ¡Y resulta que su pastor profesional le dijo que no era así!

Resulta deprimente la evidencia de que se trataba de un falso pastor que había estado conduciendo esa prestigiosa iglesia posiblemente sin haber entrado él mismo por la puerta del redil. Él no había reconocido ni aceptado la voz del Pastor en la vida de Susan.

Aún hoy me resulta una experiencia asombrosa, pero en ese entonces fue devastadora para ambas[28]. Sin embargo, gracias a Dios, el Pastor no solamente conoce a las ovejas sino que también nosotros conocemos al Pastor. En la actualidad, Susan es miembro activa de otra congregación. El ministerio que allí desarrolla ha sido de gran impacto en la vida de cientos de personas a las que ha llevado a la Palabra de Dios, base fundamental de una relación personal con Dios. Su testimonio y su ministerio subrayan la autenticidad de la poderosa voz del Pastor en su vida.

No puedo recordar la fecha exacta cuando escuché a mi Pastor llamándome para que pasara por la puerta que es Él mismo para tener una relación personal con Dios; pero sí sé que sucedió cuando era niña. Acababa de mirar una vieja película en blanco y negro de Cecil B. DeMille sobre la vida de Jesús, titulada *Rey de Reyes*. Solían proyectarla por televisión en la época de la Pascua. Cuando contemplé la escena de la crucifixión aquel lejano Domingo de Resurrección, comencé a llorar. Me di cuenta de que Jesús había muerto por mí. Mi madre, mujer definitivamente sabia, notó que mis lágrimas no eran de lástima por un hombre al que habían tratado con brutalidad, sino de convicción de pecado en el corazón de una pequeña, pecado que había clavado a Jesús en la cruz. Así que mi madre me guió en oración para que confesara mis pecados a Dios y le pidiera que me perdonara y me limpiara con la sangre de Jesús. Reconocí que Jesús había resucitado y lo invité a vivir en mi corazón. No recuerdo haber experimentado sensación especial alguna en ese momento, pero sí estaba segura de que mis pecados habían sido perdonados, sabía que había nacido de nuevo y que iría al cielo cuando muriera. Esa oración, en respuesta al llamado del Pastor en mi vida, comenzó una amorosa relación personal con Jesús que es más real y preciosa que cualquier otra. ¡Hallé la vida!

El llamado del Pastor se ha venido repitiendo a través de los siglos. Es un claro llamado a todas las ovejas ofreciéndoles libertad y salvación a todos los que estén dispuestos a salir del…

denominacionalismo,

tradicionalismo,

ritualismo,

narcisismo,

panteísmo,

agnosticismo

de su religión para entrar en una relación personal con Dios. Es una orden clara y precisa de dejar de lado

la duda,

la desobediencia,

la ignorancia,

la rebeldía,

el legalismo y el liberalismo,

el orgullo y los prejuicios,

el temor y el fracaso,

el pecado y el egoísmo,

y atravesar la puerta de la salvación que permanece abierta para ingresar al redil de una relación de amor que sea personal y permanente con el Creador que se convirtió en nuestro Salvador.

Así como había una puerta que conducía a la presencia de Dios en el Edén, una puerta de ingreso a la seguridad del arca, y una puerta para entrar al santuario del templo, una relación personal con Dios solo es posible a través de una puerta que es Jesucristo.

La legítima voz del Pastor se puede escuchar

en los templos y en los estudios bíblicos caseros,

en las aulas de los seminarios y en la clase cuna de la Escuela Dominical,

en las emisoras de radio y en los estudios de televisión,

en las campañas en los estadios y en encuentros de avivamiento.

¿Y cómo podemos comprobar la autenticidad de la voz? Lo sabemos porque

> será bíblica: provendrá directamente de la Palabra de Dios.
>
> será personal: en el idioma particular que cada uno comprenda.
>
> será poderosa: habrá salvación y vidas transformadas.

ESTE CRITERIO para establecer la autenticidad de la voz se usó con efectividad en el primer siglo cuando se predicó el evangelio. Durante al menos dos mil años los judíos tenían la fe aferrada al único Dios verdadero que se revelaba por medio de la ley y los profetas. Luego, Jesús de Nazaret llegó diciendo que Él era el cumplimiento de la ley y el Mesías anunciado por los profetas. Los líderes religiosos se indignaron tanto que lo mataron. No obstante, *Él es* quien dijo ser y al tercer día resucitó de los muertos.

Luego de la resurrección y la ascensión de Jesucristo, los discípulos se dispersaron por todo el mundo conocido contándole a la gente que ya sus pecados podían ser perdonados y reconciliarse con Dios a través de la fe en Cristo Jesús. ¿Cómo podían saber los religiosos en forma fehaciente si esto era verdad? ¿Cómo podían discernir la verdadera voz del Pastor?

Tenemos una perspectiva fascinante cuando el apóstol Pablo, que había sido iniciador de debates acalorados e incluso disturbios en casi todas las sinagogas y ciudades donde predicaba el evangelio, pasó por el pueblecito de Berea. A su llegada, se dirigió directamente a la sinagoga como era su costumbre para hablar de las maravillosas buenas noticias de que el Mesías había venido como el Cordero de Dios y había llevado sobre sí el pecado de todo el mundo. En aquella oportunidad en que él predicaba, «recibieron el mensaje con toda avidez y todos los días examinaban las Escrituras para ver si era verdad lo que se les anunciaba»[29].

Tanto usted como yo, como lo hicieron los habitantes de Berea, haríamos bien en escuchar de manera un poco más crítica a todos los que se paran frente al púlpito de la iglesia, frente al atril de la Escuela Dominical y delante de un grupo de estudiantes de un seminario o escuela bíblica. Reconoceremos la voz de nuestro Pastor cuando escuchemos con los ojos puestos en las páginas de la Biblia mientras nuestro corazón musita el siguiente ruego:

Dios amado, dame MÁS de tu voz en mis oídos…

2

MÁS *de* *sus lágrimas en mi rostro*

Juan 12:1-8

ACABÁBAMOS DE DESPEDIR a una radiante novia a punto de casarse. Ella había venido a nuestro hogar a contarle a mi esposo, a mí y a los niños algunos de los maravillosos detalles de la boda que estaba próxima a realizarse. Sus ojos brillaban con intensidad, tenía una sonrisa contagiosa y el oscuro cabello, suave y sedoso, acompañaba cada uno de sus movimientos mientras cada palabra y gesto rebosaba de entusiasmo. Apenas habíamos cerrado la puerta tras ella, Rachel-Ruth, mi hija menor, rompió en llanto y salió corriendo de la habitación. Pude ver mi propia expresión de asombro reflejada en el rostro de mi hija Morrow, de diez años, que estaba tan atónita como yo.

Fuimos tras la pequeña y la encontramos llorando en la sala. Tiraba de sus largas trenzas como si quisiera arrancarlas de su cabecita y entre sollozos decía: «¡No me gusta! ¡No me gusta mi pelo rizado! ¡Soy fea y nunca seré linda!».

Morrow y yo nos quedamos mirando a Rachel-Ruth completamente horrorizadas. Luego nos echamos a llorar y la abrazamos uniéndonos a su dolor en un apretado grupo, tirado en el piso en expresión de desesperanza. Porque eran rizos en vez de un cabello lacio y brillante; trenzas en vez de una elegante melena corta; el cuerpo de una niña de ocho años en vez de la figura de una jovencita de veintiuno.

Tal vez usted esté pensando: ¡Qué tontería es esa! Sin embargo, ¿sabe? Cuando uno ama a alguien con todo el corazón, ¡el dolor de esa persona se hace propio!

Pocos años más tarde, Rachel-Ruth asistió a la enorme escuela secundaria pública a la que habían asistido sus hermanos mayores. A ambos les había ido muy bien y disfrutaron de cuatro años relativamente buenos. Sin embargo, la experiencia de Rachel-Ruth en la secundaria fue distinta. Debió soportar el rechazo total de quienes habían sido sus íntimos amigos durante años. Le daban la espalda en los pasillos y no querían sentarse con ella en el aula. La invitaban a fiestas caseras en la playa durante las vacaciones de primavera y luego le decían que no fuera un día antes de salir hacia allá. Ansiaba poder vestirse para asistir a bailes formales, pero rara vez la invitaban. Todas las tardes, cuando regresaba del colegio, solía recibirla con una bolsa llena de palomitas de maíz y un vaso de leche fresca con chocolate mientras ella me narraba, la mayoría de las veces con lágrimas que le corrían por el rostro, cómo había sido su día.

El día de la ceremonia de graduación de Rachel-Ruth, en la universidad Baylor, estuve con ella en la plataforma ante treinta mil mujeres que habían asistido a una conferencia para mujeres cristianas en el *Rose Bowl Stadium* de Pasadena, California. Ella había elegido faltar a su graduación para contar su testimonio sobre la fidelidad de Dios en medio de un doloroso rechazo. Cuando finalizó, todo el auditorio se puso de pie y la ovacionó. Permanecí a un lado, conmocionada por el ensordecedor aplauso dirigido a mi hija, y me puse a llorar. Cuando uno ama a una persona con todo el corazón, la bendición de esa persona se hace propia.

Varios años después, en Navidad, Rachel-Ruth vino a casa luego de visitar a mis padres con su novio; sus ojos brillaban con intensidad, tenía una sonrisa contagiosa y el largo y ensortijado cabello acompañaba cada uno de sus movimientos mientras cada palabra y gesto rebosaba de entusiasmo. ¡El hombre de sus sueños le había propuesto matrimonio! Apenas podía mantener la mano quieta el tiempo suficiente como para mostrarme el magnífico diamante que brillaba en su dedo. Sería una novia radiante. La abracé y me puse a llorar. Cuando uno ama a una persona con todo el corazón, el gozo de esa persona se hace propio.

Como madre de Rachel-Ruth, me identifico de tal manera con ella que sus lágrimas también son las mías. Y Dios, nuestro Padre celestial, se identifica tanto con sus hijos que nuestras lágrimas son también las suyas. Esta preciosa revelación de la relación de Dios con nosotros brilla con claridad cuando leemos la historia del llamamiento de Abraham. Dios le pidió que dejara Ur de los Caldeos y que le siguiera en una vida de fe mientras le animaba con la promesa: «Bendeciré a los que te bendigan y maldeciré a los que te maldigan»[1]. En otras palabras, Dios se identificaría de tal manera con Abraham que consideraría a los amigos o enemigos de Abraham como propios. Dios no solamente ama a sus hijos sino que se identifica con ellos.

En respuesta a su lealtad y amor, deseo identificarme de tal manera con Él (con su dolor, con su gozo, con su amor, con su sufrimiento, con su bendición, con su honor) que deseo que sus lágrimas estén en mi rostro.

LÁGRIMAS DE DOLOR

Luego de la confrontación con Jesús que dejó expuesta la hipocresía y la falsedad de los escribas y los fariseos como pastores, estos se encolerizaron de tal manera que «tomaron piedras para arrojárselas» (10:31). Cuando Él cuestionó la actitud de ellos y acalló sus protestas con su innegable afirmación de ser el Hijo de Dios, «nuevamente intentaron arrestarlo, pero él se les escapó de las manos. Volvió Jesús al otro lado del Jordán» (10:39-40).

Fue mientras Jesús estaba al otro lado del Jordán que recibió el mensaje urgente de que su amado amigo Lázaro estaba enfermo. Decidió ir a Betania, donde vivía Lázaro con su familia, completamente consciente de que el pueblecito estaba muy cerca de Jerusalén. Sabía que probablemente correría el riesgo una vez más de convertirse en el foco de la atención pública, lo que aumentaría el odio y los celos de sus enemigos.

Dejó pasar un par de días y luego inició el viaje a pie por los caminos pedregosos y los cerros quemados por el intenso calor[2]. Por fin, Él y los discípulos llegaron al pueblo de Betania al que tanto amaba. Al acercarse, lo recibieron con la trágica noticia que Él ya conocía: Lázaro había muerto.

La noticia de su llegada corrió entre los «muchos judíos [que] habían ido a casa de Marta y de María, a darles el pésame por la muerte de su hermano» (11:19). Es probable que ambas recibieran la noticia al mismo tiempo: ¡Jesús había llegado! Sin embargo, el dolor desgarrador de María asociado a su incredulidad la mantuvieron en la casa. Ella no salió corriendo al encuentro del Señor como lo hizo su hermana Marta.

Luego de unos instantes, Marta regresó después de hablar con Jesús y se llevó aparte a María para decirle en privado: «El Maestro está aquí y te llama»(11:28). El corazón adolorido de María se quebraría una vez más al aflorar todos los «y si…»: *Y si hubiera llegado antes… Y si hubiera estado aquí cuando Lázaro enfermó… Y si hubiera respondido mi oración de la manera en que se lo pedí…* Sin pensar en la conmoción que causaría, salió en forma abrupta de la casa y atravesó corriendo la puerta. «Los judíos que habían estado con María en la casa, dándole el pésame, al ver que se había levantado y había salido de prisa, la siguieron, pensando que iba al sepulcro a llorar» (11:31).

Mientras María corría por las estrechas calles del pueblo con frenética desesperación, ¿acaso habrá tropezado con las filosas piedras? ¿Habrá comenzado a llorar una vez más ante su sensación de impotencia, llenos los ojos de amargas lágrimas que luego rodarían por sus mejillas mientras el cabello alborotado se escapaba de debajo del velo y le caía sobre el rostro?

Por fin, «llegó a donde estaba Jesús y [cuando] lo vio, se arrojó a sus pies y le dijo: "Señor, si hubieras estado aquí, mi hermano no habría muerto"» (11:32). No fue una reacción emocional sino realista. El dolor se sumaba a la sensación de desesperanza e impotencia ante lo definitivo de la muerte. Si bien la actitud de María era de adoración y respeto al arrojarse llorando a los pies de Jesús, no tenía fe para continuar luego de la desesperada derrota de la muerte de su hermano.

Aquel día en Betania, mientras María lloraba junto con sus amigos, un cúmulo de dolor, enojo, compasión y empatía manaron del corazón de Jesús hasta que ya no pudo contener sus sentimientos. Con una voz seguramente quebrada por la emoción, preguntó: «¿Dónde lo han puesto?». Cuando quienes lo rodeaban respondieron amablemente: «"Ven a verlo, Señor". ... Jesús lloró» (11:34-35).

Jesús, el Creador del Universo, el eterno Yo Soy, tan fuerte, tan poderoso, tan sabio, tan *humano*... permaneció allí ¡con lágrimas corriéndole por las mejillas! Sabía que resucitaría a Lázaro de entre los muertos, pero de todos modos lloró. *¿Por qué?* Porque Él amaba a María, a Marta y a Lázaro, y sus lágrimas de dolor estaban en su santo rostro.

¿Cuándo fue que lloró usted ante la tumba de un ser querido,
o se estremeció con la noticia del embarazo de su hija soltera,
o sintió temor ante el diagnóstico del médico,
o pasó por la pesadilla de ir a la comisaría y enfrentarse al arresto de su hijo,
o experimentó el impacto escalofriante de ser despedido de su empleo,
o padeció el dolor punzante de la traición de su cónyuge?

¿Acaso piensa que a Jesús no le importó? ¿Cree que si Dios en verdad lo amara habría intervenido y lo hubiera evitado? Todos esos pensamientos que acuden a su mente son semillas que pone el enemigo. Si no permanece alerta, esas semillas crecerán hasta transformarse en hierbas que podrían asfixiar y ahogar la verdad de que Dios lo ama, que su dolor también es el de Él, como lo son también sus pesadillas, sus desazones y sus angustias[3]. ¡Sus lágrimas están en el rostro del Señor!

¡Jesús lloró! Los que se habían reunido para apoyar, consolar y ayudar a la familia de Lázaro vieron que el famoso Rabí lloraba, y llegaron a la siguiente conclusión: «¡Miren cuánto lo quería!» (11:36). Aun siendo consciente de la gloria venidera y conociendo el hogar celestial que estaba siendo preparado, y la manifestación del poder de Dios que se haría evidente en unos pocos momentos, Jesús lloró. Lloró por la sencilla razón de que amaba a aquella preciosa familia y ellos estaban llorando[4]. Él se sumergía en el dolor de ellos como algún día nos pediría que nos identificáramos con el suyo.

Rodeado de una multitud de amigos, familiares y curiosos espectadores, contempló la escena que tenía delante. Supongo que María y Marta habrán seguido la mirada de Jesús que estaba fija en la cueva cavada en la montaña que servía de sepultura. Una piedra enorme sellaba la entrada a la tumba.

Marta se estremeció y salió del estupor en el que estaba inmersa por el gran dolor cuando escuchó la conocida voz que ordenó con suavidad pero con absoluta autoridad: «Quiten la piedra» (11:39).

Algo se despertó dentro de Marta. La chispa de fe de pronto se tornó en una llama, y sin mediar palabra ni cuestionamiento, ordenó que quitaran la piedra. Solo porque Él lo dijo. Él era todo lo que ella tenía.

Mientras quitaban la piedra, estoy segura que el llanto, los gemidos y las conversaciones en voz baja se silenciaron en expectante asombro. Todos observaban a Jesús y a Marta. Lo que conversaron fue en privado y nadie pudo escuchar lo que comentaron, especialmente porque estaban rodeados de los gemidos de quienes todavía lloraban. Sin ninguna advertencia, la multitud se dio cuenta de repente que habían quitado la piedra de la tumba. En medio del calor del día, se hizo completo silencio. Quizá se escuchó el chirrido de un saltamontes proveniente de los pastos o el llamado de un pájaro a su pareja desde la rama de un árbol, o el murmullo de una hoja seca empujada por entre las rocas por una oleada de brisa cálida. Sin embargo, el silencio debe haber sido ensordecedor.

No sé si Marta se habrá sentido momentáneamente incómoda cuando quitaron la piedra frente a sus amigos. Porque si bien quienes allí estaban no podían ver a Lázaro en la oscura profundidad de la cueva, podían olerlo. No había ninguna duda de que estaba muerto.

Con los ojos fijos en Él —los ojos enrojecidos de María, los ojos esperanzados de Marta, los ojos sufrientes de los amigos, los ojos hostiles de los incrédulos y los ojos asombrados de los espectadores casuales—, Jesús dijo con firmeza y en voz bien alta para que todos oyeran la oración: «Padre, te doy gracias porque me has escuchado. Ya sabía yo que siempre me escuchas, pero lo dije por la gente que está aquí presente, para que crean que tú me enviaste» (11:41-42). Jesús quería que todos supieran que si Lázaro era resucitado, el poder para hacerlo provenía de Dios.

Entonces, con la misma voz que creó el mundo y el universo, la misma voz que llamó a Abraham de Ur de los Caldeos, la misma voz que retumbó en el monte Sinaí, *esa misma voz* tronó: «¡Lázaro, sal fuera!» (11:43)[5].

En el pesado silencio que siguió a aquella orden, la voz habrá producido un eco entre las paredes rocosas que la brisa se encargaría de trasladar a la distancia, mientras todos los ojos estarían fijos en las profundidades de la cueva, escudriñando el agujero negro donde había estado la piedra. Poco después, de entre las sombras aparecía una figura que parecía una momia, «con vendas en las manos y en los pies, y el rostro cubierto con un sudario» (11:44). ¿Acaso habrán proferido una exclamación conjunta? ¿Se habrá desmayado alguno de los deudos? ¿O se habrán quedado todos paralizados en su lugar por la impresión de ver algo *que no podía ser*? ¡Los muertos no regresan a la vida! ¡Sin embargo, Lázaro sí! Ante la orden del que es la resurrección y la vida, Lázaro salió de la tumba[6].

En el pasmoso silencio, mientras Lázaro todavía permanecía envuelto a la entrada de la tumba, se escuchó una vez más la voz de Jesús que le daba instrucciones a Marta: «Quítenle las vendas y dejen que se vaya» (11:44). ¡Y ella así lo hizo!

Me pregunto si María se habrá unido a Marta, despojándole con cautela las ropas mortuorias que envolvían a su hermano para luego proseguir con dedos ávidos a tocar la vida debajo de la tela. ¡Su hermano estaba vivo! ¡Jesús lo había resucitado! ¡Sus oraciones habían recibido una respuesta mucho más amplia de lo que ella se había atrevido a pedir![7]

Después que le quitaron a Lázaro la mortajas que lo envolvía, ¿habrá contemplado con asombro la piel rosada y saludablemente fresca de su hermano? ¿Habrá apoyado las manos sobre los hombros de Lázaro o habrá recorrido con los dedos los rasgos de su cara? ¿Acaso los sollozos del sufrimiento habrán dado paso a los gritos de júbilo que retumbaron en el gélido silencio que lo envolvía todo?

Me pregunto si Jesús no se habrá retirado un poco de la escena, con los ojos humedecidos por las lágrimas y el corazón sobrecogido por la emoción mientras se regocijaba junto a aquellos a quienes amaba por la nueva vida de Lázaro. Seguramente es el mismo gozo que siente cuando una persona que había estado espiritualmente muerta pasa a estar espiritualmente viva.

LÁGRIMAS DE GOZO

Sus lágrimas de gozo corrieron por mis mejillas una noche cuando fui testigo presencial de una «resurrección» en la trastienda de un campo de deportes. Estaba con Robert que era parte del equipo técnico que nos ayudaba en nuestros encuentros de avivamiento *Solo dame Jesús*[8]. Comenzó con nosotros con la actitud de que éramos solamente una parte más de su trabajo como tramoyista. Con el paso de los años, cambió de actitud y pasó de vernos como el «concierto» más extraño y estrafalario en el que jamás había trabajado, a sentirse primero intrigado y luego a rendirse ante el Jesús que nosotros exaltábamos desde el escenario. Durante el último encuentro del año 2000, cuando me despedí de él, le dije en forma abrupta y espontánea: «Robert, ¿conoces a Jesús?».

Me miró con cierta timidez y reconoció que estaba tratando de conocerlo. Volví a preguntarle: «Robert, ¿has invitado alguna vez a Jesús a entrar en tu vida?».

Esta vez me miró directo a los ojos y negó con la cabeza. Cuando le pregunté si le gustaría hacerlo, me respondió que sí. Como yo tenía otro compromiso en ese momento y él debía comenzar a desmantelar de inmediato todo el equipo, le pregunté si podríamos conversar más tarde y accedió.

Por fin, a las 8:30 de la noche, aunque ambos estábamos exhaustos luego de un día agotador, pudimos reunirnos en una sala. Comencé a hacerle algunas preguntas y fue así que supe que Él nunca había leído la Biblia, ni había asistido a una iglesia, ni había jamás oído nada como lo que escuchó durante nuestras reuniones. Mientras continuaba narrando su historia, supe que estaba espiritualmente muerto en su relación con Dios así como Lázaro lo había estado físicamente en la tumba[9].

Cuando Robert terminó de narrar brevemente su historia, tuve la oportunidad de explicarle el evangelio y de mostrarle por medio de la Biblia cuáles eran los regalos de perdón, salvación y vida eterna que Dios nos promete cuando depositamos nuestra fe en su Hijo como nuestro Salvador. En respuesta a mi invitación, dijo que quería orar y pedirle a Jesús que fuera su Salvador. Ambos inclinamos la cabeza. Los segundos se convirtieron en minutos mientras lo único que quebraba el silencio era la agitada respiración de aquel joven. Por fin, oré que tuviera las fuerzas y el valor para vencer cualquier barrera que el enemigo estuviera interponiendo. Me ofrecí a guiarlo en la oración de modo que pudiera expresar en palabras la decisión que iba a tomar. Rechazó mi ofrecimiento porque estaba luchando con algunas cuestiones más serias.

Oré en silencio para que el poder de Dios pudiera despertar a este «hombre muerto» a una nueva vida. Mientras seguimos esperando con la cabeza inclinada, su respiración se convirtió en sollozos cuando por fin le dijo a Dios que era un pecador, que estaba arrepentido, que deseaba abandonar el pecado y le pedía que lo perdonara y le diera vida eterna. Yo sabía, por la Palabra de Dios, que Dios había respondido esa sencilla oración de fe.

Cuando alcé la vista, supe que estaba ante un joven que había sido levantado de la muerte espiritual a la vida espiritual en Cristo. Robert había nacido de nuevo en la familia de Dios. Lo abracé y él apoyó su cabeza en mi hombro. Ambos rompimos en llanto. Eran lágrimas de alivio, ¡lágrimas de gozo!

Y tengo la plena confianza de que si hubiera podido contemplar el rostro de Jesús en ese momento, habría visto lágrimas de felicidad también allí. Lo sé porque Él le dijo a los discípulos que hay «más alegría por un solo pecador que se arrepienta, que por noventa y nueve justos que no necesitan arrepentirse»[10]. Cada vez que alguien como Robert pasa a tener una nueva vida en Cristo, las lágrimas que derramamos son lágrimas divinas en nuestro rostro.

¿Ha llorado alguna vez de gozo por la salvación de un amigo o un ser amado? El año pasado asistí a una de las cruzadas evangelísticas de mi padre. Cuando hizo la invitación a los presentes para que aceptaran a Jesucristo como Salvador y Señor, miles respondieron y descendieron de las gradas rumbo al campo de juego del estadio de fútbol. A los pocos minutos, el campo estaba lleno de personas que estaban pasando de muerte a vida al depositar su fe en Cristo. Cuando me incliné hacia mi esposo que estaba a mi lado para hacerle un comentario sobre lo que veíamos, comprobé que tenía el rostro bañado en lágrimas. Miré a varias personas que estaban a mi alrededor, delante de mí y frente a mí, y a todos les pasaba lo mismo. Eran lágrimas de gozo por aquellos que pasaban de la oscuridad a la luz, de muerte a vida.

En el caso de Lázaro, no se nos dice qué sucedió en el resto de aquel día memorable. Solamente sabemos que enseguida se enteraron los enemigos de Jesús, quienes redoblaron los esfuerzos para arrestarlo y matarlo. Una vez más, el clima se tornaba tan peligroso que Él se retiró a una zona «cercana al desierto» hasta «seis días antes de la Pascua [cuando] llegó Jesús a Betania, donde vivía Lázaro, a quien Jesús había resucitado» (11:54; 12:1).

Cuando Jesús regresó a Betania luego de haber resucitado a Lázaro, puedo asegurar que la bienvenida que recibió fue una demostración eufórica de amor y de gozo. ¿Habrá sido un niño el que lo descubrió primero mientras entraba al polvoriento pueblecito seguido por sus fieles discípulos? Con la energía propia de la edad y la emoción de ser el portador de buenas nuevas, ¿habrá gritado el niño la noticia a sus amigos mientras avanzaba a toda carrera por los callejones, pasando entre las patas de los burros que rebuznaban, esquivando la ropa recién lavada que se secaba al sol de mediodía, haciendo caso omiso de los gritos y las miradas de los pobladores, hasta llegar a la puerta de acceso al patio de la casa de Lázaro? ¿Habrá golpeado frenéticamente hasta que Marta apareciera secándose las manos en el delantal para ver qué era todo ese jaleo? ¿Habrá Marta reaccionado de inmediato, y habrá corrido a la cocina a ver qué tenía para ofrecerle, cuando el niño dio la fabulosa noticia: «¡Viene Jesús! ¡Está entrando al pueblo! ¡Llegará aquí en unos minutos!»? Con la intuición propia de alguien hospedador, sabía que Jesús llegaría sediento, hambriento y cansado luego del viaje, por lo que debía prepararle algo de inmediato.

Quizá María escuchó las noticias que portaba el pequeño mensajero. ¿Se habrá llevado las manos al pecho por la emoción en un intento por contener el corazón que parecía saltársele, para luego enjugarse los ojos que se le llenaron de lágrimas y acomodarse el cabello en su lugar? ¡Jesús venía! ¡Vería a Jesús otra vez!

¿Y en cuanto a Lázaro? ¿Habrá estado en el medio de una transacción con alguno de sus mercaderes cuando escuchó las emocionadas palabras del muchacho? Seguramente alzó su apuesta cabeza, un brillo le iluminó los ojos oscuros y en su boca se dibujó una sonrisa al tiempo que juntaba los rollos, se levantaba de la mesa y le anunciaba al mercader que eso era todo por hoy. Acto seguido, corrió al patio a recibir a su amado y honorable invitado.

Independientemente de dónde estaban María, Marta y Lázaro al momento de recibir la noticia de que Jesús venía, no tengo dudas de que los tres se agolparon en la puerta para estrecharlo en un abrazo apenas asomara. Con lágrimas de gozo deben de haberlo recibido una vez más en su casa.

La cena de celebración de esa noche en casa de Simón el leproso la recordarían durante mucho tiempo[11]. A la tenue luz de las velas sobre la mesa y las teas de las paredes, la cena debe haber sido espléndida por la abundancia y la variedad de comidas, lujosamente ambientada y confortable, agradable a la vista y significativa por la comunión de quienes habían sido invitados a honrar a quien había producido un cambio tan sorprendente en los habitantes de Betania.

Seguramente era una mesa larga y baja. Los invitados en vez de estar sentados en sillas, estaban reclinados en cojines o almohadones con los pies hacia fuera y con el cuerpo apoyado en el brazo izquierdo dejando así libre el brazo derecho para poder tomar los alimentos y la bebida.

Era evidente por la manera en que se sentaron así como por la atención centrada en Él, que aunque todos se alegraban por la nueva vida de Lázaro, la «cena [era] en honor de Jesús. Marta servía y Lázaro era uno de los que estaban a la mesa con él» (12:2).

Así como Marta era muy capaz en la cocina, también había aprendido a servir con humildad[12]. Mientras se movía con rapidez y eficiencia alrededor de la mesa, se habrá deleitado en el enorme placer de servir a su Señor. Y cada vez que se acercaba a llenar las copas o reponer los platos, no se perdía ni una de las palabras que se decían para aprovechar la oportunidad de escuchar la conversación. Lo que *Él conversaba.* El servicio que prestaba era también una forma de sentida adoración.

Mientras servía la cena, me pregunto si Marta habrá colocado una mano sobre el hombro de su hermano como para cerciorarse de que estaba vivo. Y mientras Lázaro disfrutaba cada bocado de deliciosa comida, agradecido por el buen apetito que era indicio de que estaba vivo y gozando de salud, ¿le habrá costado apartar los ojos del rostro de su divino amigo? Quizá Jesús mismo luchaba por mantener los ojos libres de las lágrimas de alegría que le nublaban la vista cuando se relajaba en compañía de aquellos a quienes amaba.

LÁGRIMAS DE AMOR

El tibio aire primaveral debe haber portado hasta la sala del banquete el delicioso aroma de la carne asada y del pan recién horneado provenientes de la cocina mientras la cena transcurría acompañada por el tono feliz de las voces, la risa espontánea y el apagado repiqueteo de los utensilios. Fue en medio de la intimidad de la escena que María se deslizó como una sombra. ¿Se había apartado del festejo avergonzada porque era demasiado consciente de su falta de fe notoria en la última ocasión en que vio a Jesús? ¿Estaría acaso llena de remordimiento por su actitud tan pronta a culpar a Jesús por no haberle respondido la oración de la manera en que ella se lo había pedido cuando Lázaro enfermó? ¿Se habrá autoincriminado muchas veces porque *ella*, María, la que se había sentado a los pies de Jesús a escuchar su Palabra, se había derrumbado en incredulidad cuando Lázaro murió?[13]

La cuestión es que María debe de haberse sentido impulsada a demostrarle a Jesús lo agradecida que estaba por su gracia al devolverle la vida a su hermano a pesar de su aparente incredulidad. Además, lo amaba.

Así fue que entró a la sala donde se celebraba el banquete con un frasco de alabastro que contenía un carísimo aceite perfumado. Ese perfume debe haber sido sumamente preciado para María. Se estima que el valor era el equivalente al sueldo anual de un obrero. Probablemente significaba para María el ahorro de toda su vida[14]. Hoy en día las personas invierten en piezas de arte, antigüedades o joyas como una manera de incrementar el valor de sus propiedades. Sin embargo, María, según la costumbre de la época, acumulaba ungüentos perfumados, agregando estos a medida que sus ahorros se lo permitían. Esos ungüentos no se echaban a perder y aumentaban de valor con el tiempo. Podría haber servido como dote para María, la que podría haber ahorrado ella sola o con la colaboración de sus familiares para poder asegurarle un buen futuro. Sin lugar a dudas, el frasco de alabastro con ungüento perfumado era lo más valioso que poseía María.

Al tomar María el frasco de alabastro, sus ojos habrán recorrido la habitación reconociendo a varios de los invitados presentes. Además de Jesús, Lázaro y Simón, el anfitrión, estaban los doce discípulos de Jesús y otros invitados especiales. Eran todos hombres. Resultaba evidente que la única mujer presente además de ella era Marta, que entraba y salía de la cocina mientras les servía.

Así que con noble valor y determinación, María se deslizó silenciosamente en la habitación donde estaba Jesús reclinado a la mesa. No creo que en principio nadie haya notado su presencia, excepto Jesús. Seguramente Él notó su entrada y estuvo por completo al tanto de sus intenciones. Quizá dejó de comer y suavizó su mirada para que transmitiera amor y plena aceptación. Al sentir sus divinos ojos en ella, María habrá mirado su rostro para descubrir el beneplácito que Jesús le prodigaba. «María tomó entonces como medio litro de nardo puro, que era un perfume muy caro, y lo derramó sobre los pies de Jesús, secándoselos luego con sus cabellos» (12:3).

Sin dudarlo y sin avergonzarse, María tomó el frasco reluciente de alabastro que contenía una verdadera fortuna en ungüento perfumado, rompió el sello y lo derramó sobre la cabeza y los pies de Jesús[15]. Mientras lo derramaba, las lágrimas le bañaban el rostro. Eran lágrimas de un amor incontenible por aquel hombre que la había amado tanto, al igual que a su hermana y también a su hermano, que había producido un cambio tan importante en sus vidas. Sin timidez ni fingimiento, se acercó y desplegó su cabellera, y con ella secó humildemente sus pies mientras las lágrimas se entremezclaban con el perfume.

En aquel sencillo pero profundo acto de amorosa devoción, María le entregó *todo* a Jesús: su futuro, su esperanza de un futuro mejor, su seguridad financiera, su lugar en la sociedad, su reputación, su orgullo, su yo. Al quebrar el frasco de alabastro, no retuvo nada y no esperó nada a cambio. «Y la casa se llenó de la fragancia del perfume» (12:3). Todo aquel hogar y muchos otros se vieron bendecidos por aquel acto sacrificial de adoración.

¿Cuál es su frasco de alabastro, su posesión más preciada? ¿Es acaso…

su hijo?

su cónyuge?

su deseo de tener hijos?

su deseo de tener un cónyuge?

su carrera?

su deseo de cursar una carrera?

su plan para el futuro?

su cartera financiera?

su tiempo?

su reputación?

¿Estaría dispuesto a quebrarlo y derramarlo a los pies del Señor?

¿A entregar su orgullo y ser el primero en pedir disculpas?

¿A entregar a su cónyuge, permitiéndole que se dedique al servicio cristiano a tiempo completo?

¿A entregar a su hijo, apoyándolo en su llamado al campo misionero en el extranjero?

¿A entregar su reputación y a hacer pública su fe en Cristo?

¿A entregar su futuro al someter sus metas y sus sueños a Él?

¿Cuándo ha llenado su hogar con la fragancia de su amor por Jesús, un amor que es costoso y demanda que uno lo entregue todo, sin reservas? ¿O acaso su hogar está lleno de la esencia de su propio egoísmo? ¿Ha calculado con cuidado lo que está dispuesto a entregarle y aquello de lo cual no quiere desprenderse? ¿Ha determinado de forma deliberada cuánto tiempo, esfuerzo o dinero puede entregarle a Él sin tener que renunciar al tiempo, esfuerzo o dinero que desea para usted? ¿Acaso da lo que no le cuesta porque no da hasta que le duele ni hasta que signifique un sacrificio real?

Hace algunos años, cuando estudié este pasaje por primera vez, me quedé pasmada al descubrir que yo era el frasco de alabastro de mi marido. Mi esposo me había «roto» en el altar del sacrificio al darme la libertad de responder al llamado de Dios para mi vida. Él entregó el tiempo que compartíamos, mi atención concentrada en él y la disponibilidad de contar conmigo como un acto deliberado de adoración y amor por Jesús. El más maravilloso resultado fue que nuestro hogar se llenó de la fragancia de su sacrificio. Nuestros hijos crecieron amando a Jesús, y cada uno de ellos ha entregado su vida al servicio de Jesús rompiendo cada uno su propio frasco de alabastro a sus santos pies.

Cada vez que predico la Palabra de Dios por el mundo, la gente se me acerca para decirme: «Anne, exprésele nuestro agradecimiento a su esposo...» En mi interior agradezco a Dios que la fragancia del sacrificio de mi esposo haya sobrepasado los límites de nuestro hogar y haya penetrado en la comunidad y bendecido a personas de otros estados, y que haya alcanzado a varios dentro de nuestro país y del mundo. Solamente la eternidad será capaz de revelar el alcance de la fragancia que emanó de la amorosa devoción a Jesús de un hombre que estuvo dispuesto a quebrar su frasco de alabastro en nuestro hogar.

Ante el sonido del frasco de alabastro que se rompía, Simón y los invitados deben haberse puesto tensos y habrán recorrido con la mirada la habitación hasta depositarla en la hermana de Lázaro. El tintineo de los cubiertos habrá cesado, la comida habrá quedado intacta sobre la mesa y las copas suspendidas a mitad de camino mientras todos permanecían inmóviles, paralizados por no poder creer lo que sucedía ante sus ojos. Contemplaron atónitos cómo María se arrodillaba junto a Jesús y lo bañaba con aquel ungüento carísimo, y el leve sonido del roce de los cabellos y los ahogados sollozos de María eran el único sonido en la quietud.

Finalmente algo rompió el silencio, y aquel tierno, hermoso y conmovedor momento de amor desbordante se estropeó cuando «Judas Iscariote, que era uno de sus discípulos y que más tarde lo traicionaría, objetó: "¿Por qué no se vendió este perfume, que vale muchísimo dinero, para dárselo a los pobres?"» (12:4-5). Como alguien que aplasta una bella rosa bajo sus pies, Judas demostró su absoluto desdén por tanto amor derramado sobre Jesús. En esencia, con una mueca de burla en los labios dijo: «¿Acaso no sabes María que Jesús *no merece* semejante sacrificio? Estás *desperdiciando* el ungüento…»

¡Judas! ¡Judas era uno de los doce amigos íntimos de Jesús! ¡Judas era un discípulo! ¡Judas debía ser un líder espiritual! ¿Cómo podía estar tan fuera de sintonía que se mofaba de algo que para Jesús era valiosísimo? ¿Cómo podía ser tan piadoso de preocuparse por los pobres y ser tan desconsiderado con los sentimientos de María?

¿Quién se burla de su amor por Jesús? ¿Qué «discípulo» le ha dicho: «Pierdes el tiempo» o «desperdicias tu dinero» o «gastas tus energías en vano» o «desaprovechas tus dones» o «desperdicias tu formación académica» o «agotas tu mente» cuando usted se ha sacrificado generosamente por Él?

¿Quién se ha mofado de su fe o ha criticado su consagración o le ha encontrado defectos a su servicio? ¿Quién ha observado su precioso e íntimo sacrificio de amor por Jesús y lo ha atacado verbalmente por ello? ¿Qué «Judas», o alguien que se hace llamar discípulo o líder cristiano, le ha dicho de plano que Jesús no merece:

que abandone el tenis
para asistir a un estudio bíblico?
que dedique menos horas a dormir
para tener tiempo de orar?
que renuncie a su trabajo
para ocuparse de sus hijos?
que conserve su matrimonio
aunque se haya ido el amor?
que perdone a alguien
antes de que esa persona se lo pida?
que renuncie a algún gusto
para poder sostener a un misionero?
que no quiera emborracharse
cuando todos están bebiendo?
que se mantenga sexualmente puro
sin citas que perjudiquen su moral?

¡Es doloroso! ¿Verdad?

Hace poco Dios me hizo una preciosa revelación de su Palabra que también contenía instrucciones específicas acerca de algo que Él quería que hiciese. Sabía que obedecer esas instrucciones requería un sacrificio humillante de mi parte que sería visto, y tal vez malinterpretado, por los demás. Sin embargo, obedecí. Al explicarle mi acto de obediencia a un amigo que también es pastor, me miró y declaró con vehemencia: «Ese versículo no significa para nada lo que dices». Acto seguido, criticó fuertemente mi sacrificio y me hizo sentir avergonzada incluso de haberlo hecho. Las lágrimas que me bañaron el rostro fueron lágrimas de dolor.

LÁGRIMAS DE DOLOR

Con el eco de la crítica mordaz de Judas todavía en el aire, María debe haberse sentido paralizada, pálida del susto para luego sonrojarse por la vergüenza y la humillación. Lo que ella había realizado como un acto de adoración había sido pisoteado y malinterpretado. Sin embargo, antes que ella pudiera escabullirse, Jesús intervino.

Espero que jamás Jesús tenga que mirarme de la manera en que seguramente miró a Judas, y con la que tal vez mira a mi amigo pastor. Debe haberle lanzado una mirada fulminante con ojos que emitían el fuego de la justa indignación y de la escasa perspectiva de aquel que Él bien sabía que lo traicionaría, aquel que no tenía ninguna preocupación por los pobres sino una oculta motivación de codicia. *Jesús sabía* que Judas «dijo esto, no porque se interesara por los pobres sino porque era un ladrón y, como tenía a su cargo la bolsa del dinero, acostumbraba robarse lo que echaban en ella» (12:6).

Los ataques contra su sacrificio y el mío por Jesús pueden también basarse en un motivo oculto. Ese motivo puede ser la profunda convicción de que nuestro sacrificio pone en evidencia la falta de amor por Jesús en la vida del acusador. Puede tratarse de celos porque nuestra relación con Jesús es íntima y la del otro es distante. Puede ser también que de alguna manera la persona se siente amenazada por la realidad de nuestra relación con Cristo y el impacto que nuestro sacrificio produce en los demás. O puede ser resentimiento por la atención que recibimos como resultado de la bendición fragante que nuestro sacrificio trae a la vida de los demás.

Sea cual fuere el motivo, Jesús lo reconoce hoy en día como lo hizo entonces. Él acalló la crítica con una dura reprensión: «Déjala en paz» (12:7). Ese reto ha repercutido a través de los siglos y debe considerarse hoy en día.

Cuando un esposo le dice a la esposa que ella no puede leerle la Biblia a los hijos ni llevarlos a la iglesia...

Déjala en paz.

Cuando un pastor le dice a una mujer que no puede obedecer el llamado de Dios para su vida de la manera en que ella lo entiende...

Déjala en paz.

Cuando un jefe le dice a su empleada que no puede pronunciar el nombre de Cristo en el lugar de trabajo...

Déjala en paz.

Jesús entonces reveló algo asombroso en cuanto a los motivos de María, cuando dijo: «Ella ha estado guardando este perfume para el día de mi sepultura. A los pobres siempre los tendrán con ustedes, pero a mí no siempre me tendrán» (12:7-8).

¿Presentía acaso María, gracias a la intuición y sensibilidad femenina, que Jesús marchaba hacia la cruz?[16] ¿Lo había escuchado hablar de eso?[17] ¿Se habrá estremecido horrorizada al saber que si bien había levantado a su hermano de entre los muertos, Él mismo iba a morir? ¿Habrá deseado ella, de una manera tierna y femenina, comunicarle que estaba dispuesta a compartir ese sufrimiento con Él?[18] ¿Serían esas lágrimas que emanaban de sus ojos y se mezclaban con el ungüento cuando ella ungía la cabeza y los pies de Jesús, las lágrimas de dolor de Cristo que corrían por su rostro?

¿Cuándo ha compartido la cruz de Jesús? ¿Cuándo ha compartido su sufrimiento?¿Cuándo han estado las lágrimas de Él, de dolor y rechazo, sobre su rostro por demostrarle su amor?

Sus divinas lágrimas están en mi rostro...
cada vez que predico el Evangelio y me rechazan...[19]

cada vez que los miembros de la familia intentan disuadirme de un servicio sacrificial...[20]

cada vez que los promotores tratan de impulsarme a la mirada del público...[21]

cada vez que los líderes religiosos cuestionan la motivación de mi ministerio...[22]

cada vez que alguien intenta usar mi ministerio o mi reputación en beneficio propio...[23]

cada vez que mis vecinos cuestionan la credibilidad de mi testimonio...[24]

cada vez que se mofan o ridiculizan mi relación con Dios...[25]

cada vez que me insultan o me amenazan por hacer el bien...[26]

cada vez que me dicen que me niego a someterme a la autoridad de las Escrituras cuando las estoy obedeciendo...[27]

Mis lágrimas —y las de usted— son preciosas para Él[28] ¡Cuánto ama Él a quienes lo aman lo suficiente para derramar sus divinas lágrimas al compartir su cruz!

Con el rostro aún húmedo por las lágrimas, seguramente María se sintió avergonzada de haber provocado esa escena. Tal vez agachó la cabeza deseando no haber entrado nunca a la habitación y buscando la manera de escabullirse.

Y entonces Jesús dirigió toda su atención hacia María. ¿Se habrá acercado a ella para tomarle suavemente la barbilla en su mano y levantarle el rostro hacia Él para mirarla a los ojos? ¿Habrá sentido María la calidez de su comprensión y compasión y su tierno reconocimiento de lo que ella había hecho? ¿Habrá visto los ojos del Maestro llenarse de las lágrimas de ella?

María no había tenido palabras que expresaran su completa entrega en adoración a Él. No las necesitó. Su manera de actuar había sido mucho más elocuente que mil palabras. Y en respuesta a tal devoción, en una voz suficientemente fuerte para que la escucharan en toda la habitación los oídos que acababan de escuchar a Judas, pero también suficientemente suave para expresar un sincero elogio que era solo para ella, Jesús exaltó la acción de María: «Les aseguro que en cualquier parte del mundo donde se predique el evangelio, se contará también, en memoria de esta mujer, lo que ella hizo»[29].

¿Habrán comenzado a brotar nuevamente las lágrimas de ella? Si así fue, en esta oportunidad habrán sido lágrimas de bendición.

LÁGRIMAS DE BENDICIÓN

Ante el elogio que María recibió de parte del Señor, seguramente su vergüenza y turbación se habrán desvanecido. Más allá de la opinión de cualquiera, cada gota del precioso ungüento, todo aquel valioso producto, valió la pena haberlo derramado sobre Jesús una y mil veces. ¿Qué importa si los demás critican, se muestran escépticos, hostiles o sentenciosos si a Él le agradó?

A través del elogio, Jesús puso tan alto el acto de amor y adoración de ella que le dio valor eterno. Lo que María hizo podrá haber sido un gesto pequeño, muy femenino, pero de enorme significado para Él porque sabía que provenía de lo más profundo de su corazón. Por eso declaró que cada vez que se narrara su historia —lo grande que hizo, como los milagros, la cruz, la resurrección y la ascensión— también se contaría el hermoso y tierno acto de devoción de María.

¡No existe retribución por el servicio o el sacrificio que llegue siquiera a asemejarse a la retribución que significa haberlo agradado![30] Su «bien hecho» compensa con creces cualquier dolor o sacrificio que hayamos experimentado a causa de nuestra relación con Él. Y a veces, Él nos manifiesta sus elogios por medio de otras personas.

Durante el transcurso de los encuentros de avivamiento *Solo dame Jesús*, me encontré con la dura oposición y crítica de algunos líderes religiosos que no sentían que el lugar de una mujer fuera sobre una plataforma, cualquier plataforma, pero en especial si había hombres en el auditorio. Así que no fue sino con cierta aprehensión que accedí a hablar con los pastores de varias iglesias metropolitanas grandes pertenecientes a una ciudad a la que habíamos sido invitados para realizar un encuentro de avivamiento. Mientras conversaba informalmente con varios de los pastores antes del almuerzo, me sorprendió la calidez y amistad que manifestaban. Durante la comida, el pastor que estaba sentado a mi derecha y que dirigía la congregación más numerosa del mundo dentro de su denominación, se inclinó para decirme: «Anne, amamos a su padre; pero estamos hoy aquí para manifestarle nuestro total apoyo a su ministerio. Creemos en lo que hace». Ese comentario fue tan inesperado y tan genuino que me conmovió hasta las lágrimas. ¡Lágrimas de bendición!

No había pasado mucho tiempo de ese encuentro de pastores y luego de una agresión particularmente difícil de otro grupo de líderes religiosos que procuraban poner trabas a mi ministerio, cuando me invitaron a dar el discurso de apertura y a recibir un doctorado honoris causa sobre Divinidades de un prestigioso seminario teológico. Antes de ese acto, me encontraba en otro almuerzo que se ofrecía en mi honor. El presidente del seminario, junto a otros miembros del equipo directivo que estaban ajenos a mis luchas personales, se puso de pie y reconoció una y otra vez mi obediencia al llamado de Dios para mi vida según yo lo interpretaba. Una vez más las lágrimas comenzaron a correr por mis mejillas. ¡Lágrimas de bendición! Sabía que Dios estaba usando a aquellas queridas personas para hacerme saber que estaba complacido.

¿Cuándo ha hecho algo que no haría por nadie pero que, como un acto de adoración, ha realizado para Jesús? En ambas ocasiones mencionadas, Dios me dio la innegable y clara impresión de que había notado mi obra de amor, que la había aceptado como una expresión de devoción a Él desde lo más profundo de mi corazón, que estaba complacido y bendecido por ello y que jamás lo olvidaría.

Cuando María apoyó la cabeza sobre la almohada aquella noche, estoy segura de que habrá reflexionado sobre los sucesos de aquel día. Aun en la penumbra de su cuarto, podía observar que el sitio sobre la mesa donde solía estar el frasco de alabastro estaba ahora vacío. Al suspirar profundamente, habrá inhalado el perfume del ungüento que había impregnado sus manos y sus cabellos y le recordaba el sacrificio. Esta noche se acostaría sabiendo que ya no tenía dote y, por lo tanto, no tenía esperanza para un buen matrimonio ni un futuro seguro. Ya no tenía seguridad e independencia económica. Además, había perdido su invalorable reputación ,ya que su historia sería tergiversada por los calumniadores del pueblo. Por un instante, tal vez se cuestionó lo que había hecho. Sin embargo, al recordar la expresión en el rostro del Maestro y sus palabras... una vez más, ¿no habrán comenzado a deslizarse lágrimas por sus mejillas hasta humedecer la almohada?

Porque cuando uno ama a alguien con toda el alma, su dolor se convierte en el propio...

Su gozo es también el propio...
Su amor es también el propio...
Su dolor es también el propio...
Su bendición es también la propia...
¡Sus lágrimas están en su rostro!

CON LA PRIMERA LUZ en el amanecer de la creación, el Padre tomó su Frasco de Alabastro[31]. Tenía el brillo de la Estrella de la Mañana y tenía el aroma de la Rosa de Sarón[32]. Era su posesión más preciada. Cuando sus ojos omniscientes contemplaron los años que se extendían ante Él y que se convertirían en generaciones, siglos, edades y milenios, *Él sabía...*[33]

El Padre se deslizó en la oscuridad del mundo que había creado y amado[34]. Las manos que sostenían ese Frasco con tanta ternura y amor eterno se abrieron para depositarlo con cuidado en un pequeño pesebre de heno dentro de un establo. Durante los años que siguieron, la belleza y la gloria de ese Frasco fueron admiradas y compartidas por todos los que tuvieron ojos para verlo[35].

Y luego, con manos temblorosas pero decididas, el Padre tomó una vez más el Frasco de Alabastro. Sobre una montaña muy alejada del hogar celestial, una montaña fría, árida y sombría, plagada de una turba enfurecida, rebelde y obscena, el Padre quebró el Frasco de Alabastro sobre una tosca cruz de madera. Cuando el contenido de carne y sangre se derramó y la fragancia de su amor eterno impregnó la historia de la humanidad para siempre, nuestras lágrimas estuvieron en su rostro…

3 MÁS de su alabanza en mis labios

Juan 12:12-19

EN LOS ÚLTIMOS TRES AÑOS me he sentido con frecuencia abrumada. En ocasiones,

el dolor emocional había sido tan profundo,

los desafíos habían sido muy grandes,

las oportunidades habían sido tan numerosas,

las cargas habían sido tan pesadas,

las presiones habían sido tan intensas,

el ritmo había sido tan agotador,

los ataques habían sido tan violentos,

y los detalles habían sido tan confusos,

que las lágrimas de mi rostro se secaron por fatiga y debilidad, por desánimo y depresión. ¿Le sorprende? ¿Le causa sorpresa que los maestros de la Biblia y los líderes cristianos tengan problemas como los que tiene usted? En realidad, para la mayoría de las personas, incluso los líderes cristianos y los maestros, la vida no es fácil. Es dura y a veces contraria a lo que esperamos[1].

Sin embargo, como Isaías, he vislumbrado algo del propósito de Dios al permitir que el cielo de mi vida se oscureciera. Estoy segura de que Dios ha estado fortaleciendo mi fe, haciendo que deje a un lado mis sentimientos como la base de mi caminar con Él. Creo que Él desea darme la belleza de su voluntad en cuanto a mi vida en vez de las cenizas de mis sueños. Desea darme el aceite del auténtico gozo en Él en vez de la felicidad que depende de las circunstancias. Desea darme «manto de alegría en lugar del espíritu angustiado», para que yo sea llamada árbol «"de justicia", "plantío de Jehová", para gloria suya»[2].

Donde crecí, en las montañas de Carolina del Norte, todos los domingos por la tarde cuando el tiempo lo permitía, mis padres, mis hermanos y yo salíamos de caminata. Inevitablemente, siempre llegábamos a la zona donde los árboles eran tan enormes que podíamos tomarnos de las manos y ni aun así llegábamos a rodear el tronco. Cuando le preguntaba a mi mamá por qué los árboles eran más grandes allí que en ningún otro lado, me respondía que se debía a que en la cima los vientos eran más fuertes y las tormentas, más recias. Al no haber nada que protegiera a los árboles de la furia de la naturaleza, o se quebraban y caían, o se convertían en árboles extraordinariamente fuertes y resistentes.

Dios nos planta a usted y a mí como tiernos arbolitos para luego convertirnos en «árboles de justicia» haciendo uso de los elementos adversos para fortalecernos. Y nos lleva a soportar, no solo de cierta manera, sino victoriosamente cuando escogemos alabarle a pesar de las tormentas que se abaten en nuestro interior o de los vientos huracanados que nos rodean.

El rey David sabía que el secreto de la victoria sobre la adversidad era la decisión firme de alabar a Dios. Una y otra vez, cuando clama a Dios en oración, notamos su *decisión* de alabar: «¿Hasta cuándo he de estar angustiado y he de sufrir cada día en mi corazón? … SEÑOR y Dios mío, mírame y respóndeme … *Pero* yo *confío* en tu gran amor; mi corazón se alegra en tu salvación. *Canto* salmos al SEÑOR. ¡El SEÑOR ha sido bueno conmigo!»[3]. David, perseguido por Saúl y viviendo como fugitivo durante años en un país donde era considerado un héroe nacional y el rey ungido, optó por alabar a Dios aun cuando no sentía ganas de hacerlo[4].

Jeremías conocía cuál era el secreto de la victoria cuando se lamentaba: «Me ha quitado la paz; ya no recuerdo lo que es la dicha. … Recuerda que ando errante y afligido, que me embargan la hiel y la amargura. Siempre tengo esto presente, y por eso me deprimo. *Pero algo más me viene a la memoria*, lo cual me llena de esperanza: El gran amor del Señor nunca se acaba, y su compasión jamás se agota. Cada mañana se renuevan sus bondades; ¡muy grande es su fidelidad!»[5]. Jeremías había aprendido a alabar a Dios aun cuando había predicado con fidelidad durante sesenta y cinco años sin siquiera recibir una respuesta positiva a su mensaje sino que por el contrario, lo desdeñaron, lo pusieron en prisión y tuvo que enfrentar la lapidación.

El apóstol Pablo conocía el secreto de la victoria cuando a él y a Silas los arrojaron a una celda interior de la cárcel con los pies sujetos en el cepo por haber predicado el evangelio de Jesucristo. «A eso de la medianoche, Pablo y Silas se pusieron a orar y a *cantar himnos* a Dios»[6]. Como resultado de esa alabanza, un terremoto estremeció los cimientos de la cárcel, el carcelero se convirtió y ellos fueron puestos en libertad. Pablo continuó manteniendo ese espíritu de alabanza hasta el final de sus días cuando una vez más fue encarcelado en Roma y, sin embargo, declaró con entusiasmo: «*Seguiré* alegrándome»[7].

Dudo que en ninguna de las prisiones en que estuvo Pablo haya *sentido* deseos de alabar. Lo que pasa es que había aprendido a caminar por la fe y no por los sentimientos. Y hoy en día nos ordena que ejercitemos la voluntad y hagamos una elección deliberada y consciente: «Alégrense siempre en el Señor. Insisto: ¡Alégrense!»[8].

Pablo conocía por experiencia el mismo secreto para la victoria que bien conocían el rey David y el profeta Jeremías. Es un secreto que la moderna ventaja de tener electricidad ilustra perfectamente. Aunque afuera esté oscuro, puedo tocar el interruptor y encender una lámpara. La alabanza es el interruptor que enciende la lámpara del gozo en nuestra vida aunque afuera esté «oscuro». Y la luz resultante hace que los demás vean la gloria de Dios en nuestra vida. A medida que mi vida se complica y los problemas o presiones parecen convertirse en algo permanente, deseo encender la «luz». *Por eso, Dios querido, pon MÁS de tu alabanza en mis labios.*

ALABÉMOSLO POR LO QUE ÉL ES

La fragancia del sacrificio de María permanecía en el aire aunque el banquete ya había concluido aquella noche en Betania. Los invitados a la cena tienen que haberse ido dando cuenta de un ruido que iba en aumento y que comenzaba a interferir en su conversación de modo que ya no podían pasarlo por alto por más tiempo. Fácil y rápidamente identificaron que el ruido era el de una multitud que comenzaba a congregarse al otro lado de la puerta. Un gran número de personas «se enteraron de que Jesús estaba allí, y fueron a ver no solo a Jesús sino también a Lázaro, a quien Jesús había resucitado» (12:9). Con la misma curiosidad que hace que la gente se agolpe frente a un edificio en llamas o que disminuya la velocidad para estirar el cuello ante un accidente de tránsito, ¡todos querían ver! De la noche a la mañana, Lázaro se había convertido en una atracción turística.

Quizás para aliviar y proteger a Lázaro, y también porque tenía una importante cita con el futuro profético, Jesús abandonó Betania al día siguiente de la cena que ofrecieron en su honor. Seguido por una multitud de observadores curiosos, comenzó a transitar la corta distancia hasta Jerusalén. Los discípulos, que habían seguido sus instrucciones, lo interceptaron en el camino con una burra y su cría[9]. Los discípulos pusieron sus mantos sobre el burrito y Jesús cabalgó sobre el animal el resto del recorrido hasta Jerusalén.

Al acercarse a la ciudad, «muchos de los que habían ido a la fiesta se enteraron de que Jesús se dirigía a Jerusalén» (12:12). Los historiadores estiman que esa multitud estaría formada por alrededor de dos millones de personas que congestionaban a Jerusalén ese año en ocasión de la Pascua.

La multitud que ya estaba en Jerusalén con motivo de la Pascua se unió a la que iba siguiendo a Jesús desde Betania, lo que terminó en una marea de personas que «tomaron ramas de palma y salieron a recibirlo, gritando a voz en cuello: "¡Hosanna! ¡Bendito el que viene en el nombre del Señor! ¡Bendito el Rey de Israel!"» (12:13).

Comparado con el rugido atronador del público congregado en un estadio que festeja el gol obtenido por el equipo local, las aclamaciones de la multitud que se aproximaba a Jerusalén debe haber sido ensordecedora. Es muy probable que el cielo haya sido azul, el sol haya brillado y el viento haya estado en calma aquel domingo de primavera; pero la emoción de la expectativa debe de haber sido… ¡electrizante! La población religiosa de Jerusalén conocía el Antiguo Testamento de adelante para atrás y de atrás para adelante. Mientras la ciudad entera parecía moverse al compás de las alabanzas a Jesucristo que retumbaban en las viejas paredes de piedra y por las estrechas callejuelas de la ciudad, era por completo evidente que no se trataba de sueños piadosos. Se trataba de la adoración consciente y deliberada que daban a Jesús de Nazaret como el Mesías que cumplía la profecía ante sus ojos[10]. Y Jesús aceptó esa alabanza como un homenaje que le dirigían a Él como su Rey.

¿Cuándo ha alabado a Jesús únicamente debido a que es merecedor de su homenaje, simplemente por ser quien es? Cuando su espíritu está abatido,

cuando tiene el corazón destrozado,
cuando el futuro es sombrío,
cuando sus sueños se hicieron pedazos,
cuando sus recuerdos lo inquietan,
cuando sus cargas son imposibles de llevar… *¡alábele!*
Si Él nunca responde a sus oraciones,
si nunca sana su enfermedad,
si nunca resuelve su crisis financiera,
si nunca sana sus relaciones,
si nunca alivia su carga,
si nunca borra sus recuerdos,

haga un esfuerzo y alábelo por quien Él es. ¿Por qué? ¡Porque Él se lo merece! Y porque la alabanza es el interruptor que enciende la luz en la oscuridad de su vida.

En un tiempo de muchas tensiones y problemas crecientes, escribí la siguiente descripción de Jesús al ejercitar deliberadamente mi voluntad para alabarlo por quien Él es. Esta descripción está inspirada en un casete de audio casero que alguien me acercó con un título escrito a mano que dice: «Mi Rey es...» Por lo que deduje, a un señor llamado S. M. Lockridge lo llamaron a la plataforma durante una reunión de la iglesia y le solicitaron que dijera a la congregación quién era su Rey. El casete era una grabación de su elocuente respuesta. Con una voz profunda y apasionada que iba aumentando en volumen y tempo a medida que se emocionaba, describió a su Rey, Jesús... ¡en tres minutos!

Cuando acabó el casete, lo rebobiné y volví a escucharlo. Este desconocido hermano en Cristo me sacudió el alma con la descripción que hizo de *mi* Rey, Jesús. Tomé la idea del doctor Lockridge, y a veces algunas de sus frases textuales, y escribí una descripción de quién es Jesús. Es mi oración que esta dé inicio a su propia letanía de alabanza...[11]

Él es perdurablemente fuerte.
Él es absolutamente sincero.
Él es eternamente firme.
Él es inmortalmente bondadoso.
Él es majestuosamente poderoso.
Él es imparcialmente misericordioso.
Él es el mayor fenómeno que jamás ha cruzado el horizonte.
Él es el Hijo de Dios.
Él es el Salvador del pecador.
Él es el rescate del cautivo.
Él es el aliento de vida.
Él es la pieza clave de la civilización.
Él habita en la soledad de sí mismo.

Él es augusto y es único.
Él no tiene paralelo ni precedente.

Él es indiscutido y sin mancilla.
Él es sin par e inquebrantable.

Él es la noble idea de la filosofía.
Él es la mejor personalidad de la psicología.
Él es el objeto supremo de la literatura.
Él es el problema inabordable de la alta crítica.
Él es la doctrina fundamental de la teología.
Él es la piedra del ángulo, el punto más alto y la piedra de tropiezo de la religión en su conjunto.
Él es el milagro de todas las épocas.

Siga alabándolo por quien es Él...

Él es la clave del conocimiento.
Él es la fuente de la sabiduría.
Él es el fundamento de la fe.
Él es la puerta de la liberación.
Él es el sendero de paz.
Él es el camino a la rectitud.
Él es la puerta a la gloria.
Él es la autopista a la felicidad.

Siga alabándolo...

Su oficio es múltiple
y su promesa es fiel.
Su vida es incomparable
y su bondad no tiene límites.
Su misericordia es suficiente
y su gracia es abundante.
Su reino es recto,
su yugo es fácil,
y su carga es ligera.

Él es indestructible.
Él es indescriptible.
Él es incomprensible.
Él es ineludible.
Él es invencible.
Él es irresistible.
Él es irrefutable.

No puedo quitarlo de mi mente…
ni tampoco de mi corazón.
No puedo sobrevivirlo…
ni tampoco puedo vivir sin Él.
Los fariseos no lo soportaban,
pero descubrieron que no podían detenerlo.
Satanás intentó tentarlo,
pero descubrió que no podía engañarlo.
Pilato lo llevó a juicio,
pero no halló culpa en Él.
Los romanos lo crucificaron,
pero no pudieron quitarle la vida.
La muerte no pudo con Él,
y la tumba no pudo retenerlo.

Y siga alabándolo…

Él es el León y es el Cordero.
Él es Dios y Él es Hombre.

Él es Rey en siete sentidos:
Él es el Rey de los judíos…
O sea un Rey racial.

Él es el Rey de Israel…
es un Rey nacional.

Él es el Rey de la justicia…
es un rey moral.

Él es el Rey de las edades…
es un Rey eterno.

Él es el Rey del cielo…
es un rey Universal.

Él es el Rey de gloria…
es un rey celestial.

¡Él es EL REY DE REYES Y SEÑOR DE SEÑORES!

¿Seguiría alabando a Jesús por ser quien es *por el resto de su vida*? Utilice la lista anterior como inspiración y confeccione su propia lista. Dedique un tiempo a meditar en cada frase descriptiva. No se dará cuenta solamente de que ha activado el «interruptor» que transformará su actitud al revolucionar su perspectiva, sino que también notará que alabar a Jesús es contagioso.

El apóstol Juan nos da un emocionante vistazo de lo que será una celebración universal en la que un día habremos de participar. Describe a cuatro criaturas vivientes que rodean el trono donde Jesús reina supremo sobre todo el universo. Estas criaturas vivientes «día y noche repetían sin cesar: "Santo, santo, santo es el Señor Dios Todopoderoso, el que era y que es y que ha de venir". Cada vez que estos seres vivientes daban gloria, honra y acción de gracias al que estaba sentado en el trono, al que vive por los siglos de los siglos, los veinticuatro ancianos se postraban ante él y adoraban al que vive por los siglos de los siglos. Y rendían sus coronas delante del trono exclamando: "Digno eres, Señor y Dios nuestro, de recibir la gloria, la honra y el poder"». Luego Juan describe a todo el universo que comienza a balancearse y a aclamar en la continua y contagiosa aclamación de Cristo en que «cuanta criatura hay en el cielo, y en la tierra, y debajo de la tierra y en el mar

... cantaban: "¡Al que está sentado en el trono y al Cordero, sean la alabanza y la honra, la gloria y el poder, por los siglos de los siglos!"»[12].

¡Qué experiencia tan imponente y emocionante será! Y comienza con cuatro criaturas vivientes que alababan a Jesús.

¿Quién alaba a Cristo porque usted lo hace? Si su alabanza y la mía se ven interrumpidas por...

nuestras circunstancias o nuestras quejas,

nuestro egoísmo o nuestro sufrimiento,

nuestros deseos o nuestra depresión,

nuestra indiferencia o nuestra insistencia,

o por cualquier cosa...

la luz se atenuará en nuestra vida a medida que nos hundimos en el lodo del yo; y en vez de provocar que otros alaben a Jesús, los arrastraremos a la oscuridad en la que nos encontramos.

Entonces, ¡alabe a Jesús! ¡Y continúe alabándole! Alábelo por a ____________. Llene usted el espacio en blanco con un atributo de Cristo.

En aquel primer Domingo de Ramos, la alabanza de Cristo se tornó contagiosa cuando la gente comenzó a acercarse corriendo desde todas partes de la ciudad para ver de qué se trataba aquella conmoción. La multitud crecía hasta que llegó a ser preocupante para los discípulos por el tamaño y la intensidad que cobraba. Sabían que aquella entrada de Jesús en Jerusalén sería un evento histórico de importancia colosal. No tuvieron duda en cuanto a la consecuencia trascendental que tenía cuando recordaron la profecía mesiánica del Antiguo Testamento escrita cuatrocientos años antes por el profeta Zacarías:[13] «No temas ... mira, que aquí viene tu rey, montado sobre un burrito» (12:15). Aunque «al principio, sus discípulos no entendieron lo que sucedía» (12:16), la escena fue conmocionante cuando aquella masa humana avanzó como un mar de gente rumbo a las puertas de la ciudad.

Cuando la gente de la periferia se enteró de que Jesús se dirigía a Jerusalén, «seguía difundiendo la noticia» de que Él había llamado a Lázaro del sepulcro y lo había resucitado (12:17). Las noticias que circularon por toda la ciudad hicieron que alabaran a Jesús no solamente por quién es, sino también por lo que había hecho.

ALÁBELO POR LO QUE ÉL HA HECHO

¿Qué ha hecho Jesús por usted? ¿Qué saben sus familiares, sus amigos, sus vecinos, sus colegas, sus compañeros de estudio, sus compañeros de equipo, sus jefes, sus empleados, sus profesores, sus médicos, su abogado, su consejero, su pastor y demás personas de lo que Jesús ha hecho por usted? Juan testificó que «muchos que se habían enterado de la señal realizada por Jesús salían a su encuentro» (12:18). ¿Quién está buscando a Jesús por lo que Él ha hecho en su vida?

¿Le ha contado a alguien que Él lo rescató de la muerte espiritual?

¿Le ha contado a alguien que Él perdonó su pecado y le quitó la culpa?

¿Le ha contado a alguien acerca de la enfermedad que sanó,
de la oración que respondió,
de la bendición que le dio,
o de la promesa que cumplió?

Para mí, una de las escenas más dramáticas de las Escrituras es la que tuvo lugar más adelante en esa misma semana en la vida de Jesús. Lo arrestaron a la medianoche del día jueves y ya en las primeras horas del viernes lo llevaron a juicio. Ninguna persona se presentó a testificar lo que Jesús había hecho por ella. Debió enfrentar acusaciones de traición y de evasión de impuestos, pero ¿dónde estaba el ciego que había recibido la vista? ¿Dónde estaba el leproso que había sanado? ¿Dónde estaba la mujer adúltera que había perdonado? ¿Dónde estaba el endemoniado que había liberado? ¿Dónde estaba la hija de Jairo que había resucitado, o la suegra de Pedro que había recibido la salud? ¿Dónde estaba el parapléjico que ahora podía caminar?

¿Dónde estaban aquellos cuyas vidas fueron tocadas y transformadas por el poder y el amor de Jesús? *¿Dónde estaban?* ¡No estaban!

Tal vez era muy temprano.

Tal vez no pudieron ir.

Tal vez estaban demasiado cansados para hacer ese esfuerzo.

Tal vez temían lo que los demás fueran a decir.

¡No creo que se hayan olvidado!

Cualquiera que haya sido el motivo, permanecieron en silencio cuando debieron hablar. Se perdieron la oportunidad de su vida —aunque eso no hubiera producido ninguna diferencia en la decisión que se tomara— de alabar a Jesús por lo que Él había hecho en la cruz al morir por ellos. No permanezca en silencio. ¡Ni un minuto más! Alábelo por lo que Él ha hecho por usted. ¿Qué hizo Jesús por usted? Medite en las siguientes frases:

No hay medida que pueda definir su amor ilimitado…

Ningún potente telescopio puede vislumbrar el borde de su provisión sin límites…

No hay barrera que pueda impedir que Él derrame su bendición…

Él perdona y olvida.

Él crea y limpia.

Él restaura y reconstruye.

Él sana y ayuda.

Él reconcilia y redime.

Él consuela y acompaña.

Él levanta y ama.

Él es el Dios de las segundas oportunidades,

de las muchas oportunidades,

de las escasas oportunidades,

de cuando no hay oportunidades…

Siga alabándolo…

Él dispensa a los deudores,
Él libera a los cautivos,
Él defiende a los débiles,
Él bendice a los jóvenes,
Él atiende a los desafortunados,
Él retribuye a los ancianos,
Él premia a los diligentes,
Él beatifica a los mansos.

Y siga alabándolo…

Él cuida al joven.
Él busca al apartado.
Él halla al perdido.
Él guía al fiel.
Él corrige al equivocado.
Él vindica al maltratado.
Él defiende al débil.
Él consuela al oprimido.
Él recibe al pródigo.
Él sana al enfermo.
Él limpia al que está sucio.
Él beatifica al desprovisto.
Él restaura al caído.
Él alivia al quebrantado.
Él bendice al pobre.
Él llena al que está vacío.
Él viste al desnudo.
Él satisface al hambriento.
Él enaltece al humilde.
Él perdona al pecador.
Él resucita a los muertos.

Siga alabándolo...

Él da fuerzas al cansado.
Él da poder al débil.
Él ofrece una salida al tentado.
Él comprende al herido.
Él salva al desesperanzado.
Él protege al desvalido.
Él sustenta al desvalido.
Él da propósito al desorientado,
un motivo al que carece de sentido
satisfacción al desolado,
luz al que está en oscuridad,
consuelo al que está en soledad,
fruto en la aridez,
futuro al desesperanzado,
¡y vida al que está muerto!

Siga y siga alabando a Jesús *por el resto de su vida.* Alábelo por ________. Complete esto con la lista de cosas que ha hecho por usted. Medite en ellas durante el día y añada más motivos cuando se vaya a dormir por la noche. Cultive el hábito de la alabanza continua. No solamente será el interruptor que encienda la luz en la oscuridad de su vida sino que será uno de los secretos para vencer a sus enemigos.

Los enemigos de Jesús habían llegado a la conclusión de que la única manera de detener la amenaza en que se había convertido para ellos era matándolo, y habían comenzado a conspirar y a planificar su arresto y ejecución[14]. Aquellos falsamente piadosos líderes religiosos habían llegado hasta a contratar a Judas para que traicionara a Jesús en la primera oportunidad que se le presentara[15]. Sin embargo, cuando toda Jerusalén había estallado en una manifestación multitudinaria de halago y alabanza a Jesús, los enemigos quedaron consternados y exclamaron con furia vengativa: «¡Miren cómo lo sigue todo el mundo!» (12:19).

Una de las formas de distraer a Satanás y vencerlo es alabar a Jesús. Ya sea que el enemigo se presente en forma visible frente a nosotros como los escribas y los fariseos, o en forma invisible fuera de nosotros como el diablo en persona, o en forma invisible en nuestro interior a través de la depresión, la alabanza echa fuera al enemigo. En la profecía con que describe los pensamientos y sentimientos más íntimos de Jesús cuando colgaba de la cruz, torturado, desangrándose y muriendo, el salmista declara: «Pero tú eres santo, tú que habitas en las alabanzas...» de tu pueblo. En otras palabras, Él es entronizado, reina con poder, autoridad y supremacía, a través de nuestra alabanza.

Cada vez que puedo participar de la organización del encuentro en el que voy a predicar, trato de que haya himnos y coros de alabanza antes del mensaje como una manera de despejar la invisible atmósfera espiritual y darle a Él absoluta autoridad sobre todo lo que vaya a ocurrir.

De cierta manera sobrenatural, la alabanza introduce la autoridad de Dios en cualquier ambiente. El salmista continúa diciendo: «En ti esperaron nuestros padres; esperaron y tú los libraste. Clamaron a ti y fueron librados; confiaron en ti y no fueron avergonzados»[16]. Así como Jesús clamó e incluso citó las palabras de este salmo mientras pendía de la cruz, también demandó la victoria que le pertenecía a través de la fe pura expresada en la alabanza. La ventaja que pareció tener el enemigo sobre Jesús en la cruz el viernes fue solamente temporal, ya que llegó el domingo, y el enemigo terminó vencido en forma total y permanente.

El valor de la alabanza como arma práctica en la guerra espiritual lo demostró el pueblo de Israel cuando cruzó el río Jordán para ingresar en la Tierra Prometida. La fortaleza de Jericó impedía que continuaran su avance. Dios instruyó a Josué para que ordenara al pueblo que marchara silenciosamente alrededor de Jericó una vez al día durante seis días. Al séptimo día, debían marchar siete veces alrededor de la ciudad; luego, a una orden, debían proferir al unísono un grito de alabanza a Dios. Lo hicieron tal y como Dios lo indicó. Al séptimo día, luego de dar la séptima vuelta alrededor de la ciudad, profirieron un grito de alabanza y de victoria, y ¡las murallas de Jericó se derrumbaron![17]

Fue algo tan impactante como cuando Dios le dio a Isaías una visión de la gloria de Jesucristo reencarnado «excelso y sublime, sentado en un trono». Isaías, embelesado, describió a los ángeles que lo alababan cuando «se decían el uno al otro: "Santo, santo, santo es el SEÑOR Todopoderoso; toda la tierra está llena de su gloria". Al sonido de sus voces, se estremecieron los umbrales de las puertas y el templo se llenó de humo»[18]. Para Isaías era evidente que la alabanza a Jesucristo podía incluso mover a la Iglesia. Y el humo que llenó las instalaciones no era humo de madera sino la gloria visible de Dios. ¡Qué diferencia se produciría en nuestro mundo si la iglesia, el pueblo de Dios, participara en una alabanza fundada en la fe —no en las emociones— hasta que la gloria de Dios se revele a los espectadores!

La mayor expresión de alabanza genuina no es necesariamente una manifestación de tipo emotivo, con lágrimas en el rostro, las manos levantadas y movimiento del cuerpo al ritmo de la música un domingo por la noche. La alabanza genuina es un reconocimiento visceral de fe pronunciado en la oscuridad de la desesperación al aferrarse uno solo a Él.

Una manera práctica de ser constante en la alabanza es que cada vez que ore, comience la oración con una alabanza. Primero, alabe a Jesús por quien es. Luego, alábelo por algo que haya hecho por usted. Solamente cuando su oración esté debidamente enfocada en Él a través de la alabanza, presente ante Él sus necesidades. Y cuando las necesidades se vuelvan abrumadoras, su oración y la mía será…

¡ Dios amado, pon MÁS de tu alabanza en mis labios!

GOLPEARON A LA PUERTA Y CUANDO ABRÍ me encontré con el fumigador parado ante la puerta. Me di cuenta que era Brad[19], el hijo del dueño a quien hacía casi un año que no veía. Sabía que luchaba contra el cáncer así que lo saludé con placer genuino ante la evidencia de que estaba bastante restablecido.

Al observarlo con un poco más de detenimiento, sin por eso ser impertinente, noté que su piel presentaba un tono amarillento y que tenía grandes ojeras. Sin embargo, una enorme sonrisa cubrió su rostro cuando le pregunté cómo estaba. Me contó que la enfermedad había regresado, así como las sesiones de radiaciones y quimioterapia. Luego, de pie en el medio de la cocina con el recipiente de pesticida en la mano, afirmó: «Sin embargo, señora Lotz, permítame contarle lo que Dios ha hecho por mí. Ha sido tan fiel conmigo. Me llevó a un punto que puedo volver a trabajar, ha puesto el cáncer en remisión, me ayudó a ganar peso. Y, señora Lotz, ¡me ha dado un poco más de tiempo!».

Cuando Brad se marchó, la fragancia que inundaba la casa no era la del pesticida sino la de la alabanza que puso una melodía en mi corazón.

Dios amado:

Cuánto te alabo por tu bondad y tu fidelidad para con Brad y para con todos tus hijos. Te alabo también por la negrura de la enfermedad y la muerte, de la depresión y el desánimo, del dolor y los problemas, del estrés y del sufrimiento, porque eso hace que el brillo de tu gloria sea más visible en nuestra vida. Gracias por no abandonarnos sino que te entregas a consolarnos y fortalecernos para la tarea de vivir cada día.

Te alabo por ser mi Consolador en medio de la tristeza, mi Sanador en medio del sufrimiento, mi Libertador de la esclavitud, mi Fortaleza en mi debilidad, mi Esperanza para el mañana, mi Pastor en este día. Gracias porque mi fe no se apoya en mis emociones ni en mis circunstancias sino solamente en el carácter tuyo que nos revela tu Palabra. Te agradezco por tu Palabra, que me da un sitio seguro adonde recurrir cuando mi mundo está hecho pedazos.

Y te pido que continúes restableciendo la salud de Brad para que pueda vivir para gloria tuya. Ayúdalo a mantenerse firme en ti.

En el nombre de aquel que comprende nuestras dolencias, de aquel que es inconmovible, que no se aparta de tu voluntad movido por las emociones y que es inquebrantable en su propósito de darte la gloria por medio de su vida y de su muerte. En el nombre de Jesús. Amén.

4

MÁS de

su muerte en mi vida

Juan 12:20-25

UN OXÍMORON ES UNA combinación de palabras o términos de significado contradictorio que a menudo se combinan sin que el que habla se dé cuenta de la ironía de lo que expresa. Puede ser divertido coleccionarlos. Algunos de mis favoritos son:

• Actuar con naturalidad • agridulce • alarma silenciosa • ateo devoto • audaz cobardía • clásico moderno • cambio constante • comedia trágica

• Club de los solitarios • cuadratura del círculo • conservantes naturales • desastre menor • esperar lo inesperado • ejército pacificador • falsa realidad • ficción verdadera • globalización fragmentada • guerra santa

• Humor serio • hielo seco • intimidad compartida • camicace involuntario • línea punteada • organización gubernamental • opción obligatoria • porción completa • paciente airado • peligro controlado • pequeña multitud • pequeño gigante • realismo mágico • riesgo calculado

• Silencio atronador • simples complicaciones • solución aproximada • secreto compartido • tensa calma • tregua permanente • victoria parcial • vagamente consciente • yugo liberador

La Biblia contiene sus propios «oximorones» en frases que parecen ser contradictorias pero que contienen verdades profundas. Por ejemplo:

Los que se humillan serán exaltados[1].
Los que pierdan su vida la encontrarán[2].
Los pobres son ricos[3].
Los débiles son fuertes[4].
Los hambrientos son saciados[5].
Los perseguidos son dichosos[6].

Sin embargo, el más llamativo de los principios aparentemente contradictorios quizá sea *la vida crucificada*[7]. Jesús consideraba que la verdad contenida en este principio era tan fundamental, tan importante, tan esencial y tan crucial para sus discípulos que en el clímax de su vida y su ministerio en este mundo, se tomó el tiempo de enseñarle a los discípulos su significado.

LA MUERTE PRODUCE PODER

Jesús estaba en la cima de la popularidad. El levantar a Lázaro de la muerte fue el clímax de su meteórico ascenso a la fama luego de un breve período de tres años. Cientos de miles de personas que acudían a la fiesta lo habían proclamado el Mesías y el Rey de Israel con desenfrenado entusiasmo a su llegada a Jerusalén. Sus peores enemigos parecían estar impedidos de interferir en el súbito engrosamiento de las filas de sus seguidores. Y ahora los griegos, en representación del mundo externo a Israel, «se acercaron a Felipe ... y le pidieron: "Señor, queremos ver a Jesús". Felipe fue a decírselo a Andrés y ambos fueron a decírselo a Jesús» (12:21-22).

¡Los discípulos deben haberse quedado atónitos! Resultaba evidente que con toda la ciudad de Jerusalén a los pies de Cristo, con los enemigos aparentemente sin recursos, con el mundo exterior que solicitaba su atención, ¡este era el momento que habían estado esperando!

Seguramente los discípulos deben haber intercambiado miradas cómplices y les habrá costado contener el júbilo que sentían. Seguramente empezaron a fantasear sobre qué sentirían al ser discípulos de quien gobernaría el mundo. En sus mentes habrá danzado la visión de posiciones de liderazgo y autoridad que serían suyas en el nuevo reino que llegaba. Ya habían recibido una reprimenda por hablar de sus ambiciones, así que a nadie se le ocurrió mencionarlo de nuevo; pero sin duda mentalmente estaban barajando docenas de posibilidades diferentes[8].

La enfática respuesta de Jesús ante la solicitud de los griegos pareció confirmar lo que los discípulos pensaron, cuando Él respondió: «Ha llegado la hora de que el Hijo del hombre sea glorificado» (12:23). Todo parecía encajar a la perfección. ¡Había llegado su hora! Luego de todas las enseñanzas y las caminatas y las conversaciones y las discusiones y la realización de milagros, finalmente Jesús iba a aprovechar el momento y gobernar sobre Israel. Y luego de Israel... ¡el mundo!

Jesús debió de echar un vistazo a los rostros ansiosos y a los ojos chispeantes de sus discípulos con un dejo de tristeza. ¡No lo habían comprendido! Él sabía exactamente lo que ellos estaban pensando, por eso interrumpió sus fantasías trayéndolos bruscamente a la realidad: «Ciertamente les aseguro que si el grano de trigo no cae en tierra y muere, se queda solo. Pero si muere, produce mucho fruto» (12:24). ¡Si muere! ¿Quién hablaba de morir? Los discípulos pensaban solamente en el poder y en el privilegio que gozarían de gobernar el mundo.

Al ir creciendo en el conocimiento de Cristo, ¿cuáles han sido sus fantasías? Al irse convenciendo poco a poco de que Él es el Hijo de Dios, ¿se ha convencido de igual manera de que no hay nada más allá de su capacidad? Usted sabe que pertenece a Él, que Él lo ama y que se ocupa de los detalles de su vida. Todo eso es cierto. Entonces, comienzan las fantasías: *Con semejante amigo en los lugares celestiales, Él podría conseguirme ese empleo que tanto me gusta. Y seguramente puede sanarme de esa enfermedad que ha sido diagnosticada como terminal. Y seguro que para Él no sería nada solucionar mis problemas financieros, o ubicarme en el cargo elegido, o conseguirme una membresía en ese club, o darme esa preciosa casa para mi familia. ¿Acaso no confirma esto el pequeño libro tan famoso que me desafía a orar pidiendo más bendiciones para mi vida todos los días?*

Como fue el caso de los discípulos hace tanto tiempo, usted y yo, y toda la iglesia de hoy necesita una vez más la lección objetiva que Jesús les dio a los discípulos. Necesitamos comprender el principio de que la muerte produce un poder que da como resultado una mayor bendición.

Me pregunto si Jesús habrá ingresado a Jerusalén asediado por la multitud que lo adoraba de forma desenfrenada y que ahora se encolumnaba para poder recorrer las estrechas calles que en las que solo cabía un puñado de personas a la vez. Mientras avanzaba por la ciudad, rodeado por los discípulos, ¿habrá pasado junto a un vendedor que ofrecía granos en grandes cestas? Ante la oportunidad de dar una lección objetiva, ¿habrá tomado un puñado de granos y habrá permitido que se escurrieran por entre sus dedos hasta que le quedara solo uno? Con esa semilla en la mano fue que quizá explicó que si permanecía como estaba sin ser plantada, solo sería eso: una semilla. Jamás manifestaría su potencial de dar vida y cubrir todo un campo de trigo. Sin embargo, si la plantaban, el suelo la cubriría, la lluvia caería con suavidad sobre ella y la cáscara se partiría. Entonces la semilla quedaría libre para avanzar hacia la superficie y crecer hasta transformarse en un tallo de trigo con cientos de semillas.

La enseñanza era clara. Para que un grano produzca más grano hace falta que se quiebre. Necesita morir. No obstante, el resultado de la ruptura o de la muerte es el poder de reproducir una enorme multiplicación de granos.

¿Cuán clara le resulta la enseñanza? Desde nuestra perspectiva de este lado de la cruz, podemos mirar hacia atrás y comprobar la verdad de este principio hecho realidad en la vida de Jesús. No fue gobernando desde el trono del mundo que Jesús logró el poder, como lo imaginaron los discípulos, sino en la cruz donde lo clavaron. Al igual que el grano de trigo, tuvo que morir para después levantarse con el poder de reproducir su vida cientos de miles de veces… a través de su vida, de la mía y la de todos los creyentes a través de los tiempos.

Cada vez que participamos de la Santa Cena en la iglesia, ¿no es acaso esta una de las razones por la que recordamos su muerte con tanta gratitud? Al participar del pan, ¿no agradecemos a Dios por su cuerpo que fue partido? Y al tomar de la copa, ¿no agradecemos a Dios por el derramamiento de la vida de Cristo así como por su resurrección para darnos vida eterna?[9] La única razón por la que usted y yo estamos espiritualmente vivos es porque Él murió.

Mientras Jesús trataba de comunicar este principio, no en cuanto a la relación que tenía con Él mismo, sino en cuanto a la relación que tenía con los discípulos (y con usted y conmigo), me imagino que estos se quedaron mirándolo. Con cejas fruncidas por la concentración, ¿habrán tratado de comprender en qué se relacionaba la lección objetiva que acababan de recibir con lo que ellos creían que estaba pasando en su vida? ¿Qué tenía que ver la muerte con la clase de poder y autoridad que imaginaban al gobernar el mundo junto con Jesús? ¿Y qué tiene que ver la muerte con la clase de poder que usted y yo necesitamos, no solo al pedir más de su bendición, sino al conquistar al mundo en el nombre de Jesús?

Sin darle demasiado tiempo a los discípulos para reflexionar en lo que les enseñaba, Jesús explicó: «El que se apega a su vida la pierde; en cambio, el que aborrece su vida en este mundo, la conserva para la vida eterna» (12:25). ¿Habrán retrocedido los discípulos interiormente mientras por fuera manifestaban resistencia con el ceño fruncido ante la realidad de que se les estaba pidiendo que odiaran su vida *¡y murieran!*?[10]

¿Cuál es su reacción ante semejante insinuación? Jesús es el que murió *por usted y por mí.* Seguramente no estará Él diciendo que *debemos morir por Él.* La muerte se aleja bastante de lo que pide a diario en oración: «Dios bendíceme», ¿no es cierto? Y por supuesto no tiene nada de maravilloso ni de emocionante... y, para ser sinceros, tampoco tiene ningún rédito personal. Quizá fue por eso que Jesús comenzó recordándonos que hablaba la verdad. Dios desea bendecirnos mucho más de lo que nos atreveríamos a pedir, pero el poder que produce esa bendición proviene del quebrantamiento y de la muerte. Y no de cualquier muerte sino de muerte en la cruz.

Le puedo decir sinceramente y por experiencia que la crucifixión es una muerte lenta y dolorosa del *yo*. A las víctimas les resulta imposible crucificarse a sí mismas. La crucifixión es el resultado de la decisión de entregar nuestro ser a Dios y que Él permita diversas presiones, problemas y dolor en nuestra vida. Estas cosas con frecuencia son parte de la vida; pero en el caso de los hijos de Dios, no son por gusto. Son para hacernos morir de modo que podamos levantarnos a una vida abundante ... victoriosa ... bendecida ... fructífera ... poderosa ... a semejanza de Cristo ... llena del Espíritu.

Dios ha usado las presiones, los dolores y los problemas en mi vida como clavos para sujetarme a la cruz. Al someterme a Él en esas cosas, he ingresado en la experiencia de morir al yo. Algunos de los «clavos» que Él usó fueron la pérdida de un bebé, el que me echaran de una iglesia, sufrir un robo en nuestra casa, padecer el incendio del consultorio dental de mi marido, ser testigo de la ejecución de un amigo en la cárcel, dar un paso de fe para fundar *AnGeL Ministries*, viajar por el mundo, tener que predicar en una amplia gama de lugares con una gama aun mayor de personas en el auditorio, enfrentar (e incluso llegar a disfrutar) el nido vacío, cuidar a mi hijo durante su lucha contra el cáncer, casar a mis tres hijos con una diferencia de ocho meses entre una y otra boda, recibir críticas y rechazos en el ministerio... Y la lista continúa, pero el apóstol Pablo lo expresó mejor cuando dio su testimonio: «He sido crucificado con Cristo, y ya no vivo yo sino que Cristo vive en mí. Lo que ahora vivo en el cuerpo, lo vivo por la fe en el Hijo de Dios, quien me amó y dio su vida por mí»[11].

El apóstol Juan tuvo una experiencia similar cuando vislumbró la gloria de Jesús y cayó a sus pies como muerto[12]. Como hombre «muerto», se quedó en silencio, ya no discutió con Dios el plan que tenía con su vida, ni dio más excusas por su pecado, ni le dijo a Dios lo que él quería que hiciese, ni racionalizó su conducta, ni insistió con su forma de ver o hacer las cosas. Y como hombre «muerto» se quedó quieto, no luchó más contra la voluntad de Dios, ni insistió en continuar en cierta dirección cuando Dios iba en otra diferente, ni tampoco se adelantó a Dios con impaciencia. Juan describía su «crucifixión».

Así como puedo mirar hacia atrás y ver el increíble aumento de la bendición de Dios, también puedo ver el correspondiente quebrantamiento. Dios me ha bendecido con tres hijos maravillosos, pero puedo recordar la decisión que tuve que tomar de morir a mi deseo de tener siquiera un hijo. Dios me bendijo con un hermoso matrimonio que al momento de escribir este libro ya lleva treinta y seis años; pero recuerdo la decisión que tomé años atrás de morir a las expectativas que tenía respecto de mi marido. Dios me ha bendecido con abundancia y de muchas maneras; pero yo puedo relacionar cada multiplicación de la bendición con mi propia «muerte».

Hace poco, mientras viajaba por todo el país para proclamar la Palabra de Dios, pude ver cada vez más la acuciante necesidad de un avivamiento en el corazón de los hijos de Dios. Creo que Dios desea despertar a su pueblo para que tenga una relación con Él. Por eso comencé a orar que Dios me bendijera con oportunidades que Él pudiera usar para avivar a su pueblo. Mientras avanzaba con fe y expectativa, la puerta de la oportunidad se cerró en mis narices. Luego siguieron tres años de muerte personal, aun mientras participaba en ministerio público.

Durante esos tres años, Dios permitió la presión del nido vacío, la salud fluctuante de mis padres, el incendio del consultorio de mi esposo, la destrucción de nuestra propiedad debida a huracanes y otras tormentas, y la intensidad de mi agenda como oradora y escritora.

Todo eso sirvió para romper mi «cáscara» (mis expectativas, mis planes, mis sueños, mis deseos) hasta que, a un nivel de profundidad que jamás había conocido, morí a mí misma.

Entonces, ¡Él me levantó! Abrió nuevamente la puerta de la oportunidad y aumentó el poder hasta que decenas de miles de vidas fueron transformadas por medio de nuestro ministerio en los encuentros de avivamiento *Solo dame Jesús*. Nosotros también fuimos bendecidos.

El poder en su vida y en la mía que redunda en bendición se halla en directa proporción a la medida en que estamos dispuestos a «odiar su vida» y morir a...

su voluntad,
sus metas,
sus sueños,
sus deseos,
sus anhelos,
sus planes,
sus derechos,
su reputación.

Eso es lo que Jesús quiso decir cuando desafió a sus discípulos y les dijo: «Si alguien quiere ser mi discípulo, tiene que negarse a sí mismo, tomar su cruz y seguirme»[13]. No obstante, antes de que se sienta demasiado colgado de la cruz[14], no lo olvide: después de la cruz, ¡viene la resurrección, el poder, la gloria y la corona! El escritor de Hebreos revela que Jesús mantuvo su mirada en el gozo de la bendición abundante cuando «soportó la cruz, menospreciando la vergüenza que ella significaba, y ahora está sentado a la derecha del trono de Dios»[15]. Como Jesús estuvo dispuesto a morir, Dios lo bendijo con una posición de poder y autoridad a su diestra.

La muerte produce bendición

Mientras Jesús explicaba estas cosas a sus discípulos, ¿se les habrá caído el alma al piso y se habrán esfumado sus esperanzas de gloria terrenal y bendición material? ¿Se habrá reflejado en su rostro la desazón cuando la burbuja emocional explotó al mirar a Jesús, y con semblante alicaído, resignarse a lo que preveían como el suplicio, la carga y la pobreza del discipulado?

Con la sensación de que la enorme desilusión los había llevado a aquella situación desesperada que podría hacer que lo abandonaran en aquel momento crítico, Jesús reiteró: «Quien quiera servirme, debe seguirme» (12:26)... y Él se encaminaba a la cruz. No retrocedió, ni diluyó, ni redujo una pizca la verdad hablada. Sin embargo, en «seguirlo» había una triple promesa de bendición.

La bendición de su propósito

Muchas veces en la vida me ha sucedido que mi vista se fija involuntariamente en las personas que tengo frente a mí, ya sea en la pantalla del televisor, en la página del periódico, en la revista que estoy leyendo o en el auditorio en el que predico. Y solamente por un instante, al contemplar los logros que otros han alcanzado, me digo: *«¿Qué si...?»* Enseguida recuerdo que tengo un único propósito en la vida y es el que Dios me ha dado. Podría pasarme la vida intentando que el divino propósito que tiene con otra persona encajara en mi vida, pero me agotaría y al final sería una pérdida de tiempo.

Hace poco me invitaron a dar una charla a un grupo de mujeres golfistas profesionales la noche anterior a que comenzara el torneo *U.S. Women's Open*. Me impactó la intensidad de su concentración en el objetivo de competir y ganar el torneo de golf. Toda su vida —la dieta, la agenda, las actividades, las amistades y los recursos materiales— tenía un único propósito: ser la mejor golfista. Les dije que yo tenía un sentido de propósito similar que determinaba adónde iba, en qué invertía mi tiempo y mi dinero, lo que decía y hacía, y con quién me relacionaba. Durante los últimos veinticinco años he analizado lo que para mí era el propósito de Dios con mi vida y he procurado alcanzarlo. Esto, en palabras sencillas, es crecer continuamente en mi conocimiento de Dios mientras lo sigo en una vida de fe.

Deseo conocer a Dios hoy mejor de lo que lo conocí ayer. Deseo conocerlo mejor el año próximo de lo que lo conozco este año. Quiero conocerlo hasta que un día, como Abraham, Dios se refiera a mí como su amiga. Lograr propósito exige que dediquemos horas a la lectura y el estudio de la Palabra así como a meditar en cómo aplicarla a nuestra vida. Debo luego trabajar en el yunque de mi propia experiencia lo que la Palabra me dijo, y eso significa obediencia, servicio y sacrificio. Yo no lo obedezco, ni lo sirvo, ni me sacrifico por Él porque deba hacerlo sino porque anhelo conocerlo y esa es la vía que Él ha dispuesto ante mí. Yo sigo a Jesús con todo el corazón. Como resultado, he sido bendecida con un profundo sentimiento de realización, satisfacción e importancia eterna, así como también con su divina presencia en mi vida.

La bendición de su presencia

Jesús revistió de brillo de plata la oscura nube de su principio en cuanto de la muerte. Animó a los discípulos con la siguiente promesa: «Donde yo esté, allí también estará mi siervo» (12:26). No hay nada en este mundo que yo desee más que la presencia de Jesús en mi vida.

Nada...
ni casas, ni honores, ni salud,
ni autos, ni profesión, ni hijos,
ni vacaciones, ni victorias, ni vitalidad,
ni dinero, ni matrimonio, ni ministerio,
ni fama, ni familia, ni libertad,
ni promoción, ni placeres, ni posición,
ni fuerzas, ni éxito,
ni dones, ni oro,
ni capacidad, ni logros,
ni amor, ni vida por sí sola.

¡Nada!

¿Cómo sería no tener a Cristo en la vida? Creo que sería un infierno, literalmente hablando. Alabemos a Dios porque podemos estar donde está Jesús, ahora y en la eternidad, porque Él vive en nosotros y ha prometido que jamás nos dejará ni nos abandonará[16].

Cuando sus padres lo dejen, ya sea porque mueran o lo abandonen, o su cónyuge lo abandone por divorcio, usted sigue contando con la divina presencia del Señor[17].

Cuando se acreciente el fuego de la adversidad, usted sigue contando con la divina presencia del Señor[18].

Cuando aun los miembros de la iglesia critiquen su testimonio, usted sigue contando con la divina presencia del Señor[19].

Cuando se sienta abrumado por las cargas o la depresión, usted sigue contando con la divina presencia del Señor[20].

Cuando se vea aislado de aquellos a quienes ama o separado de las demás personas, usted sigue contando con la divina presencia del Señor[21].

Cuando usted y yo seguimos a Jesús, Él nos promete que estaremos donde Él está. Y no existe un solo lugar en todo el universo, visible e invisible, donde Él no esté. ¡Qué bendición!

La bendición de Su placer

¡Cuántas veces el Padre celestial moverá la cabeza con una sonrisa triste al mirar a sus hijos! Nos aferramos con tantas fuerzas a las cosas que podemos ver, oír, saborear y palpar y oler aunque Él planea darnos cosas que «ningún ojo ha visto, ningún oído ha escuchado, ninguna mente humana ha concebido lo que Dios ha preparado para quienes lo aman»[22]. Las bendiciones que tiene para nosotros están mucho más allá de nuestra más vívida imaginación.

Una de las imágenes de *El progreso del peregrino* de Juan Bunyan, es la de un hombre que está inclinado buscando en una lata de basura y tratando de obtener un trozo de oropel que descubrió allí. A sus espaldas hay un ángel que le ofrece una corona de oro puro engarzada con joyas preciosas, pero el hombre está tan enfrascado en la basura que ni se da cuenta de la existencia del ángel.

Quizá la mayor bendición sea saber que mi Padre celestial se complace en mi vida. Jesús agregó la última «joya» a la corona que ofrecía a los discípulos cuando prometió: «Quien quiera servirme, debe seguirme; y donde yo esté, allí también estará mi siervo. A quien me sirva, mi Padre lo honrará» (12:26). Cuando Jesús dice que estaremos con Él dondequiera que Él esté, ¿a qué lugar se refiere? Él estará en el cielo, a la derecha del Padre. Los discípulos estaban desilusionados de no poder gobernar con Jesús en un reino terrenal, cuando Él les estaba prometiendo un sitio de honor en el reino universal[23].

Si no por otra cosa, por nuestro amor por su Hijo[24],
nuestra obediencia a su Hijo[25],
nuestra fe en su Hijo[26],
y nuestro servicio a su Hijo[27],
el Padre nos ama, nos acepta, se goza en nosotros y algún día nos honrará.

Cuando estemos en el cielo, ¿nos sentiremos avergonzados por nuestra preocupación en cuanto a los «desperdicios» de este mundo, esas cosas que no nos permitieron morir a nuestro deseo de conseguirlas, dejarlas de lado, abandonarlas para tratar de alcanzar lo que Dios desea darnos?[28] ¿Por qué razón parecemos aferrarnos tanto a lo que deseamos cuando en el proceso perdemos lo que Dios quiere que obtengamos? Dios desea que tengamos poder, bendición y gloria. Sin embargo, eso no se obtiene al *agregar* a Jesús a nuestra vida... ¡Él tiene que *ser* nuestra vida!

LA MUERTE PRODUCE GLORIA

Jesús les dio una extraña visión de su lucha agonizante, de la angustia de su alma al fijar su mirada en la cruz. Al animar a sus discípulos con la promesa de bendiciones que recibirían al morir a su yo, Él no quería decir que la muerte sería algo fácil. Por el contrario, les dijo: «Ahora todo mi ser está angustiado, ¿y acaso voy a decir: "Padre, sálvame de esta hora difícil"? ¡Si precisamente para afrontarla he venido! ¡Padre, glorifica tu nombre!» (12:27-28).

La palabra hebrea que se traduce «angustiado» es muy fuerte e implica horror. El pensamiento del dolor, la humillación y la separación del Padre que se avecinaban fue tal que significó luchar tanto con la voluntad de Dios que sudó gotas de sangre. Esa resistencia lo llevó a una experiencia similar a la muerte. Dios tuvo que enviar a un ángel para que restaurara un poco de sus fuerzas y pudiera atravesar las últimas horas del juicio y la crucifixión[29]. Jesús comprende perfectamente el temor a la muerte. Sin embargo, fijó su mirada no en la muerte sino en la gloria venidera.

Cuando a uno le horroriza la idea de poner en riesgo el prestigio,
de renunciar a sus sueños,
de sacrificar el éxito,
de dejar a un lado las metas,
de cambiar los compromisos,
de soltar algo,
de deponer algo,
de dejar atrás

...o cualquier cosa que desee con tal de hacer lo que *Él desea*, ¡recuerde la gloria venidera!

La *gloria* de su poder, de su bendición, de su honor, de su sabiduría y de su fortaleza... ¡ plenamente![30].
La *gloria* de un carácter que refleje el de Jesús... a la perfección[31].
La *gloria* de la vida de otras personas transformadas por el evangelio... completamente[32].
La *gloria* del encomio que recibirá... personalmente[33].
La *gloria* de habitar en un hogar celestial... literalmente[34].
La *gloria* de reinar con Él... eternamente[35].

Casi con el mismo tono con el que cuestionó si debía o no pedirle al Padre que lo salvara de ir a la cruz, Jesús se respondió declarando que había nacido para morir. En vez de eludir la cruz, la abrazó al exclamar: «¡Padre, glorifica tu nombre!» (12:28)

Los discípulos y los demás presentes se apretujaron alrededor de Jesús para escuchar lo que les decía. Y alrededor de ellos estaba Jerusalén atestada de peregrinos que habían llegado con motivo de la Pascua, junto con llanto de niños, rebuzno de burros, pregones de vendedores y los miles de sonidos típicos de una multitud que estaba de fiesta. De pronto, el ruido sordo, reverberante y atronador de una sola voz apagó los demás sonidos en la ciudad. Fue como si un megáfono gigante o un equipo de sonido de última generación de un conjunto de rock se hubiera encendido al máximo volumen cuando alguien respondió de inmediato a la oración de Jesús: «Ya lo he glorificado, y volveré a glorificarlo» (12:28).

Los transeúntes se habrán quedado como petrificados de miedo mirando en todas las direcciones para descubrir de dónde provenía aquella voz. Algunos lo racionalizaron diciendo que se trataba de un trueno. Otros fueron osados y sugirieron que se trataba de un ángel. Sin embargo Jesús lo sabía. ¡Era la voz de su Padre! El Dios eterno se había inclinado desde los cielos para exaltar y apoyar a su Hijo unigénito[36]. ¡Qué gozo indescriptible habrá recorrido todo su ser, no solo al escuchar el sonido de la voz amada, sino ante su expresión tangible de regocijo por quién era Él, lo que estaba haciendo y lo que estaba a punto de lograr.

Así como Jesús procuró alentar a sus discípulos que habían retrocedido ante la idea de que Él iba a morir, el Padre hizo que su Espíritu se elevara en medio del lacerante horror de la cruz. ¡Qué rotunda confirmación resultó ser aquella voz para todos los que tuvieran oídos para oír! Fue una confirmación para los discípulos y la multitud que los rodeaba de la victoria que podía obtenerse por medio de la muerte.

LA MUERTE PRODUCE VICTORIA

¿Lo ha desanimado el diablo? ¿Se siente deprimido por la manera en que él ha torcido la verdad hoy en día y la ha cambiado por una mentira en que...

la abominación se aprueba como otro estilo de vida?
el asesinato se considera una elección?
ridiculizar la verdad se tolera en nombre del pluralismo moral?
a la adoración de otros dioses se le llama: multiculturalismo?
a la explotación de los pobres se le llama lotería?
se malcría a los niños en nombre de la autoestima?
al abuso de poder se le llama habilidad política?
la blasfemia y la obscenidad se resguardan bajo la libertad de expresión?
la pornografía se considera un arte?[37]

¿Cómo podremos vencer al diablo? ¿Piensa acaso que la manera de vencerlo es participando más en la vida política?[38] ¿O tal vez lo ha convencido de que está tan inmerso en la sociedad que nada lo puede derrotar? ¿Cree que ha ganado la victoria sobre la rectitud, la verdad, la bondad y la santidad?

¿Se siente personalmente derrotado...
por la tentación que hace oscilar frente a sus ojos?
por las dudas que siembra en su mente?
por las divisiones que causa entre usted y los demás?
por los caminos que le cierra?
por los recuerdos que trae a su mente de noche?
por la depresión con la que oprime sus mañanas?
por la muerte o las drogas o el desánimo o la desilusión?

¿Qué ha probado para vencerlo? ¿Acaso intenta obtener la victoria a través de las píldoras, el alcohol, el psicoanálisis o sencillamente haciendo como si el diablo no existiera? ¿Racionaliza la evidencia del actuar del enemigo en su vida dándole otro nombre? ¿Se resignó a vivir derrotado?

¡Hay excelentes noticias para usted! Jesús, al referirse a su muerte en la cruz, no solo dio el grito de victoria sino también el secreto de esa victoria al proclamar: «El juicio de este mundo ha llegado ya, y el príncipe de este mundo va a ser expulsado. Pero yo, cuando sea levantado de la tierra, atraeré a todos a mí mismo» (12:31-32).

La clave para la victoria sobre el «príncipe de este mundo», el diablo, ¡es la cruz!

Mientras el príncipe de este mundo parece ejercer una completa autoridad sobre nuestra cultura y nuestra sociedad, estoy convencido de que la victoria radica en el evangelio de Jesucristo. El diablo será vencido cuando los hombres y las mujeres inicien una correcta relación con Dios por medio de la fe en Jesucristo y su obra expiatoria en la cruz. Una vez que se hallan en una correcta relación con Dios, la relación con los demás comenzará a enderezarse cuando ellos mismos experimenten la transformación de su propio carácter a la semejanza de Dios.

Esta victoria, no solo en nuestra propia vida sino a través nuestro en la vida de los demás, está ejemplificada en uno de mis relatos preferidos:[39]

Una gitana anciana que vagaba por un poblado de Europa oriental pasó frente a la puerta abierta de un edificio común y corriente. Del interior salían las voces de personas que cantaban. Movida por la curiosidad, la anciana entró por la puerta al culto de la iglesia que ya había comenzado. Atraída por la música, permaneció y escuchó el mensaje del evangelio del amor de Dios y del perdón que Él extiende a todos por medio de su Hijo, Jesucristo. El corazón de la anciana se conmovió y pasó al frente del atestado salón para hablar con el pastor. Sensible a la necesidad de la anciana, el pastor oró con ella y la guió a entablar una relación personal con Dios por medio de la fe en Jesucristo como Salvador y Señor.

La gitana anciana, que había sido miembro de una minoría rechazada en la sociedad, estaba tan emocionada por el amor y la aceptación de Dios que de inmediato salió a la calle gritando a todo el mundo: «Dios te ama». A los que pasaban caminando, les decía: «Dios te ama». A los comerciantes les anunciaba: «Dios te ama».

Al poco tiempo de su experiencia personal con Dios, pasó por la estación de trenes donde holgazaneaban dos borrachos. Estaban con los hombros caídos, un cigarrillo que les colgaba de los labios y una expresión general de tal desesperanza que la anciana se acercó a ellos para repetir lo que había estado diciendo sin cansancio a todo el mundo: «Dios te ama». Uno de los borrachos le respondió dándole una bofetada en el rostro. Cuando la mujer se recuperó del golpe emocional y del dolor físico, balbuceó: «Dios te ama y yo te perdono». El borracho volvió a golpearla. Nuevamente su respuesta fue: «Dios te ama y yo te perdono». La escena se repitió hasta que la mujer quedó tendida sin sentido en un charco de sangre y los dos borrachos se apartaron de ella sin ninguna prisa.

Los cristianos del pueblo se enteraron de lo que le había sucedido a la anciana y fueron a buscarla. Durante tres meses la atendieron, la alimentaron y la cuidaron hasta que recobró la salud y las fuerzas. Se mudó a un pequeño cuarto dentro de un edificio desvencijado. De nuevo salió por cuenta propia a proclamar a todos el amor de Dios. Pasó un año y ya todos habían olvidado el horrible incidente en la estación de trenes.

Cierto día, la anciana sintió que golpeaban a la puerta. Al abrirla, vio a un hombre que estaba de pie en el angosto callejón y que le preguntaba si lo recordaba. La mujer negó con la cabeza.

—¿Recuerda usted cuando hace un año les dijo a dos borrachos que estaban en la estación de trenes que Dios los amaba?

—Sí —respondió la anciana.

—Bueno —continuó el hombre—. Yo soy el borracho que la golpeó y la dejó abandonada para que se muriera. Sin embargo, durante las semanas y los meses que siguieron, lo que usted dijo no me dejaba tranquilo. No podía sacarme de la cabeza sus palabras de que Dios me amaba y que usted me perdonaba. Así que busqué a alguien que pudiera hablarme de Dios, me arrepentí y Él me perdonó. Ahora soy cristiano por lo que usted me dijo aquella vez. Y desde entonces la estoy buscando porque quería decirle cuánto siento lo sucedido y para pedirle que me perdone.

Como vivían en una sociedad que reprimía las manifestaciones religiosas, la mujer se alarmó porque pensó que aquel hombre tal vez fuera un espía de la policía secreta. Así que para que probara lo que decía, le pidió que se arrodillara en la calzada y orara, a sabiendas de que ningún agente de la KGB haría algo semejante. El hombre se arrodilló de inmediato y oró dándole gracias a Dios por su amor, su misericordia y su gracia. Cuando se levantó, él y la mujer se estrecharon en un abrazo.

Al morir a sus propios sentimientos de odio, al morir a su deseo de venganza, al morir a sí misma sencillamente porque había estado en la cruz donde Jesús había muerto por ella, aquella mujer salió victoriosa.

¿Está dispuesto a pagar el precio de la verdadera victoria? ¿Y del poder? ¿Y de la bendición? ¿Y de la gloria? Entonces, solo tiene que orar estas sencillas palabras: *Dios mío, dame MÁS de tu muerte en mi vida.*

EN LA PRIMAVERA DE 1986, comencé a planificar un viaje que haría en el mes de julio a una conferencia en Ámsterdam, Holanda. Traté de coordinar mis compromisos con los de una amiga y su familia para que luego de la conferencia pudiéramos pasar cuatro días juntos haciendo turismo por Alemania. Como dos de mis hijos más un amigo de ellos iban a trabajar como voluntarios en la conferencia, había planificado llevarlos a una excursión por lugares de interés en la Selva Negra.

Mis hijos y su amigo partieron rumbo a Ámsterdam tres semanas antes que yo porque tenían trabajo previo que hacer para la conferencia. Antes de partir, mi esposo les dio algo de dinero a cada uno junto con las instrucciones de que lo guardaran para cuando fueran a Alemania, luego de la conferencia, donde tendríamos tiempo para descansar y divertirnos.

La conferencia resultó mejor de lo que los participantes y organizadores esperaban. Yo fui particularmente bendecida por las diversas reuniones y la interacción con personas de todas partes del mundo. De tanto en tanto, veía a mis hijos y a su amigo felizmente ocupados en las diferentes tareas que realizaban. Cuando eso ocurría, les daba un abrazo o los saludaba con la mano mientras me decía que ya tendríamos tiempo de descansar en Alemania y oír de sus experiencias.

El día antes de partir rumbo a Alemania, el último de la conferencia, estaba en el hotel preparándome para la reunión de clausura mientras mi hija Morrow tomaba una siesta. Cuando sonó el teléfono, respondí y escuché a mi amiga que decía: «Anne, mi esposo, sus padres, nuestros amigos y yo hemos decidido irnos a Suiza. El jueves nos encontraremos contigo en el aeropuerto aquí en Ámsterdam, ya de regreso a Nueva York. Lamento el cambio de planes, pero quizá nunca vuelva a tener una oportunidad como esta de ir a Suiza». Y colgó.

¡Me quedé helada! Necesité unos minutos para comprender lo que me había dicho. Cuando me di cuenta, me sentí dolida y furiosa. Quise llamarla para decirle que no podía hacer eso porque se había comprometido conmigo y tenía que cumplirlo.

Sin embargo, no levanté el teléfono sino que caí de rodillas y me puse a llorar. Sabía que a ella le encantaba Suiza y me alegraba de que pudiera ir. Resultaba evidente que yo no estaba incluida en los planes de ir a Suiza y si me hubiera invitado, no habría podido sufragar los gastos. No obstante, tampoco me sentía segura de recorrer Alemania sola con tres chicos. Así que estaría anclada en Ámsterdam con tres adolescentes durante cuatro días. Y se trataba de tres adolescentes a los que les había prometido un viaje muy especial. Bañada en lágrimas, derramé mi alma ante el Señor en una mezcla de palabras y temores que surgían como un torrente de emociones: «Señor, te estuve sirviendo, ¿y me abandonan de esta manera? ¿Qué voy a hacer? La conferencia finaliza esta noche, todos se marchan, la reservación de la habitación de hotel caduca mañana por la mañana y estamos en temporada alta, de modo que no hay cuartos disponibles en ningún hotel respetable. No puedo cambiar los pasajes de avión de regreso a los Estados Unidos, porque recibiría una penalización que no puedo pagar. Tampoco puedo vagar por Ámsterdam con todas esas bicicletas circulando por todas partes. No sé el idioma... es la capital europea de la droga... no es un sitio seguro para alguien vulnerable como yo. ¿Qué voy a hacer? ¡Estoy desamparada! Señor... solo te tengo a ti». En ese momento, entregué todo de manera consciente. Tomé la decisión de resignarme y morir a mi enojo, a mis deseos, a mis temores, a mi dolor y dejárselo todo a Dios.

Exhausta y emocionalmente agotada, por fin dejé de orar. Permanecí arrodillada en el piso, sollozando con desesperación y con la cabeza apoyada en una punta de la cama donde Morrow seguía durmiendo. En la quietud de la habitación, no en una forma audible pero inequívocamente cierta, las siguientes palabras acudieron a mi mente: «Anne, yo voy a hacer muchísimo más de lo que puedas imaginarte o pedir»[40]. Me quedé petrificada. Escuché con muchísima atención. La respiración regular de Morrow indicaba que seguía durmiendo, las puertas y ventanas estaban cerradas, no había nadie en los alrededores, la televisión y la radio estaban apagadas. Sin embargo, sabía que había «escuchado» una voz. Dios había hablado. Lo sabía con tanta seguridad como si hubiera podido visualizarlo sentado en la habitación. En vez de inclinar el rostro maravillada, tuve la audacia de responder, con respeto pero con cierto escepticismo: «Bien... vamos a ver».

Estaba decidida a no hablarle a nadie de la situación en que nos hallábamos. Si había en verdad escuchado la voz de Dios, y Él iba a hacer algo maravilloso, no necesitaba la ayuda de nadie.

Cuando Morrow se despertó, le comenté acerca de la llamada de mi amiga porque eso significaba que no iríamos a Alemania. Cuando ella rompió a llorar amargamente, la abracé y volví a llorar. Le comenté acerca del versículo que creía que Dios me había dado. La animé a que confiara en Él junto conmigo de que haría muchísimo más de lo que podíamos imaginar o pedir; pero en mi corazón oraba: «Señor, ¿cómo puedes permitir que ella sufra así? Cuento con que vas a cumplir lo que me dijiste».

Asistimos al encuentro de la noche y no le contamos a nadie acerca del abrupto cambio de planes. Luego de la reunión, le di la noticia a mi hijo Jonathan y a su amigo. Jamás olvidaré a aquel muchacho que tenía las manos manchadas por haber estado trabajando con los cables de televisión, cansado, sudoroso y con los ojos llenos de lágrimas, que me dijo: «Señora Lotz, no se preocupe. Por aquí hay mucho en qué trabajar. Me buscaré un empleo».

¿Por cuatro días? ¡Deseaba gritar! Pero al mismo tiempo, me sentí orgullosa de aquellos dos muchachos terriblemente desilusionados que habían sido tan adultos y maduros en su reacción. Nuevamente, clamé con todo el corazón: «Señor... ¿viste eso? Aunque yo no merezca tu ayuda, ¿cómo puedes resistirte a ayudarlos?».

Mi responsabilidad en el centro de conferencias era hasta las 11:30 de la noche. Como mi transporte ya se había ido, Morrow y yo tuvimos que caminar hacia el hotel bajo la lluvia. Estábamos hambrientas porque no habíamos podido cenar, así que entramos en el comedor. Nos sentamos en una mesa larga junto con mi amiga, su esposo y otras personas entre las que estaba un extranjero que había conocido ocasionalmente el día anterior. Nos hicieron señas de que nos sentáramos con ellos y así lo hicimos. Estábamos hambrientas, cansadas, deprimidas y nos sentíamos cada vez más impotentes y abatidas a medida que pasaba el tiempo.

Mientras cenábamos y conversábamos, el extranjero se dirigió hacia mí y me preguntó:

—Anne, ¿cuándo parten hacia Nueva York?

Casi me atraganto ante el recuerdo de mi futuro incierto, pero respondí lacónicamente:

—El jueves.

—¿Y qué piensa hacer en estos días?

Esperaba que él no notara que luchaba contra las lágrimas que pugnaban por salir.

—No estoy segura. Ha habido un cambio repentino de planes.

Entonces cambié rápidamente el tema de la conversación. El extranjero me interrumpió para proponerme:

—Anne, ¿por qué no vienen a Londres?

—Existen muchas razones por las que no puedo ir a Londres —respondí, pues no quería ni siquiera considerar algo tan absurdo.

Sin embargo el extranjero insistía:

—Anne, ¿por qué no vienen a Londres? ¡Tendremos una boda allí! El príncipe Andrew se casa con Lady Sarah. Vamos. Será divertido.

Dentro de mi corazón comencé a sentirme herida y resentida. Y en mi espíritu comencé a protestar: «Señor, no puedo ir a Alemania ni a Suiza y menos a Londres. Quisiera saber qué puedo hacer. Dicho sea de paso, ya es bien pasada la medianoche y se nos acaba el tiempo. Si vas a hacer algo, mejor será que te apures. Tengo que dejar la habitación a las 11 de la mañana. Y de ahí en adelante estaré en la calle con tres muchachos a mi cargo». Creí haber dado una respuesta en lo que pareció ser un tono helado que dejaba entrever que aquello estaba comenzando a irritarme:

—Discúlpeme. No puedo ir a Londres.

No van a creerme si les digo que no se intimidó en lo absoluto, sino que replicó:

—Anne, dígame exactamente por qué no puede ir a Londres.

Yo estaba cansada, estresada y comenzaba a enojarme. Así que con una voz que tenía por objetivo dar por terminado el tema, lo miré fijamente a los ojos, levanté la barbilla y respondí con firmeza:

—Le daré tres razones por las que no puedo ir a Londres: en primer lugar, no tengo el dinero suficiente. Estoy a cargo de tres jovencitos y no podría cubrir el costo de los pasajes, el hotel y las comidas. En segundo lugar, como mujer que viaja con tres chicos, no me sentiría tranquila de pasear por un país extranjero aunque tuviera el dinero…

Con los ojos relampagueando, reservé el motivo más lógico para el final:

—Y tercero, estoy demasiado cansada como para siquiera ponerme a pensar en eso. Dicho eso, le di la espalda deliberadamente y me concentré en la conversación que se desarrollaba en la punta opuesta de la mesa.

Pasaron unos cuantos minutos y el extranjero osadamente volvió a la carga:

—Anne, yo me ocupo de las primeras dos razones si usted se ocupa de la tercera.

Sin comprender siquiera a qué se refería, lo miré distante y exclamé:

—*¿Qué?*

—Tendré preparados cuatro pasajes pagos en el aeropuerto para usted mañana por la mañana. Volará a Londres. En el aeropuerto la estará esperando un auto con chofer. Podrá alojarse en mi club que queda a dos cuadras del Palacio de Buckingham. Se trata de un club... al que usted no pertenece... por lo tanto no deberá pagar nada. Yo le daré a usted y a sus chicos todo el dinero que necesiten.

Mientras lo escuchaba, comencé a comprender de qué hablaba. ¡No podía creerlo! La irritación que sentía comenzó a disiparse y su evidente sensibilidad y generosa oferta me conmovió. De modo que en un tono de voz suave y mucho más amable, le expliqué que jamás podría aceptar semejante regalo de un extraño.

Aun hoy siento un escalofrío que me corre por el cuerpo cuando pienso en lo que me respondió. ¡Creo que no me hubiera sorprendido tanto si de pronto le hubieran aparecido alas! Aquel extraño me miró fijamente a los ojos y me dijo:

—*Anne, el Señor desea hacer muchísimo más de lo que usted puede imaginar o pedir.*

¡Gloria a Dios! ¡Fuimos a Londres! Y aprendí algo que jamás olvidaría: ¡El *poder*, la *bendición*, la *gloria*, la *victoria* y la *vida vienen de la muerte!*

5

MÁS *del* *barro de sus manos en las mías*

Juan 13:1-17

LA PEQUEÑA HOPE LAUREN GUTHRIE llegó a este mundo el lunes 23 de noviembre de 1998 protegida por las amorosas oraciones y felices planes de sus padres y hermanito. Como la habían estado esperando con gran entusiasmo, la recibieron como una maravillosa bendición de Dios. Sin embargo, apenas nació, el médico se manifestó preocupado ante varios problemas físicos que detectó en la niña; entre ellos, tenía los pies deformes e incapacidad para succionar. Sus inquietudes clínicas se confirmaron cuando un equipo de estudios confirmó que la bebé Hope padecía el síndrome de Zellweger, un rarísimo desorden metabólico. El síndrome de Zellweger, además de raro es implacable; rara vez sus víctimas viven más de doce meses.

El 9 de junio de 1999, a Hope Lauren Guthrie la abrazaron de nuevo, pero esta vez por quien la había creado y la recibía en el hogar celestial. Quienes tuvimos el privilegio de observar su fugaz paso por este mundo, quedamos con los ojos llenos de lágrimas, el corazón dolido y la mente plagada de interrogantes.

Aunque las lágrimas ya se secaron y el tiempo aliviará el dolor, muchas de las preguntas permanecerán sin respuesta hasta que estemos en el cielo. Lo que siguió fue un tiempo de simplemente confiar en Jesús.

Lo que rompió el delicado equilibrio entre la fe y los sentimientos durante este tiempo fue la novedad de que los padres de Hope, Nancy y David Guthrie, esperaban otro bebé. A pesar de lo que habían hecho los médicos para asegurar que Nancy no volviera a quedar embarazada, ¡sucedió! Así como Dios le dio a Ana muchos hijos e hijas para compensarla por la pérdida de Samuel, muchos amigos creían que el nuevo bebé era un regalo de Dios para David y Nancy, para que se repusieran de la pérdida de la pequeña Hope[1]. Hasta que se supo que este bebé también padecía el síndrome de Zellweger[2].

Hablé con Nancy una semana antes de que diera a luz. Su voz fatigada seguía expresando una fe inamovible en el amoroso Dios, pero el horror de lo que debía enfrentar la había invadido. Resultaba difícil de soportar el temor de ver cuán afectado estaría el bebé, el terror de tener que pasar por veinticuatro horas de cuidados intensivos prodigados a un bebé que no podría succionar ni funcionar en forma normal y la desazón de saber que al final el bebé moriría y terminaría siendo colocado en la pequeña parcela del cementerio junto a Hope.

No obstante, en medio de esa sofocante pesadilla, Nancy y David estaban concentrados en ayudar espiritualmente a sus familiares en las semanas venideras. Nancy deseaba de todo corazón que en cada palabra, en cada gesto, en cada pensamiento y en cada detalle se glorificara a Dios. Así que me pidió que orara que tuviera amorosa paciencia y sensibilidad dentro del hogar. ¡Me estaba pidiendo poder tener más del barro de las manos divinas en las suyas!

¿Y qué significa tener más de su barro en mis manos? Es...

servir a los demás cuando necesitamos que nos sirvan,
orar por otros cuando necesitamos que oren por nosotros,
ayudar a otros cuando necesitamos ayuda,
ministrar a otros cuando necesitamos que nos ministren,
dar a otros cuando sentimos la necesidad de guardar,
sufrir con los demás cuando pasamos por un dolor indecible,
y hacer todo con gusto, con humildad, con obediencia y con agrado... ¡para Él!

Cuando usted se siente abrumado por los problemas, el dolor y las presiones, cuando enfrenta el mayor desafío de la vida, ¿procura hallar oportunidades de involucrarse en las necesidades de los demás? ¿*No*? ¿Y qué hace? ¿Organiza un espectáculo de lástima propia e invita a los demás a participar? ¿Cuenta con un grupo de personas bienintencionadas que llegarán al espectáculo y le brindarán compasión barata y contribuirán a que su dolor se aumente, se prolongue el sufrimiento y se profundice la desesperación porque el centro de atención son usted y sus necesidades? Entonces es el momento de detenerlo todo, cancelar el encuentro, dar las gracias a los presentes, acompañarlos hasta la puerta y luego caer de rodillas y clamar a Dios: *¡Te ruego que me des MÁS del barro de tus manos!*

Cambiar el enfoque de manera deliberada y quitarlo de nosotros mismos para colocarlo en Él y en los demás es una forma maravillosamente efectiva de superar la batalla privada en que nos hallamos inmersos. El «empolvarse» las manos se ilustra de manera conmovedora a través del ejemplo de Jesús en la noche en que fue traicionado. Su enseñanza hizo que el público se dividiera en tres grupos: los que rechazaban de plano la creencia de que Él era el Hijo de Dios a pesar de ser testigos de muchos milagros, los que creían en Él pero mantenían su fe escondida por temor de lo que pudieran llegar a pensar los demás, y los que carcomidos por los celos y el odio planeaban su muerte[3]. Y en el medio de esta gran confusión y tremendo estrés, el jueves por la noche, antes de su crucifixión el día viernes, Jesús fue con sus discípulos a una sala amplia en un aposento alto de algún lugar de Jerusalén *donde los sirvió*[4]. El barro de ellos quedó en sus manos...

EN EL SERVICIO VOLUNTARIO

Era la primavera, «se acercaba la fiesta de la Pascua» (13:1). Seguramente era una tarde agradable cuando los discípulos subieron ruidosamente la escalera exterior que conducía a la puerta de la sala del aposento alto de una casa no identificada de la ciudad de Jerusalén. Las lluvias de principio de primavera habrían convertido el polvo de Palestina en barro de varios centímetros de profundidad en los caminos de los alrededores y también en las calles de Jerusalén. El polvo y el barro del viaje seguramente habían penetrado por las sandalias abiertas de los discípulos hasta cubrir sus pies de mugre, y era necesario lavarse los pies porque se sentarían a comer conforme al estilo oriental. En vez de sentarse erguidos en sillas alrededor de la mesa con los pies apoyados en el piso, como acostumbramos hoy en día en occidente, estos hombres se reclinaban alrededor de la mesa. Mantenían la cabeza y los hombros cerca de la mesa y colocaban las piernas y pies hacia atrás o hacia un lado. Como todos estaban sentados en el piso, era posible que los pies de alguien estuvieran cerca del rostro del que estaba al lado.

Al llegar a la pequeña puerta de la habitación superior, los discípulos habrán mirado a su alrededor en busca del esclavo que solía acercarse con un cuenco de agua y una toalla para lavarles los pies antes de entrar. Allí estaba el cuenco y la toalla, pero no el sirviente. Deben de haber estado conscientes de las costumbres de la época que estipulaban que los discípulos de un rabí podían hacer cualquier tarea por su maestro excepto una: no debían desatarle las sandalias ni lavarle los pies porque se consideraba degradante.

Ante la inexistencia de un esclavo que llevara a cabo esa tarea sencilla pero necesaria, los discípulos habrán comenzado a discutir quién la haría. Al ir mirando cada uno al que tenía al lado, ¿habrán ido rechazando uno a uno la humillación de realizar esa tarea servil?

—Bartolomé, hazlo tú.

—¿Qué? ¡Eso no me corresponde!

—¡Pedro! ¿Por qué no lo haces?

—¡Jamás! Yo soy el líder del grupo.

—¡Eh, no me miren a mí! Soy el hermano de Pedro.

—No me presionen... Recuerden que soy el hijo del trueno.

Quizás Judas hizo una mueca y altaneramente entró dejando huellas de barro hasta el lugar donde se sentó a la mesa.

El sonido de las voces llenaría el aire vespertino mientras el tono de broma se tornaba agresivo y las voces incrementaban el volumen.

Cualquiera podía darse cuenta de que discutían. La tensión que permeaba la atmósfera que rodeaba a Jesús en las calles invadía aquel escenario privado e íntimo en el que Él había planeado confiar sus sentidas últimas palabras a sus discípulos. Con el discernimiento y la sabiduría que vienen de estar en perfecta sintonía con Dios, «Jesús sabía que le había llegado la hora de abandonar este mundo para volver al Padre» (13:1).

Nadie podrá imaginar jamás la presión sin precedentes y el estrés emocional bajo el que se encontraba Jesús aquel jueves por la noche. Sabía que su hora había llegado. Se acercaba la hora en que le traicionarían, le arrestarían, la hora de la prueba dura, la tortura, la burla, la blasfemia y, finalmente, la hora de la crucifixión. Había llegado la hora de ofrecerse como el Cordero sacrificial por el pecado del mundo. Tiempo de morir, tiempo de ir al sepulcro, pero también el tiempo de levantarse de entre los muertos y ascender al cielo con el Padre. Era el momento de ser glorificado no solo como el Hijo del Hombre en su humanidad sino como el Hijo de Dios en su deidad. Había llegado la hora de ocupar nuevamente su sitio en el trono en el centro del universo. Era la *hora*... y Jesús estaba plenamente consciente de la pesadilla que comenzaría en cuestión de momentos, así también como de la gloria que finalmente sería suya.

Es difícil imaginar un peor momento que este para servir a los demás. ¿Cómo podría siquiera considerar las necesidades de los demás cuando las propias eran tan grandes e inmediatas?

¿Cuáles son las grandes necesidades que tiene usted? ¿Qué crisis enfrenta? En respuesta a eso, ¿ha dejado de lado sus actividades cristianas? ¿Ha dejado incluso de asistir a la iglesia? ¿Olvida la necesidad de quienes lo rodean, incluso de quienes están en su propia casa, porque está concentrado en sus propias necesidades? ¿No es asombroso cómo puede el dolor, las presiones y los problemas captar por completo nuestra atención de modo que al mejor de nosotros lo convierte en una persona centrada en sí misma? Si alguien le sugiere que ayude a alguien que está en necesidad, ¿acaso va a responder con rudeza y el ceño fruncido: «No puedo; no tienes idea de lo que estoy pasando»? Quizá usted y yo necesitemos recordar que servir a Jesús por medio del servicio a los demás cuando no es el momento oportuno, es uno de los secretos para poder superar el dolor, las presiones y los problemas que estamos afrontando en nuestra propia vida.

Cuando no es el mejor momento

No debe de haber habido un momento peor para Jesús de ponerse a servir a los demás y, sin embargo, lo hizo. ¿De qué manera se ocupa usted de las necesidades de los demás? ¿No se ocupa? ¿Por qué? ¿Acaso espera el momento oportuno? ¿Cuándo considera que será ese momento?

¿Cuando tenga más dinero?
más tiempo libre?
más energía?
¿Cuándo tenga una mejor salud?
un empleo mejor pagado?
una mejor iglesia?
¿Cuando sea más feliz?
más delgado?
más fuerte?
¿Cuando termine el colegio?
¿Cuando se case?
¿Cuando comience una familia?
¿Cuando sus niños terminen sus estudios?
¿Cuando sus hijos se casen y se vayan de la casa?
¿Cuando su cónyuge se jubile?

Sé por experiencia que nunca habrá un momento perfecto de servir al Señor. Simplemente tenemos que tomar la decisión de hacerlo... ahora. Eso es el barro de sus manos: es el servicio que se ofrece voluntariamente cuando no es el mejor momento.

Si hubo un momento en el que
Jesús debió ocuparse de sus necesidades personales,
si hubo un momento en el que
Jesús debió recibir tierna consolación y amorosa protección,
si hubo un momento en el que
Jesús debió contar con el oído comprensivo de sus amigos,
si hubo un momento en el que
Jesús necesitó de las oraciones,
si hubo un momento en el que
Jesús necesitaba que lo sirvieran,
si hubo un momento en el que
el barro de Jesús debió estar en las manos de sus discípulos,
¡este era el *momento!*

Si Jesús se hubiera retirado diciendo que le dolía la cabeza...
si se hubiera encogido en posición fetal y hubiera lloriqueado lastimosamente...
si se hubiera sentado solo, sumido en sus pensamientos y se hubiera mantenido en silencio, preocupado...
si hubiera llorado en forma incontrolable mientras derramaba sus temores en un torrente de emociones...
¡todos lo hubiéramos comprendido! La pena de tener que abandonar a sus discípulos que le retorcía las entrañas y el horror indescriptible de la cruz debieron de haber descendido sobre Él como una pesada, asfixiante y deplorable manta húmeda.

Los padres de la pequeña Hope Guthrie tuvieron una leve idea de esa misma opresión emocional. En una minúscula replica de lo que ellos sentían, yo también experimenté sentirme absorbida por un negro abismo la noche previa a uno de los encuentros de avivamiento de *Solo dame Jesús*, o la noche anterior a enfrentar un viaje internacional de varias semanas, o la noche antes de pasar por una cirugía. Siento náuseas y no puedo comer, siento un peso tal en el pecho que no puedo respirar. El terror por la lucha espiritual, el terror a la separación de los seres queridos, el terror al sufrimiento físico puede llegar a ser tan abrumador que prácticamente pierde uno la capacidad de reaccionar correctamente. Por eso no puedo siquiera llegar a imaginarme y mucho menos a comprender cómo Jesús no solo fue capaz de hacer algo la noche previa a la crucifixión, sino que incluso fue capaz de servir de manera voluntaria a sus discípulos.

Al servirlos cuando «sabía que le había llegado la hora», Jesús enseñó a los discípulos un principio eterno que es el secreto de superar el dolor emocional. El principio es el de tener más del barro de sus manos en las propias. Parece increíble, ¿no lo cree? La indicación de prodigar un cuidado amoroso y tierno a los demás justo cuando lo necesitamos nosotros mismos, no parece algo justo. No parece correcto. Ni siquiera parece admisible. Y sin embargo, «habiendo amado a los suyos que estaban en el mundo, los amó hasta el fin» sirviéndolos cuando no era el mejor momento (13:1).

Mientras me encontraba sentada frente a la computadora escribiendo este capítulo, recibí la llamada de una mujer que el año pasado experimentó una tragedia tras otra. Ella había vivido toda su vida con obsesionantes recuerdos, penas y dolores emocionales; pero los problemas y las presiones parecieron acrecentarse en los últimos meses. En estos momentos enfrenta una dolencia física que de vez en cuando le hace perder la memoria y le causa amnesia total. Por lo tanto, le han prohibido conducir vehículos y debe tomar un medicamento diario que le produce náuseas y mareos. No debe de haber peor momento que ese para servir a otros. Sin embargo, eso es lo que hace.

Me llamó para comentarme que había abierto su precioso hogar para realizar un estudio bíblico haciendo uso de nuestra serie de vídeos *La visión de su gloria*. Noté el timbre alegre de su voz al describir con entusiasmo al grupo de mujeres que habían asistido por primera vez y aprendían cómo leer la Palabra de Dios para poder escuchar su divina voz que les habla de manera personal a través de las páginas de la Biblia. Me contó cómo su hogar se había llenado de conversaciones acerca del pasaje de las Escrituras y de lo que significaba para cada una. Al terminar el estudio, cuando las mujeres se fueron, ella alabó al Señor por la bendición de poder tener el barro de sus divinas manos en las suyas.

El servicio de mi amiga fue un reflejo de lo que nuestro Señor hizo en la noche en que lo traicionaron. Eso fue algo que el joven discípulo Juan jamás pudo olvidar. Rememorando aquella noche, Juan seguramente recordó el dulce tono de la voz de Jesús, su amorosa mirada, la amable gracia de sus gestos, la pasión penetrante en sus ojos, la postura principesca de su persona y se habrá sentido muy asombrado de que Jesús expresara su amor por sus discípulos al punto extremo de *servirlos* en un momento en que sus propias necesidades eran abrumadoras y en un servicio que no todos apreciaron.

Cuando no es elogiable

Cuando Juan narra lo ocurrido aquella noche, recuerda claramente que «el diablo ya había incitado a Judas Iscariote, hijo de Simón, para que traicionara a Jesús» (13:2). ¡Judas estaba presente! Judas estaba en medio de aquellos que se habían retirado a aquel sitio tranquilo para estar a solas con Jesús la noche previa a la crucifixión.

¿Recuerda a Judas? Jesús lo había seleccionado para que fuera uno de sus discípulos. Le habían encomendado la responsabilidad especial de ocuparse de las cuestiones financieras del grupo. Había estado en el bote cuando Jesús caminó sobre el agua. Había ayudado a repartir los cinco panes y los dos peces entre cinco mil personas, pasando de mano en mano las canastas hasta que todos se saciaron. Fue testigo de la curación de los leprosos, del ciego que recibió la vista, del sordo que pudo oír, del cojo que pudo caminar. ¡Incluso vio con sus propios ojos la resurrección de Lázaro!

Pero a pesar de todo lo que Él había dicho acerca de quién era y lo que había hecho para apoyar sus dichos, Judas estaba cada vez más consciente de que Jesús no iba a ejercer su poder para gobernar el mundo... no por ahora. En vez de actuar con prepotencia para impresionar a las personas con su superioridad y hacer valer su poder para avergonzarlos y someterlos o de hacer milagros espectaculares para deslumbrarlos con su grandeza, Jesús servía a los demás, ayudaba a los demás, enseñaba a los demás, pensaba en los demás y cuidaba de los demás.

Judas parecía despreciar la humildad y la mansedumbre de Jesús que eran distintivos de su grandeza. Por eso Judas estaba profundamente desilusionado. Jesús no era lo que él esperaba o deseaba que fuera.

Servir a los seres queridos mientras uno está pasando por problemas personales, dolor y presiones es un acto de amor. La máxima expresión del amor del Señor se demostró cuando, a punto de enfrentarse al horror sin parangón de la cruz, sirvió incluso a aquel que lo despreciaba, lo desdeñaba y planeaba asesinarlo en complicidad con sus enemigos.

¿Es esa una razón por la que usted se halla inmerso en sus propios problemas y dolores? Tal vez piensa que para qué molestarse si en definitiva los que lo rodean en su hogar, en su barrio, en su iglesia o en su escuela no lo van a apreciar. Son demasiado chicos, demasiado grandes, demasiado pobres, demasiado duros o demasiado perdidos para que les importe. Incluso existe la posibilidad de que sus esfuerzos por ocuparse de las necesidades de otros provoquen críticas, ostracismo o sarcasmo en vez de elogios. Pareciera más seguro y más cómodo recluirse en el dolor propio.

Con los últimos rayos del sol que se ocultaba tras las montañas occidentales, las sombras en la habitación de la sala del aposento alto se disiparon por las humeantes teas insertadas en los soportes de las paredes de piedra. El cuarto lo habían preparado para la cena con una larga mesa baja cubierta de alimentos, y también vino y pan recién horneado.

Cuando los discípulos se acomodaron alrededor de la mesa, Juan se sentó al lado de Jesús y Pedro estaba cerca.

Judas se había ubicado suficientemente cerca de Jesús para poder intercambiar algunas palabras en privado. Sin embargo, estaba erguido como una serpiente de cascabel que aguarda el momento preciso para atacar. Judas estaba atento a la ocasión de traicionarlo.

Fue en aquel momento, a la sombra de la cruz, que Jesús no solo supo lo que había dentro de Judas y de cada uno de los discípulos, sino que también estaba plenamente consciente de quién era Él en realidad. Sin dudas, sabía «que el Padre había puesto todas las cosas bajo su dominio, y que había salido de Dios y a él volvía» (13:3). Fue con el pleno conocimiento de su propia posición exaltada, de su poder, de su gloria, de su grandeza y autoridad que Él sirvió a los discípulos. Lo sirvió en algo que no parecía compatible con aquel que es el hijo de Dios, el Mesías, el Rey de reyes y el Señor de señores. Sin embargo, Jesús manifestó el alcance de su amor al servir a sus discípulos voluntariamente cuando no era conveniente hacerlo, cuando no era elogiable y cuando era incompatible con su verdadera posición.

Cuando no es compatible

¿Qué puesto ocupa usted? ¿Es el director de la empresa?
¿el presidente de la junta directiva?
¿el pastor de la iglesia?
¿el padre de la familia?
¿el jefe de la oficina?
¿el ganador del concurso?
¿la estrella del programa?
¿el campeón del torneo?
¿el principal socio de la compañía?
¿el jefe de cirugía del hospital?
¿el autor del libro de mayor venta?

¿Qué opinión tiene de sí mismo? Debido a la elevada posición que ocupa, al menos a sus propios ojos, ¿qué servicio considera degradante e indigno para usted?

¿Lavar los platos?
¿Limpiar los baños?
¿Cambiar los pañales?
¿Cortar el césped?
¿Sacar la basura?
¿Preparar café?
¿Preparar el desayuno?
¿Cuidar a los niños?
¿Visitar a los presos?

El apóstol Pablo, que escribió desde una prisión en Roma, nos exhorta a usted y a mí a tener la misma actitud de Cristo «quien, siendo por naturaleza Dios, no consideró el ser igual a Dios como algo a qué aferrarse. Por el contrario, se rebajó voluntariamente, tomando la naturaleza de siervo y haciéndose semejante a los seres humanos. Y al manifestarse como hombre, se humilló a sí mismo y se hizo obediente hasta la muerte, ¡y muerte de cruz! Por eso Dios lo exaltó hasta lo sumo»[5]. Qué repulsivo y altanero resulta el pensar que cualquier trabajo, cualquier persona, cualquier servicio, cualquier tarea, cualquier lugar es inferior a uno cuando Jesús, el Señor de gloria, el Creador del universo, dejó el trono del cielo y tomó la forma de siervo. El camino hacia arriba es hacia abajo. *¡Por favor!* Dame más del barro de Sus divinas manos a través del servicio que se ofrece voluntaria *y humildemente.*

EN EL SERVICIO QUE SE OFRECE CON HUMILDAD

A medida que avanzaba la cena, también avanzaba la discusión que habían iniciado los discípulos desde que llegaron a la sala del aposento alto[6]. En vez del tintineo de los cubiertos, el murmullo suave de las amadas voces y la risa agradable de los buenos amigos, la atmósfera de la última cena del Señor con sus discípulos fue de tensión y enojo. Él había esperado ansiosamente el gozo de compartir esta comida especial con ellos. Sería la última vez que la Pascua se celebraría del otro lado de la cruz, del lado del Antiguo Testamento[7]. Sin embargo, como alguien que corta una valiosa pintura con una navaja, los discípulos destrozaron de manera inconsciente ese momento elevado y santo que debió haber sido altamente atesorado. Se abocaron a la competencia verbal por el puesto, y se pusieron a discutir quién sería el mayor y por lo tanto, merecedor de un lugar más prominente en el reino del mundo que creían que Jesús estaba a punto de establecer. «Así que [Jesús] se levantó de la mesa, se quitó el manto y se ató una toalla a la cintura. Luego echó agua en un recipiente y comenzó a lavarles los pies a sus discípulos y a secárselos con la toalla que llevaba a la cintura» (13:4-5). Jesús se humilló a sí mismo asumiendo una tarea tan baja que nadie quería hacer. ¡Lavó los pies llenos de barro de los discípulos! *¡Tomó el barro de ellos en sus manos!*

Literalmente humillado por el servicio

Jesús —el Mesías, el cumplimiento de la profecía del Antiguo Testamento, el Redentor de Israel, el Creador del universo, el Salvador del mundo, el Rey de reyes, el Hijo de Dios— se levantó en silencio de la mesa, se quitó el manto, tomó la toalla y el recipiente, aquel que los discípulos no habían querido tocar, ¡y comenzó a lavar los mugrientos y malolientes pies de los discípulos!

El barullo de la discordia que se desarrollaba en la mesa calló de repente cuando todos los ojos se volvieron hacia Él. Seguramente olvidaron la comida y la bebida, al tiempo que las palabras ásperas y altaneras se congelaban en los labios enojados. Los discípulos se quedaron estáticos, mirando a Jesús con incredulidad. Cuando se dieron cuenta de lo que Él hacía, sus rostros se encendieron de vergüenza. Sin que Él pronunciara una sola palabra de reproche, sus corazones se sintieron atravesados por el dolor y el remordimiento. Aquello que ellos habían considerado muy humillante, degradante, muy bajo para hombres como ellos que se consideraban tan importantes...

¡Jesús lo hizo! ¡Voluntariamente! ¡Con humildad! ¡La noche en que lo habrían de traicionar!

¿Qué se ha negado a hacer porque es demasiado humillante para alguien de su «posición» e «importancia»? ¿Qué cosa la pareció demasiado degradante o muy baja? ¿Acaso esperó con arrogancia a que la necesidad alcanzara proporciones alarmantes de modo tal que alguien, *quienquiera que sea,* se viera obligado a hacerlo? Después de todo, es un trabajo demasiado sucio y nadie le pidió *a usted* que lo hiciera.

Cuando nuestra hija mayor Morrow estaba en la escuela secundaria, hizo un viaje misionero a Jamaica con el grupo de jóvenes de la iglesia. A su regreso, uno de los líderes adultos me llevó aparte y me comentó cómo fue la llegada al campamento donde se alojarían mientras ayudaban a construir una escuela para sordos. En vez de las habitaciones individuales donde pensaban alojarse, hallaron un cuarto grande con dos letrinas al fondo. Se horrorizó de solo pensar que allí deberían permanecer durante diez días. Al observar el lugar, notó que había que lavar bien el piso de cemento antes de que pudieran desenrollar sus bolsas de dormir. Sin embargo, reconoció que estaba completamente perdida en cuanto a qué hacer con las letrinas del patio. Sin siquiera acercarse, supo que estaban asquerosas porque el hedor que de allí salía era insoportable.

El líder me miró fijamente al meditar en lo que sucedió. Dijo que estaba rodeado por tres docenas de pares de ojos adolescentes llenos de incredulidad que estaban fijos en él. Por primera vez desde que se inició el viaje todas las bocas enmudecieron y todos los rostros de las jóvenes voluntarias aguardaron con atención para ver qué haría él. Se aclaró la garganta y preguntó con voz débil si alguien se ofrecía voluntariamente a limpiar las letrinas. Las jovencitas se quedaron rígidas donde estaban como si no hubieran escuchado lo que dijo. Cuando abrió la boca para repetir el pedido con más energía, Morrow levantó la mano y dijo: «Yo».

El joven líder de misiones me miró con reticente admiración al decirme cuánto le había sorprendido. Cuando se encontró con Morrow por primera vez en el aeropuerto el día en que el grupo partiría hacia Jamaica, se había hecho a la idea de que ella era malcriada y egoísta. Basaba su opinión en la presunción de que ella sería así por provenir de un hogar prominente, por ser bonita y sumamente popular en la escuela pública a la que asistía. Se disculpó avergonzado porque reconoció cuán errado estaba. Me contó que durante todo el viaje Morrow fue una de las que trabajó más duro, la que se quedó levantada hasta más tarde y la que estuvo dispuesta a hacer los trabajos más sucios.

Aun hoy, cuando reflexiono en el servicio de Morrow, me parece escuchar el sonido del roce del recipiente contra el piso de piedras del aposento alto, el sonido del agua que se derramaba sobre los pies llenos de barro y el suave susurro de la toalla. El barro de las manos de Él estaba en las de ella en un servicio que realizó voluntaria y humildemente.

Humillado porque lo servían

Cuando Jesús se acercó a Pedro con la evidente intención de lavarle los pies, Pedro retrocedió y preguntó:

«—¿Y tú, Señor, me vas a lavar los pies a mí?

—Ahora no entiendes lo que estoy haciendo —le respondió Jesús—, pero lo entenderás más tarde» (13:6-7).

Mientras Jesús se inclinaba para echar agua sobre los pies mugrientos de Pedro, este protestó con arrogancia: «¡No! ... ¡Jamás me lavarás los pies!» (13:8)

¿Jamás me lavarás los pies? Pedro no solo manifestaba resistencia a confiar en Jesús en algo que no comprendía sino que también revelaba una actitud tan común hoy en día entre nosotros: la soberbia. Hiere profundamente nuestro orgullo no solo el servir sino también *el que nos sirvan.*

Durante doce años enseñé en una clase bíblica semanal de quinientas mujeres y aproximadamente ciento cincuenta niños cada miércoles por la mañana en mi localidad. Para facilitar el estudio, me reunía los lunes por la mañana con sesenta y cinco mujeres que eran las encargadas de discipular pequeños grupos de mujeres o niños. Como no solo me dedicaba a enseñar y a supervisar el desarrollo de la clase sino que también me ocupaba de mi casa con tres niños pequeños, siempre me sentía abrumada por tener más cosas para hacer de las que podía. Así que las sesenta y cinco mujeres se organizaron en parejas para que una vez por semana prepararan una comida completa para toda mi familia en la noche más complicada.

Si bien necesitaba muchísimo la ayuda que estas maravillosas mujeres me daban y me sentía profundamente emocionada por la hermosa y generosa expresión de amor y de apoyo, las primeras veces que recibí la cena me sentí incómoda. Esa cena parecía representar el hecho de que no era capaz de prepararla yo misma para mi familia. Destacaba que no era invencible ni tan autosuficiente como pretendía demostrar. Señalaba claramente que yo estaba en necesidad. Con asombro, comprendí que mi resistencia tenía raíces en mi orgullo. De ahí en adelante, cada noche que mi familia se sentaba a la mesa para participar de la provisión que alguien nos había enviado, yo alababa en silencio a Dios y daba las gracias por las mujeres que habían sacrificado tiempo y esfuerzo para servirme.

Sin embargo, luego de doce años, no seguía siendo sencillo recibir esa ofrenda semanal. Jamás lo di por sentado ni lo acepté «como si nada» o como algo que ellas me debían a cambio del tiempo que yo invertía en la clase. Todas las semanas yo tenía que clavar mi orgullo en la cruz y reconocer humildemente que necesitaba de su ayuda.

¿Qué ofrecimiento de ayuda ha rechazado usted por la misma soberbia? ¿Se niega a reconocer que necesita ayuda? Dios nos ordena claramente que nos humillemos[8]. Una de las formas de obedecer esa orden es servir voluntariamente en cuestiones insignificantes, prácticas y físicas. Sin embargo, la obediencia a esa orden también se manifiesta en la disposición a dejar que nos sirvan. Jesús tomó esta simple verdad y le dio una aplicación espiritual.

Humillado espiritualmente por medio de la sumisión

Cuando Pedro se resistió con actitud desafiante a que el Señor lo sirviera, escondiendo los pies, Jesús le respondió con paciencia pero con firmeza: «Si no te los lavo, no tendrás parte conmigo» (13:8). No fue sino hasta más adelante, después de la cruz, que Pedro comprendió lo que Jesús quiso decir con el simbolismo espiritual de lo que había hecho durante la cena de aquel inolvidable jueves por la noche. Jesús les había dado a los discípulos una muestra de la humildad que se esperaba de Él mismo al dejar la posición que le correspondía, no a la cabecera de la mesa en la sala del aposento alto, sino a la derecha del Padre en el cielo. Él se quitó, no el manto sino las ropas de justicia y lo clavaron en la cruz para poder tomar el «recipiente» con su propia sangre y limpiar nuestros pecados.

¿Cuál es su actitud respecto de la sangre de Jesús derramada en la cruz? ¿Acaso reacciona con orgullosa resistencia como Pedro y protesta:

> *Jesús, no voy a permitir que laves mis pecados! Si hay algo que deba limpiar, lo haré yo mismo. Limpiaré mis pecados con mis buenas obras, o con las actividades de la iglesia, o con mi religión o con el dinero que doy a los pobres... Además, no creo estar tan sucio. Todo el mundo se preocupa, dice mentiras blancas y cuenta chismes. No soy tan malo. Y Dios es amor. Él comprende que no soy perfecto.*

Dios comprende, estamos de acuerdo. Él comprende que su orgullo le impide que se humille, que reconozca su necesidad y que se acerque a la cruz para que lo limpie. Espere un instante... ¿No percibe acaso la penetrante mirada de Jesús sobre usted? Preste atención... ¿No lo escucha que le dice con amor y firmeza: «Si no te lavo, no tendrás parte conmigo»?

De inmediato, Pedro el impulsivo, que ansiaba desesperadamente tener parte con Él, extendió los pies y ofreció las manos y la cabeza al tiempo que capitulaba con estas palabras: «Entonces, Señor, ¡no solo los pies, sino también las manos y la cabeza!» (13:9) En vez de sonreír divertido ante la sumisión inmediata y entusiasta de Pedro, Jesús lo miró pensativo. Agachado, con las piernas al descubierto junto a un recipiente con agua, con la túnica enroscada a la altura de la cintura, con sus hombros musculosos y bronceados inclinados ante la tarea, con la toalla ya húmeda en sus manos sin marcas, Jesús habló con suavidad pero seriamente: «El que ya se ha bañado no necesita lavarse más que los pies ... pues ya todo su cuerpo está limpio. Y ustedes ya están limpios, aunque no todos» (13:10).

En la época de Jesús era habitual que las personas fueran a baños públicos, como las piscinas públicas, donde se bañaban. Sin embargo, apenas abandonaban los baños y caminaban por las calles, se les ensuciaban los pies. Así que cuando llegaban a la casa, no necesitaban bañarse de nuevo sino que solo tenían que quitarse el barro y la suciedad que se les había pegado a los pies en el camino. Por eso los recibía en la puerta un esclavo con un recipiente con agua y una toalla para lavarles los pies antes que entraran.

Jesús le explicó a Pedro que una vez que hemos ido a la cruz para recibir un «baño», estamos limpios. Todo nuestro pecado (pasado, presente, futuro, pequeño, mediano y grande) queda lavado por la sangre de Jesucristo y estamos completa, permanente y totalmente perdonados[9]. ¡Gloria a Dios! Sin embargo, seguimos pecando. Nuestros pies se vuelven a ensuciar. Por eso todos los días acudimos a la cruz, no en busca de perdón porque ya hemos sido perdonados, sino para confesar nuestro pecado y quedar limpios, y poder mantener una comunión correcta con Dios, con los demás y con nosotros mismos[10].

Si bien Jesús hablaba con Pedro, me pregunto si no habrá mirado en dirección a Judas cuando expresó: «Y ustedes ya están limpios, aunque no todos» (13:10). Se nos dice que Jesús pensaba en Judas, porque Él «sabía quién lo iba a traicionar» (13:11). Jesús sabía que Judas se había negado a «bañarse». Se había negado a reconocer su pecado, a pedir humildemente perdón y a recibir limpieza.

¿Pudiera ser que Jesús esté en este momento mirándolo por encima de mi hombro y diciendo: «Tú, Anne, estás limpia. Algunos de los que lean este libro no». Si Jesús dice que usted no está limpio, no lo está, y no hay nada que pueda hacer para limpiarse por sí mismo.

Judas era el máximo hipócrita. Había engañado a Juan y a Pedro, a Andrés y a Mateo, y a todos los demás. A todos menos a Jesús. Sin embargo, Jesús lo eligió como discípulo. ¿Alguna vez se ha preguntado por qué? ¿Por qué Jesús comía con Judas, conversaba con Judas, vivía con Judas, oraba con Judas? ¡Y durante tres años! Quizá Jesús quiso demostrarnos que Judas llegó a ser lo que fue por su propia voluntad. Tal vez Jesús deseó mostrarnos que a pesar de la hipocresía y la traición de Judas, se le brindó una oportunidad tras otra. Puede ser que Jesús quiso que viéramos el alcance de su amor… hasta el final.

¿Está orando por un «Judas»? Si no lo hace, lo animo a que lo haga. ¡Jesús amó a Judas! Y también se ocupó hasta el final de sus días de atraerlo a Él. Puede tener la certeza de que Jesús también ama a su «Judas», y en respuesta a su oración de fe, obrará en la vida de esa persona para atraerla hacia Él. Sin embargo, no olvide que todo depende del libre albedrío de la persona y la decisión que tome.

Si yo hubiera sido Judas y hubiera escuchado la conversación de Pedro y Jesús, hubiera experimentado una conmoción interior que me hubiera llevado a preguntarme: Si Pedro necesita que lo laven, ¿qué será lo que yo necesito? Cuando Jesús dijo que no todos estaban limpios, hubiera reaccionado como si me hubiesen echado agua helada a la cara. ¡Lo sabe! Hubiera balbuceado de inmediato: «Señor, yo soy el que no está limpio. ¡Límpiame! ¡Lávame! Hice algo abominable, te traicioné ante tus enemigos. ¡Me arrepiento! ¿Qué puedo hacer para hacer lo correcto? Sin embargo, Judas cerró su corazón ante el bello llamado de Jesús y permaneció sentado mientras Jesús le lavaba los pies, petulantemente actuando como si ya estuviera «bañado».

Lo solemne en cuanto a Judas es que se sentó al lado de Pedro, Juan y Santiago. Lucía, actuaba y hablaba como cualquier otro discípulo auténtico. Era tan ingenioso que nadie era capaz de notar la diferencia. Sin embargo, Jesús conocía la diferencia. Jesús podía ver dentro del corazón de Judas que si bien lamentaría su acción, jamás se arrepentiría de su pecado[11]. Jesús dijo que mejor hubiera sido que Judas nunca hubiera nacido[12]. *¡Por favor! ¡No sea un Judas!*

¿Está seguro de haber recibido su «baño»? ¿Cuándo? ¿Puede recordar aquel momento en que humildemente le confesó a Dios que usted es pecador y que está arrepentido? ¿Le pidió que lo limpiara con la sangre de Jesús? ¡Entonces usted ya está limpio! ¡Gócese en ello! No obstante haber sido lavado, ¿no andará por ahí con los pies sucios? ¿Cuándo fue la última vez que se acercó a la cruz, que confesó los pecados del día de manera específica y pidió al Señor que le limpiara? ¿Puede ser que se haya acercado a la mesa del Señor y haya usado este libro para que lo ayudara a comer del Pan de vida, pero que lo haya hecho sin lavarse los pies?

Más tarde, mientras Juan meditaba en el diálogo que mantenían Jesús y Pedro, dijo que si uno dice que no está sucio, que no necesita un «baño» de una vez y para siempre o que no necesita la limpieza diaria de los pecados, entonces se engaña a sí mismo y la verdad no está en uno[13]. De modo que en este mismo instante, incline su cabeza en reverencia y pídale a Dios que lo limpie si no está seguro de estar completamente limpio. Luego confiese cada día sus pecados de manera específica, y pídale a Dios que le «lave los pies». Juan nos anima: «Si confesamos nuestros pecados, Dios, que es fiel y justo, nos los perdonará y nos limpiará de toda maldad»[14].

Vale la pena mencionar que la palabra hebrea que Juan emplea al hablar de «confesar» no significa un reconocimiento simplista de haber hecho algo malo. Significa decir lo mismo que dice Jesús en cuanto a nuestro pecado. Hoy en día, nos hemos vuelto hábiles en cambiar la etiqueta de los pecados para que parezcan menos graves.

A la mentira la llamamos exageración.

A la falta de fe, preocupación.

Al chisme que daña la reputación de otra persona, comentario.

Al asesinato, el derecho a elegir.

A la fornicación, sexo seguro.

Al homosexual, gay.

A la codicia, ambición.

A la lujuria, entretenimiento para adultos.

Y a la blasfemia, la obscenidad y la pornografía la llamamos libertad de expresión.

No cambiemos las etiquetas porque no seremos limpios. Llamemos al pecado por su nombre correcto y démosle las gracias a Dios por la sangre de Jesús que tiene el poder de quitar todas y cada una de las manchas. Toda la iglesia necesita un buen lavado de pies[15]. ¡No espere ni un minuto más! Es una orden que usted y yo debemos obedecer[16].

EN EL SERVICIO OFRECIDO EN OBEDIENCIA

Uno a uno Jesús fue dando la vuelta a la mesa y lavando los pies de los discípulos. Con delicadeza. Con minuciosidad. El silencio ensordecedor solamente era interrumpido por el ruido del agua, el frotar de la toalla y la tensa respiración de los discípulos. Luego del arrebato de Pedro, nadie se atrevía a hablar. El silencio recién se quiebra cuando Él vuelve a colocar el recipiente en su lugar, cuelga la toalla y vuelve a vestirse. «Cuando terminó de lavarles los pies, se puso el manto y volvió a su lugar. Entonces les dijo: «¿Entienden lo que he hecho con ustedes?» (13:12).

Y *usted,* ¿lo entiende? Al contemplar la expresión atónita en el rostro de los discípulos, Jesús se aseguró de que comprendieran lo que Él había hecho al darles un buen motivo para seguir su ejemplo y explicarles: «Ustedes me llaman Maestro y Señor, y dicen bien, porque lo soy» (13:13).

Por quién es Él

La primera y la más profunda razón que Jesús dio a sus discípulos para que tuvieran las huellas de sus divinas manos en las propias por medio del servicio voluntario, humilde y obediente fue por quién es Él.

¿Y quién es Él? Él es nuestro Salvador, el que luego de lavar nuestro pecado con su propia sangre en la cruz, se volvió a colocar su ropa gloriosa y regresó a su sitio en el trono, en el centro del universo, como nuestro Señor resucitado y Rey soberano. Usted y yo debemos servirlo involucrándonos y ocupándonos de las necesidades de los demás, sencillamente porque Él lo dice. ¡Él es el Señor! Y mientras podamos jamás debemos olvidar quién es Él, y tampoco debemos olvidar quiénes somos.

Usted y yo somos...

pecadores salvados[17].
inmundicia lavada[18].
comprados por sangre[19].
cautivos rescatados[20].
condenados liberados[21].
certificados por el Espíritu[22].
rodeados de gloria[23].

No nos pertenecemos a nosotros mismos.
Pertenecemos a Él[24].

No debemos vivir la vida según lo que deseamos sino según lo que Él dice. Somos sus fieles servidores. Jesús preguntó: «¿Entienden?». Luego, enfatizó la importancia de lo que había dicho haciendo una proyección incisiva: «Ciertamente les aseguro que ningún siervo es más que su amo, y ningún mensajero es más que el que lo envió» (13:16).

¿Cómo podríamos usted y yo alguna vez pensar que podríamos caminar hacia la presencia de Jesús con manos limpias cuando las suyas están empolvadas? ¿Quiénes nos creemos que somos? ¿Por qué pensamos que estamos exentos del trabajo más desagradable cuando Él no lo estuvo? ¿Y cuál es en definitiva el trabajo más desagradable? Es mostrarles a los demás, y a Él, todo nuestro amor cuando estamos padeciendo un dolor insoportable, pasando por problemas imposibles de detallar y sufriendo presiones increíbles por servirlo voluntaria, humilde y obedientemente. Por ninguna otra razón aparte de que sus divinas manos ¡también están llenas de barro!

La oración de Jabes se ha convertido en un fenómeno literario que nadie jamás pudo predecir[25]. Fue pronunciada hace más de tres mil años por un hombre que experimentó el dolor, las presiones y los problemas de primera mano y desde sus primeros años de vida. Para Jabes había llegado su hora el día en que nació. Expresó el clamor de su corazón con estas sencillas palabras: «Bendíceme y ensancha mi territorio; ayúdame y líbrame del mal, para que no padezca aflicción»[26]. Junto con esa plegaria se manifestaba un evidente deseo de servir a Dios en humildad y obediencia. «Y Dios le concedió su petición»[27].

Hoy en día, millones de personas recitan la oración de Jabes y muchos de ellos lo hacen como una fórmula para producir más bendiciones de Dios. Nadie puede negar que Dios no solamente respondió a la oración de este judío de la antigüedad durante su vida sino que también continúa respondiendo a esa oración hoy en día. Ni con alocada imaginación Jabes pudo haberse imaginado que tres mil años después de haber clamado a Dios, su oración figuraría en el primer puesto en la lista de los libros de más venta del *New York Times.* ¡Qué fabuloso testimonio para esta época plagada de cinismo y escepticismo el que Dios responde a la oración! Mientras sigo conmocionada por la amplia respuesta que el mundo secular brindó a esta idea bíblica y quizá mientras festejamos la atención extraordinaria que se le ha prestado, necesitamos mantener nuestras oraciones con el pedido de una mayor bendición en su justa perspectiva.

Cuando Jesús y los discípulos terminaron la cena, Él observó sus caras solemnes y sus pies limpios. Con una sencillez que no tiene nada que envidiarle a la de Jabes, Jesús añadió el signo de admiración a su enseñanza: «Si sabéis estas cosas, bienaventurados sois si las hacéis» (13:17)[28]. Jesús enfatiza que la bienaventuranza o bendición de Dios en nuestra vida se halla en proporción directa a nuestro conocimiento de «estas cosas» y nuestra disposición voluntaria a hacerlas con humildad y a obedecerlas.

La bendición que Dios desea derramar en su vida y en la mía no es necesariamente más dinero, más salud o prosperidad económica. Y no se obtiene al recitar una fórmula en oración, como si se tratara de frotar la lámpara de Aladino, en espera de que aparezca el genio que nos conceda lo que deseamos. La plenitud de la bendición que Dios desea darnos puede resumirse en una sola palabra: Jesús[29]. Y si deseamos más bendición, lo que realmente estamos pidiendo es más de Jesús. Y para poder obtener más de Jesús (y no se trata de una opción sino de una obligación), debemos tener más del barro de sus manos en las nuestras.

6

MÁS *de* *su esperanza en mi dolor*

Juan 14:1-11

¿EXISTE EN REALIDAD EL CIELO? Si ese lugar existe, ¿cómo podemos llegar a él? Y antes de contar con eso, ¿cómo podemos estar seguros? No hace mucho tiempo, se realizó una encuesta popular que incluía algunas de esas preguntas para conocer lo que pensaban los estadounidenses. El 81% de los que respondieron afirmaban creer que el cielo es el lugar donde la gente vive para siempre con Dios cuando mueren. El 57% cree que la manera de llegar al cielo es una mezcla de fe en Dios y buenas obras. Al tener que aplicar lo que creían a ciertos personajes conocidos, el 79% dijo creer que la madre Teresa está en el cielo, el 66% cree que Oprah Winfrey estará allí algún día, el 61% cree que la princesa Diana está en el cielo, el 19% piensa que O. J. Simpson irá allí algún día y el 87% confía en ir al cielo[1]. Sin embargo, a menos que un encuestador nos pregunte acerca del cielo, no creo que el estadounidense promedio dedique tiempo a pensar en el cielo. Hasta que *muere* un ser querido…

Una de las cosas que más me impresionó de mi marido, Danny, cuando lo conocí fue su familia. Su padre era pastor de una pequeña iglesia en el Bronx que trabajaba de lunes a viernes en la compañía telefónica de Nueva York porque la iglesia no podía hacerse cargo de pagarle un sueldo. La mamá era higienista dental en un consultorio odontológico de la Quinta Avenida en Manhattan. Tenía tres hermanos, dos mayores y uno menor. Sam, el mayor, que guardaba fielmente los recortes de la carrera deportiva de Danny, era un hábil hombre de negocios que trabajaba para la *Dow Chemical Company*, una empresa de productos químicos. El hermano menor, Denton, luego de graduarse en la Escuela de Divinidades Harvard, fue a obtener un doctorado en la universidad de Hamburgo en Alemania y ahora trabaja como secretario general de la Alianza Mundial Bautista. Por la sencilla razón de que John compartía el cuarto con Danny cuando lo conocí, siempre me pareció que a John lo conocía mejor. Era entrenador de baloncesto y era director atlético auxiliar en la universidad de Carolina del Norte en Chapel Hill.

Durante los ya casi cuarenta años de matrimonio con Danny, John y su familia han vivido cerca. Sus hijas tienen edades parecidas a las de nuestros hijos y su esposa ha llegado a ser una querida hermana para mí. Con el paso de los años, debido a la cercanía, nos veíamos con él con mayor frecuencia de la que veíamos a Sam o a Denton, y muchas veces pasábamos juntos los días feriados o las vacaciones.

En octubre de 2000 toda la familia se reunió en Birmingham, Alabama, para la boda del hijo mayor de Denton. John, que era un conferencista motivador muy solicitado parecía extrañamente quieto. Nos confió que no se sentía bien y que seguramente era un problema digestivo. Cuando él y su familia regresaron a Chapel Hill, fue al médico y este le indicó una serie de tratamientos mientras su condición física se deterioraba a gran velocidad. En cuestión de semanas, apenas podía caminar o hablar. El 5 de mayo de 2001, John falleció rodeado de toda su familia[2].

Mientras permanecía sentada en la magnífica reunión en su memoria, sentí la soledad de mi marido más que mi propio dolor. Su hermano Sam había fallecido veinte años atrás debido a una complicación de la diabetes. Su mamá, diez años antes en un accidente automovilístico. El padre había fallecido a los ochenta y dos años de edad también debido a una complicación de la diabetes. Y ahora se había ido John. De lo que había sido una familia vibrante, amorosa, con energía y lealtad, solo quedaban Danny y Denton. Mientras permanecía sentada en la iglesia, escuchando los elogios emocionantes, conmovedores y hasta humorísticos que hacían los amigos y familiares, oré en silencio: *Dios mío querido, dame MÁS de tu esperanza en mi dolor.* ¡Y Él así lo hizo! Él nos dio a Danny, a Denton, a la familia de John y a mí la promesa del cielo.

LA PROMESA DEL CIELO

Como la mayoría de las personas de hoy en día, los discípulos seguramente tampoco habían pensado en el cielo con anterioridad. Luego, una vez que les lavó los pies, Jesús se volvió a recostar ante la larga mesa. Estaba anocheciendo y sabía que el reloj de la voluntad de su Padre seguía avanzando, cada vez se acercaba más a la hora de su muerte. En la tenue oscuridad que siguió al resplandor rosado de la puesta del sol, la titilante llama de la tea comenzó a dibujar sombras en los rostros, ahora serios y atentos, de aquel grupo de hombres que parecían tan incapaces de cambiar el mundo… como Él sabía que lo harían. Recorrió la mesa con la mirada, y se fijó en la escéptica cara de Tomás, en la confundida cara de Felipe, en la tremendamente fiel cara de Pedro, en la sensible cara de Juan, en la pensativa cara de Jacobo y en la cavilante e hipócrita cara de Judas.

Fue en esta última cara que la mirada de Jesús se detuvo. Sabía muy bien lo que Judas pensaba y planeaba incluso en ese mismo instante; por eso Jesús «se angustió profundamente», y estaba horrorizado y muy afectado (13:21). Resultaba evidente que el gesto amoroso y tierno de servicio que Jesús tuvo al lavarle los pies a Judas no le había movido ni un pelo. Parecía que el corazón se le había endurecido aun más y su mente se había concentrado todavía más en traicionar a Jesús. Cuando los ojos de Jesús se encontraron con los de Judas, ¿qué vio en ellos? ¿Acaso ojos que ardían de odio u ojos burlones que miraban con desprecio o soberbia? ¿Y qué vio Judas? ¿Ojos llenos de comprensión, de compasión, de sumisión a la voluntad del Padre?

Con un tono de voz que debió retumbar con emoción, Jesús hizo un último esfuerzo por llamar a Judas al arrepentimiento al mencionar sin tapujos la inminente traición. Seguramente la evidencia verbal del conocimiento del Señor fue una advertencia para Judas. Sin embargo, en su malvada arrogancia, Judas desatendió la advertencia y miró rápidamente a su alrededor para ver si alguno de los demás discípulos la había captado. No tenía por qué preocuparse: ellos no se habían dado cuenta.

Como Jesús dejó de ocultar el horrible terror que lo embargaba y empezó a hablar abiertamente de la traición que tendría lugar en las próximas horas, una ola de consternación recorrió la mesa. Pedro codeó a Juan para que le preguntara a Jesús: «Señor, ¿quién es?» (13:25). Y en el último intento amoroso de Jesús por evitar que su discípulo cometiera algo que lo condenaría por toda la eternidad, señaló a Judas como el traidor. Sin embargo, lo señaló de manera tan disimulada que los discípulos no comprendieron el significado de su acción. Jesús lo trató como si fuera *el invitado de honor* a la cena: «Mojó el pedazo de pan[3] y se lo dio a Judas Iscariote, hijo de Simón»[4] (13:26). *¿Cómo pudo Judas resistirse a ese amor?*

La altura de ese amor alcanzó el corazón de Dios...

La profundidad de ese amor alcanzó a un pecador maquinador y desafiante...

La longitud de ese amor de Jesús recorrería el camino a la cruz...

La anchura de ese amor de Jesús que abarcaba a todas las personas que se hallaban alrededor de la mesa, incluso a Judas, y también a todo el mundo... de todo tiempo y lugar, quienquiera que fuera sin importar lo que hubiera hecho[5].

¡Todo su amor lo derramó sobre alguien que lo despreciaba!

¿De qué maneras Dios ha manifestado su amor por usted una y otra vez? Como en el caso de Judas, ¿se ha desilusionado porque Jesús es diferente de lo que usted esperaba o deseaba que fuera? ¿Se siente ofendido porque Él no respondió a la oración de la forma en que usted quería, o porque no lo bendijo de la misma manera en que bendijo a otro? ¿O porque permitió que sucediera algo terrible en su vida que lo hizo apartarse de Él? Cada vez que usted no responde al gentil ofrecimiento del amor divino, el corazón se le endurece más hasta que llega al punto en que no es capaz de responder, como le sucedió a Judas.

Al final, Jesús despidió a Judas, quien con corazón de piedra había aceptado hipócritamente el gentil honor que Jesús le confiriera, y «en cuanto Judas tomó el pan, salió de allí. Ya era de noche» (13:30). En toda la historia, no ha habido una noche más oscura que la noche en que Judas fue arrojado de la presencia de Dios. «Era de noche» en la vida de Judas cuando se alejó de la Luz del amor de Dios para ingresar en el abismo eterno de la ira y el juicio de Dios. *¡Por favor, no haga usted lo mismo!* A pesar de lo que haya hecho, Dios lo ama e incluso ahora, a través de las páginas de este libro, le ofrece su divino amor una vez más. ¿Quisiera responder a Él en oración con sinceridad, en quietud y con un corazón sincero? Ore:

> *Gracias, Dios mío, por amarme. Hay tanto acerca de ti que no entiendo, pero acepto tu amor. Ayúdame a conocerte como eres de veras, no como te he imaginado ni como quisiera que fueras. Mantenme en la luz de tu amor, de tu verdad, de tu misericordia y de tu gracia. Amén.*

Cuando la puerta se cerró detrás de Judas, Jesús debe haberse llenado de tristeza... y de alivio. La atmósfera de opresión, rechazo, odio y maldad que seguramente presidía la sala del aposento alto debido a la presencia de Judas se había esfumado. La libertad y el alivio que debió experimentar Jesús ante la ausencia de Judas se nota en la exclamación que sigue: «Cuando Judas hubo salido, Jesús dijo:

"Ahora es glorificado el Hijo del hombre, y Dios es glorificado en él"» (13:31). Sin embargo, inmediatamente después, la congoja por la separación inminente de estos hombres, que eran más cercanos a Él que lo que es un hijo a su padre, comenzó a apoderarse de todo su ser cuando comenzó a despedirse de ellos. ¿Se le quebraría la voz o se le pondría más grave por la emoción al dirigirse a ellos diciendo: «Mis queridos hijos, poco tiempo me queda para estar con ustedes ... Adonde yo voy ustedes no pueden ir» (13:33)?

En los rostros curtidos y de rasgos fuertes de aquellos jóvenes que le pertenecían, Jesús vio sorpresa, dolor, confusión y cientos de preguntas no formuladas. Aquellos rostros varoniles denotaban la vulnerabilidad de su amor por Jesús, de la lealtad a Él y de la resistencia a sus palabras cuando Pedro reaccionó preguntando: «¿Y a dónde vas, Señor?» (13:36).

Jesús repitió: «Adonde yo voy, no puedes seguirme ahora, pero me seguirás más tarde» (13:36). Con su habitual atrevimiento e intrepidez, los ojos de Pedro relampaguearon, su barbilla se alzó y, echando los hombros hacia atrás, replicó: «Señor ... ¿por qué no puedo seguirte ahora? Por ti daré hasta la vida» (13:37). Los demás discípulos tal vez asintieron en manifestación de acuerdo, mirándose entre sí en silenciosa confirmación de su lealtad.

Me pregunto si Jesús se quedó en silencio. ¿Qué podía decirles y cómo habría de decirles lo que tenían que saber para estar preparados para el colapso total de su mundo que comenzaría en unas cuantas horas? Jesús los trajo de golpe a la realidad cuando, mirando directo a los ojos del que era el líder del grupo, predijo: «¿Tú darás la vida por mí? ¡De veras te aseguro que antes de que cante el gallo, me negarás tres veces!» (13:38).

El rostro de Pedro comenzó a palidecer hasta quedar blanco como un papel. ¿Negarlo? ¡Cómo va a ser!

Mientras los demás discípulos se quedaron mirando a Pedro, aterrorizados, seguro que pensaron: Si Pedro es nuestro líder y niega a Jesús, ¿qué de nosotros? Sus rostros reflejaron la repulsión y el horror que les causaba la amenaza invisible que aparentemente los transformaría de amigos fieles en traidores. Y luego de haberlo dejado todo para seguirlo, al final, ¿iría la inminente deslealtad de ellos a separarlos de Él para siempre? ¿Acaso les estaba diciendo que su ciega ignorancia y sus torpes fallas los descalificaban como discípulos? ¿Sería que no habían cumplido con los objetivos? Si no, ¿por qué ahora no dejaba que lo acompañaran a cualquier lugar donde fuera? Debieron sentirse como que de pronto habían entrado en una sucesión de hechos que los apartaba de aquel que había pasado a ser su vida, su esperanza, su propósito, su única razón de vivir.

El dolor emocional, sumado a la falta de entendimiento, los hizo retorcerse, alejarse de la mesa y sacudir la cabeza con incredulidad. Sin embargo, antes de que pudieran protestar, preguntar o alejarse, Jesús les habló una vez más. Con palabras eternas que han servido para calmar los abrumadores temores de sus hijos a lo largo de los siglos, temores que amenazaban con...

acallar su voz,
paralizar sus pies,
dominar su mente,
destrozar su corazón,
y derribar su fe.

Jesús les dijo con serena autoridad: «No se angustien» (14:1).

La promesa del cielo calma mis temores

«No se angustien» es una orden que los discípulos y nosotros debemos obedecer. Calmarnos en forma deliberada es una decisión que debemos tomar frente a escenas espantosas,

circunstancias catastróficas,
interrupciones irritantes,

desacuerdos devastadores,
adicciones agonizantes,
errores frecuentes,

todo lo que puede hacernos sentir aterrorizados por sus consecuencias y repercusiones. En medio del arremolinado humo empalagoso del temor, Jesús ordena: «¡Basta!»

Basta de permitir que su imaginación corra desenfrenada.

Basta de analizar cada detalle.

Basta de flagelarse con los «si hubiera o no hubiera hecho esto...» y los «¿qué hubiera pasado si...?»

¡Basta de tener miedo!

¿Cómo podremos obedecer una orden que tiene tanto que ver con nuestros sentimientos? Nuestra obediencia comienza con la decisión de dejar de tener miedo, seguida de la decisión de comenzar a confiar en Dios.

Se ha dicho que la «paz no es la ausencia de peligro sino la presencia de Dios». Jesús ordenó a sus discípulos que estaban al borde de la desintegración emocional, si bien no en ese preciso momento pero seguramente dentro de las horas siguientes: «Confíen en Dios, y confíen también en mí» (14:1).

El antídoto del temor es la fe.

Cuando doy vueltas en la cama en medio de la noche, preocupada y temerosa por algo que es inminente en mi vida o en la vida de algún ser querido, siento consuelo y me calmo al meditar en quien Dios es. Me ayuda el afianzar mi fe en alguien que es mayor que mis temores, porque Él es...

Capaz...[6]

Benévolo...[7]

Compasivo...[8]

Confiable...[9]

Eterno...[10]

Fiel...[11]

Bueno...[12]

Santo...[13]

Inmortal...[14]

Justo...[15]

Amable...[16]

Amoroso...[17]

Misericordioso...[18]

Cercano...[19]

Omnisciente...[20]

Poderoso...[21]

Inteligente...[22]

Recto...[23]

Suficiente...[24]

Verdadero...[25]

Único...[26]

Victorioso...[27]

Sabio...[28]

Exaltado...[29]

¡Gloria a Dios! Cuando estoy a punto de sentir temor, recurro a quien es Dios y descanso en Él. ¡Él no puede ser menos que Él mismo! ¡Y mi Dios es Dios! Él es el Dios de dioses que se hizo visible, conocible y alcanzable por medio de Jesucristo[30], razón por la cual Jesús nos ordena que confiemos «también» en Él.

Hace algunos años tuve una amiga muy querida que comenzó a experimentar unos terribles ataques de pánico. Siguiendo el consejo de algunos amigos, comenzó a visitar a un psiquiatra que le aconsejó realizar una sencilla tarea: confeccionar una lista de todas las cosas que la atemorizaban. Cuando terminó de hacer la lista, los miedos dominaban de tal manera su pensamiento que ya no podía desenvolverse en nada.

Mientras puede ser de ayuda el identificar la fuente de nuestros miedos y temores, concentrarse en ellos puede lanzarnos por una espiral descendente. La próxima vez que sienta miedo, haga su propia lista, no de sus temores sino de las características de Dios. Encuentre un versículo o pasaje de la Biblia que fundamente cada una mientras reconsidera su situación a la luz de quien Dios es. Luego, si considera que puede serle de utilidad hacer una lista de sus temores, asegúrese de colocar al lado de cada uno el atributo de Dios que mejor se aplica. El secreto de la paz radica en su perspectiva de las cosas.

La promesa del cielo agudiza mi perspectiva

¿Cómo piensa que es el cielo? ¿Como la Ciudad Esmeralda del Mago de Oz? ¿Como el palacio de la Cenicienta y el príncipe encantador? ¿Cree acaso que se trata de nubes mullidas por las que andaremos holgazaneando por siempre? Jesús describió el cielo como «el hogar de mi Padre» al procurar alentar a sus discípulos a que apartaran sus ojos del dolor inmediato, pero temporal, para enfocarlos en la gran imagen, en el cuadro completo: «En el hogar de mi padre hay muchas viviendas; si no fuera así, ya se lo habría dicho a ustedes. Voy a prepararles un lugar» (14:2).

Los discípulos comenzaron a reanimarse, pensando que tal vez habían llegado de manera apresurada a la conclusión de que estaban descalificados para el servicio. Tal vez todavía había esperanza. Jesús solo regresaba a su hogar. Iba a preparar allá las cosas para ellos. Ese detalle de que en el hogar del Padre hay muchas viviendas implicaba que había lugar para ellos.

¡Cuántas veces salí apurada de la iglesia rumbo a mi casa para preparar todo antes de que llegaran los invitados a almorzar! Me gusta que el hielo ya esté en los vasos, sacar la carne del horno mientras se hornean unos panecillos, preparar la salsa, cocinar el bróculi al vapor y en general, tener todo más o menos organizado de modo que cuando mis invitados pasen por la puerta todo esté dispuesto para que lo disfruten. Deseo que por medio del aroma proveniente de la cocina, la mesa elegantemente puesta y la mesa auxiliar llena de platos repletos de comida humeante, sepan que los estábamos esperando y que son bienvenidos.

Jesús les estaba diciendo a los discípulos que iba rápido a su casa a prepararlo todo para que cuando atravesaran la puerta supieran que los estaba esperando, que eran bien recibidos y que podían disfrutar de su casa como si fuera de ellos. Seguramente...

las expresiones llenas de dolor de los discípulos adquirieron alguna esperanza,

y los ojos llenos de lágrimas comenzaron a brillar con expectación, y los corazones llenos de temor se calmaron,

cuando por las palabras de Jesús se vieron obligados *¡a mirar hacia el futuro!*

Luego de vivir con Jesús durante tres años, sabían que Él estaba al tanto de lo que les gustaba y de lo que disfrutaban de manera particular. Si Él iba a preparar personalmente un lugar para ellos, podía entusiasmarles la idea de ir allí. Sería un lugar maravilloso, lleno de todas aquellas cosas, tanto grandes como pequeñas, que les producirían placer y felicidad.

Como madre, sé algo acerca de preparar un lugar para mis hijos. Mis dos hijas regresaron con sus esposos a vivir en nuestra ciudad; mi hijo, Jonathan (al momento en que escribo este libro) vive en California. No obstante, vendrá a visitarnos en dos semanas. Sé que le encanta el pastel de manzana casero, las costillas asadas y jugar al tenis con el padre. Y mientras me preparo para su visita, no solamente le limpio el cuarto sino que también horneo y cocino mientras acomodo la agenda del padre para asegurarme que cuando

Jonathan cruce la puerta sepa que lo estamos esperando, que es bien recibido aquí y que ¡este es su hogar!

Si yo sé cómo hacer para que mi hijo se sienta bien recibido y como en su casa, no puedo ni imaginar lo que Jesús estará haciendo para preparar mi llegada al cielo. Él sabe cuáles son mis colores favoritos y los ambientes que disfruto y la gente que añoro ver y la música que eleva mi espíritu. Cuando atraviese las puertas de perlas, me daré cuenta, como resultado de su preparación bien pensada, personal y meticulosa, que me estaba esperando, que soy bien recibida y que estoy en casa.

Más allá de las
circunstancias o las crisis
las presiones o el dolor,
el sufrimiento o la tristeza,
las fallas y las frustraciones,
el peligro o la enfermedad,
los recuerdos o el sufrimiento,
las tentaciones o las pruebas,
los problemas o las persecuciones,
las cargas o las rupturas
que experimente en la actualidad, es una situación temporal comparada con la eternidad. Pasaremos la eternidad con Jesús en la casa del Padre que ha sido amorosamente preparada para nosotros. Esa es la verdad[31]. ¡Nuestro futuro ya está confirmado!

La promesa del cielo confirma mi futuro

La tensa atmósfera de la sala en el aposento alto se disipó un poco cuando los discípulos visualizaron su futuro hogar. El horror del presente pareció disminuir en gran manera por la esperanza de vivir un día en la casa del Padre. Cuando Jesús vio la atención y el entusiasmo que manifestaron los discípulos, prosiguió: «Y si me voy y se lo preparo, vendré para llevármelos conmigo. Así ustedes estarán donde yo esté» (14:3).

Al recibir la garantía personal de que Él no los abandonaría ni tendrían que andar tropezando a tientas ni adivinando cuál es el camino que lleva al Padre sino que Él regresaría en persona para llevarlos debió producirles un hondo suspiro de alivio. Quizá hasta se entusiasmaron en continuar devorando lo que quedaba de comida o en apurar el resto de la bebida mientras meditaban en lo que Jesús acababa de anunciarles. Cualquier cosa que amenazara su futuro inmediato no sería un problema, porque al final todo se arreglaría cuando Jesús regresara a buscarlos y llevarlos a vivir con él para siempre en la casa de su Padre. ¡Esa sí que era una promesa por la que valía la pena vivir! ¡Y también morir!

Uno a uno, los discípulos del Señor murieron por esa promesa. Uno de los primeros en entregar su vida por Cristo fue un joven evangelista de la iglesia primitiva cuya predicación era tan convincente y persuasiva que nadie podía resistirse. Produjo un enorme impacto a favor del evangelio en Jerusalén. Las autoridades se enfurecieron y se pusieron tan celosas que lo sacaron fuera de la ciudad y lo apedrearon. Sin embargo, antes de morir, su rostro reflejó la luz de la gloria cuando miró a los cielos y exclamó: «¡Veo el cielo abierto ... y al Hijo del hombre de pie a la derecha de Dios!»[32]. No obstante, la Biblia nos dice claramente que cuando Jesús resucitó y ascendió, se sentó a la derecha de Dios[33]. ¿Cómo puede ser que aquel joven mártir lo haya visto de pie? ¿Sería posible que Jesús estuviera de pie para honrar en forma personal y dar la bienvenida a la casa del Padre a alguien que no amó «tanto su vida como para evitar la muerte»?[34] ¿Vería aquel valiente y osado discípulo a Jesús preparado para cumplir su promesa, listo para venir a buscarlo y llevarlo seguro al hogar?

La señorita Audrey Wetherell Johnson vivió y murió por esa promesa. Fue la piadosa mujer que me instruyó acerca de cómo enseñar las Escrituras, y en el proceso me enseñó mucho de las Escrituras[35]. Fue la fundadora de Bible Study Fellowship, directora durante treinta y tantos años de ese ministerio transformador y autora de comentarios que han cambiado la vida de muchos[36]. Si bien era una mujer que brillaba por su inteligencia, no enseñaba con la mente sino con el corazón. Vivía una vida de fe en la Palabra de Dios tan vibrante que contagiaba a los que se acercaban a ella.

Muchas veces escuché a la señorita Johnson (como le decíamos con respeto y cariño) decir que confiaba en que cuando cerrara los ojos en esta vida los abriría ante el rostro de Jesús[37]. Mientras luchaba con el cáncer que invadía su cuerpo, muchos orábamos que sus ojos, como los de Esteban, pudieran abrirse ante el divino rostro del Señor antes de su muerte para que su alma se reconfortara, y también la de todos los que la amábamos. Durante las últimas semanas de su vida, no podía moverse ni hablar. No obstante, la mañana que partió al hogar celestial, se sentó en la cama con ojos brillantes y llenos de gozo mientras se dibujaba una espectacular sonrisa en sus labios, y exclamó: «¡Veo a Jesús! Viene por mí!». Entonces, se recostó sobre la almohada... *y partió.*

Cuando la madre de mi esposo entraba a una habitación era como si las luces se encendieran. Ella era tan vivaz, tan feliz y tenía tan enérgica disposición que el sol parecía brillar en su presencia aun en los días nublados. Las bromas acerca de las suegras jamás me causaron gracia porque no puedo hallar una correlación con la perspectiva negativa en la que se basan. La llamábamos cariñosamente «Gramma», y no solamente crió a cuatro fornidos muchachos que la amaban entrañablemente sino que también era la «primera dama» de las iglesias que pastoreaba su esposo: cantaba en el coro, supervisaba las cenas de la iglesia, dirigía estudios bíblicos de mujeres, visitaba enfermos y cuidaba a los desamparados. Y hasta los setenta y cinco años trabajó como higienista dental en la Quinta Avenida en Nueva York. Sin embargo... ¡nunca aprendió a conducir un automóvil!

Cuando se jubiló, uno de sus pequeños gustos era ir hasta algún McDonald's con su esposo (a quien conocíamos como «Grampa») a tomar un café con un panecillo. Una mañana, cuando tenía ochenta y un años, ambos fueron a su acostumbrada salida y Grampa se salió del camino y fue a dar contra un poste de teléfonos. Aunque él solo recibió una sacudida, ella quedó gravemente herida. Sin embargo, seis semanas más tarde, parecía haberse recuperado completamente y que le darían de alta del hospital.

El día anterior a su salida, llamó a mi esposo a las seis de la mañana. Describió vívidamente lo que definió como un sueño en el que ella caminaba por una playa. El cielo sin nubes era azul y cristalino, la arena se sentía suave debajo de sus pies, las olas besaban la playa con suavidad y Jesús caminaba a su lado, ¡llevándola de la mano! Colgó el teléfono, y una hora más tarde recibimos una llamada informándonos que ella se había ido a la casa del Padre.

Con frecuencia la muerte de una persona se produce cuando está bajo los efectos de los medicamentos, inconsciente, vendado o conectado a muchos tubos, cables y aparatos que le impiden moverse o hablar. No obstante, de vez en cuando, a través de quienes tienen oídos para oír y ojos para ver, recibimos un atisbo del cumplimiento de la promesa del Señor que confirma nuestro futuro. En el momento de la muerte, ¡Jesús acude en forma personal a llevar a sus hijos a la casa del Padre!

Hace muchos años, Dios le dio al rey David una promesa a la que los hijos de Dios se han aferrado a través de todas las épocas, en particular en los tiempos de dolor. Puede que sea el pasaje de la Biblia más citado en los velatorios y reuniones recordatorias de todo el mundo. Los hijos de Dios pueden ver la divina mano extendida y sentir que los sujeta cuando leen: «Aunque ande en valle de sombra de muerte, no temeré mal alguno, *porque tú estarás conmigo*»[38].

A lo largo de la historia de la iglesia, los creyentes han experimentado dulce paz y plena confianza al tomar para sí la reconfortante promesa de Jesús de volver personalmente a buscarlos cuando mueran y llevarlos al hogar, a la casa del Padre. Sin embargo, existe otro significado para la promesa de Jesús que ha sido también fuente de consuelo ya que esas palabras fueron pronunciadas por primera vez aquel jueves por la noche en el aposento alto hace ya tanto tiempo. Este consuelo proviene de aplicar la promesa de regreso a su Segunda Venida.

¿Sabía que Jesús regresará en persona, físicamente, aquí, al planeta tierra? Uno de cada veinte versículos del Nuevo Testamento se refiere a su regreso, incluso Juan 14:3, el versículo que analizamos en este momento. A los discípulos se les recordó la promesa inmediatamente después de la ascensión. Estaban en el monte de los Olivos, mirando hacia arriba, hacia el cielo nublado donde acababan de verlo desaparecer, cuando dos hombres vestidos de blanco se pararon de pronto a su lado. Aquellos hombres reiteraron las palabras que Jesús había pronunciado cuarenta días antes luego de la última cena con ellos: «Este mismo Jesús, que ha sido llevado de entre ustedes al cielo, *vendrá otra vez* de la misma manera que lo han visto irse»[39]. ¿Qué promesa podría estar más impregnada de esperanza o ser más emocionante que esa?

El apóstol Pablo brindó detalles tentadores en cuanto a este evento histórico a los nuevos creyentes de Tesalónica. A aquellos bebés espirituales les dijo que no quería que ignoraran lo que va a pasar con los que ya han muerto[40] —tras haber depositado su fe en el Señor Jesucristo como su Salvador y Señor—, como John, el hermano de Danny. Si bien Pablo reconocía la inevitable presencia del dolor humano ante la muerte de un ser querido, enfatizaba que el dolor no era como el de «esos otros que no tienen esperanza».

Los creyentes no sufrimos ante la muerte de un ser querido de la misma manera que el resto del mundo porque creemos que el mismo Jesús que murió en la cruz para ofrecernos el perdón de los pecados, y que resucitó de entre los muertos para darnos la vida eterna, es el mismo Jesús que un día va a regresar. Y cuando lo haga, «Dios resucitará con Jesús a los que han muerto en unión con él». Cuando Jesús regrese, ¡traerá con él al hermano de Danny! La reacción a las enseñanzas de Pablo por parte de los tesalonicenses habrá sido como la suya y la mía: llena de dudas. De ahí que la siguiente afirmación es como un signo de admiración que enfatiza que fue el Señor quien lo dijo, y no se debe a deseos fantasiosos ni son producto de una buena imaginación.

Pablo continúa diciendo que los creyentes que estén vivos cuando Cristo regrese no se adelantarán a los que ya han muerto. «El Señor mismo descenderá del cielo con voz de mando, con voz de arcángel y con trompeta de Dios, y los muertos en Cristo [y eso incluye a John] resucitarán primero».

Cuando falleció John, el hermano de Danny, todo lo que él en realidad era (su mente, sus emociones, su voluntad, su personalidad), todo lo que tenía que ver con él y que vivía dentro de la «tienda» que era su cuerpo, fue a estar con Jesús[41]. El cuerpo quedó sepultado en un cementerio de Chapel Hill, Carolina del Norte. Sin embargo, en cualquier momento la trompeta sonará y su cuerpo se levantará con ciertas modificaciones físicas y químicas para hacerlo semejante al cuerpo glorioso de Jesús[42]. Luego, John será «vestido» de modo que cuando lo vea (si llego a estar en la tierra para ese glorioso evento), estará vivo en su nuevo cuerpo y habrá venido de la casa del Padre junto con Jesús. «Luego los que estemos vivos, los que hayamos quedado seremos arrebatados con ellos juntos en las nubes para encontrarnos con el Señor en el aire. ... Por lo tanto, anímense unos a otros con estas palabras»[43].

¿Cómo será ese día en que escuchemos el llamado de la trompeta del arcángel? En un abrir y cerrar de ojos los creyentes sentirán que los pies se elevarán del piso, notaremos que en nuestro cuerpo se producen algunas modificaciones que nos permitirán vivir físicamente en la eternidad y alzaremos la mirada para encontrarnos con el rostro de Jesús. ¡Nos veremos envueltos en las nubes de su gloria![44] Y si conseguimos apartar la mirada de su hermoso rostro, podremos ver que Jesús está rodeado de nuestros seres queridos que depositaron en Él su fe y han sido resucitados de entre los muertos![45]

¡Jesucristo volverá! ¡Él volverá! Cualquier día, en cualquier momento, «en un abrir y cerrar de ojos ... cuando menos lo esperen ... el que ha de venir vendrá, y no tardará»[46]. ¡La Biblia lo dice! ¡Esa es una promesa que me da MÁS de su esperanza en mi dolor!

EL CAMINO AL CIELO

Me pregunto si los discípulos comenzarían a moverse nerviosamente cuando escucharon a Jesús decir que se iría pero regresaría nuevamente. Sabían que lo que Jesús decía era de vital importancia. Podían afirmar por la intensidad en sus divinos ojos y por la manera en que elegía cuidadosamente las palabras que se trataba de algo muy importante que ellos debían comprender. Pero no fue así.

¿Acaso comenzaron a juguetear con la comida que quedaba en los platos? ¿Prestaron una atención exagerada a recoger las migas que habían caído? ¿Se habrán mirado de reojo para ver si los demás también estaban confundidos? No tuvieron que esperar mucho, porque Tomás habló por todos ellos.

No resulta sorpresivo que todo esto generó interrogantes en la mente de Tomás, como pudo haber pasado con usted también. Tampoco es extraño que Tomás hablara mientras los demás permanecían en silencio. Lo único sorprendente fue que Tomás expresó en voz alta una de esas preguntas. Cuando Jesús dijo: «Ustedes ya conocen el camino para ir adonde yo voy» (14:4), Tomás lo cuestionó: «Señor, no sabemos a dónde vas, así que ¿cómo podemos conocer el camino?» (14:5).

Tomás, el siempre práctico, realista y hombre de pocas palabras, eran de los que hoy leerían la sección deportiva o económica del periódico en vez de la sección de arte y cultura. Le gustaban las cosas concretas. La referencia de Jesús al «hogar de mi Padre» era demasiado subjetiva y poética para la lógica de Tomás. Estoy sumamente agradecida de que haya preguntado porque la respuesta que le dio Jesús se convirtió en una de las piedras fundamentales de nuestra fe.

Jesús, con toda paciencia, pero de manera muy directa, debe haber mirado a los ojos de Tomás mientras le daba una explicación tan clara como el cristal: «Yo soy el camino, la verdad y la vida. Nadie llega al Padre sino por mí» (14:6).

¿Le pasa lo mismo que a Tomás? ¿Está confundido en cuanto a cómo ir al cielo? Entonces preste atención a lo que Jesús dice: «Tomás, el hogar de mi Padre es el cielo. Piensa que es la presencia de Dios. Y la única manera en que puedes llegar a la presencia de Dios es depositando tu fe en mí. Yo soy el camino por medio del que puedes llegar allí. Mis palabras te darán las indicaciones correctas y mi vida llenará de poder la tuya. Tomás, si me dejas a mí, lo pierdes todo».

¿Acaso eso lo ofende? ¿Siente deseos de reaccionar diciendo que es injusto, excluyente, intolerante, socialmente inadecuado? ¿Y qué pasa con todas las personas buenas, morales y religiosas? ¿Y qué de los judíos y de los que se hacen llamar testigos de Jehová,

los ultracarismáticos y los hindúes,

los musulmanes y los metodistas,

los budistas y los bautistas,

los pentecostales y los presbiterianos,

los anglicanos y los animistas,

los católicos y los carismáticos,

que no pongan su fe en Jesús pero que sean sinceros en lo que creen? ¿Significa eso que ellos *no van a ir al cielo?* Yo no estoy diciendo eso... ¡*Jesús* lo dice! Eso es exactamente lo que Él dijo. Él no dijo que *conocía* el camino al cielo, ¡sino que Él *es* el único camino para llegar allá!

Durante la guerra de Vietnam, se comentó la historia de un paracaidista que después de saltar cayó en la selva y no podía hallar la salida. Tuvieron que enviar a un guía nativo para que lo encontrara y lo llevara a salvo hasta la base. El guía se convirtió para ese hombre en el camino a la seguridad, en su «camino de regreso». De la misma manera, Jesús es el «guía de Dios» que vino del cielo a este mundo para conducir a salvo hasta la patria celestial a los pecadores perdidos. Eso nos lleva a pensar que si uno se niega a reconocer que está «perdido», no va a aceptar el camino de Dios de regreso. Sin embargo, para quienes hemos reconocido que estábamos perdidos, nuestra gratitud eterna hacia nuestro Guía es tal que eso nos impulsa a hablarles de Él a los demás. Deseamos decirles la verdad de su condición de perdidos y la verdad acerca del Camino de escape.

El verano pasado me invitaron a hablar en el 125° aniversario del congreso de Keswick, la principal conferencia bíblica del mundo, que se celebra todos los veranos en el Lake District de Inglaterra. Durante años escuché hablar de la belleza legendaria de ese lugar, así que no quería perder la oportunidad de disfrutar esos paisajes y alquilé un automóvil. Junto con los papeles del alquiler, me aseguré de contar con un mapa del país. Sabía que había rutas que me llevaban a Keswick, pero sin un mapa que me diera indicaciones precisas, jamás hubiera llegado a mi destino. Del mismo modo, no solamente es Jesús el camino que nos saca de la selva del pecado para poder llegar a la presencia de Dios en el cielo, sino que su Palabra es nuestro «mapa» que nos brinda indicaciones precisas acerca de cómo llegar allí.

Jesús es también el «Combustible», la Vida, que nos impulsa durante el recorrido. La primera vez que paré para cargar combustible en Inglaterra, recibí un fuerte impacto. En vez de los acostumbrados $1,50 por galón que solemos pagar en los Estados Unidos, el combustible británico ¡rayaba los $4,00 el litro! Sin embargo, necesitaba cargar combustible porque de otro modo, a pesar de tener las indicaciones, jamás hubiera llegado a Keswick.

Del mismo modo, aunque hayamos reconocido que estamos perdidos y que Jesús es el único camino para llegar al cielo, y aunque contemos con la verdad de su Palabra que nos guía, necesitamos que habite en nosotros su Espíritu para que nos permita hacer el viaje seguros y confiados. ¡Qué simple! ¡Qué fundamental! ¡Es absolutamente necesario que en nuestro viaje al cielo podamos contar con el Guía de Dios, el Libro Guía de Dios y el Combustible de Dios! Todo lo necesario para llevarnos al cielo se resume en la persona de Jesucristo. Él es nuestra esperanza en medio del dolor.

LA PRUEBA DEL CIELO

Me pregunto si Felipe habrá tamborileado los dedos sobre la mesa mientras Jesús hablaba. Era el discípulo analítico, el que sopesaba las cosas, el que organizaba los pensamientos de todos según los expresaran y luego los resumía[47]. Resulta evidente que Felipe necesitaba más información antes de poder procesar lo que estaba escuchando. En resumen, dijo que podía descifrar todo aquello, pero, «Señor, muéstranos al Padre y con eso nos basta» (14:8). En otras palabras: «Señor, danos una prueba de que tu promesa del cielo es real y de que tu camino al cielo es el correcto. Esto es algo demasiado importante para dar lugar a malentendidos. Cuando hablas de cómo va a ser posible que te veamos de nuevo y de dónde pasaremos la eternidad, no queremos que halla equívocos ni dudas. Es algo sumamente importante».

¡Felipe! ¡Despierta! ¿Dónde estabas? Jesús acababa de decirle a Tomás: «Si ustedes realmente me conocieran, conocerían también a mi Padre. Y ya desde este momento lo conocen y lo han visto» (14:7). La paciencia que Jesús demostró ante Felipe, Tomás, Pedro y los demás discípulos es digna de destacar. Él sigue teniendo paciencia.

¿Tiene usted temor de hacerle preguntas a Jesús? ¿Le da miedo que lo regañe por no conocer las respuestas? ¿Teme que lo considere tonto? ¿Teme que si formula esas preguntas quedará en evidencia de que *es* tonto? ¿Le atemoriza recibir una respuesta que no desea escuchar? Él nos conoce de pies a cabeza. Sabe lo que pensamos aunque no lo expresemos con palabras. Los discípulos nos estimulan a preguntar. Jesús acepta las preguntas sinceras y respetuosas. Es más, mientras no formulemos las preguntas no comenzaremos a recibir las respuestas sobre las que no solamente podemos edificar nuestra fe sino también fortalecer nuestra relación con Él[48].

En un tono de voz con el que reconvino amablemente a Felipe, no por preguntar, sino por la evidente superficialidad de su relación con Él luego de tres años de ser su discípulo, Jesús le pregunta: «¡Pero, Felipe! ¿Tanto tiempo llevo ya entre ustedes, y todavía no me conoces? El que me ha visto a mí, ha visto al Padre. ¿Cómo puedes decirme: "Muéstranos al Padre"? ¿Acaso no crees que yo estoy en el Padre, y que el Padre está en mí?» (14:9-10).

Una vez más, en la sala del aposento alto, se quedaron pasmados en un silencio glacial. *¿Qué había dicho?* «Mírame, Felipe. Mírame a los ojos, mira mi rostro, mira mi vida. Mira todo lo que conoces de mí. Mírame, Felipe. *¡Estás viendo a Dios!*»

Once pares de ojos debieron clavarse en el rostro de Jesús como si lo vieran por primera vez. *¿Dios? ¿Aquí, a la mesa? ¿En esta sala? ¿Con nosotros? ¿Ahora?* Era prácticamente increíble. Antes de que pudieran formular más preguntas o plantear más dudas, Jesús les dio dos pruebas de su afirmación.

La prueba de sus palabras

La Palabra infalible de Dios es la manifestación externa de todo lo que Dios es, por lo que Jesús explicó: «Las palabras que les comunico, no las hablo como cosa mía, sino que es el Padre, que está en mí, el que realiza sus obras» (14:10). No existe otro Dios además del Dios de la creación. Él es el Dios de Abraham, de Isaac y de Jacob. Él es el Padre de Jesús de Nazaret. Él es Jesús, con túnica y sandalias, el que caminó por las playas de Galilea y por las calles de Jerusalén. El mismo que hoy vive.

Años después de aquella tarde inolvidable, Juan evocó la primera prueba de la identidad de Jesús y la usó como tema del magnífico prólogo del relato del evangelio que lleva su nombre. Retrocedió hasta antes del comienzo del tiempo y del espacio para proclamar: «En el principio ya existía el Verbo, y el verbo estaba con Dios, y el Verbo era Dios.... Y el Verbo se hizo hombre y habitó entre nosotros. Y hemos contemplado su gloria, la gloria que corresponde al Hijo unigénito del Padre, lleno de gracia y de verdad.... A Dios nadie lo ha visto nunca; el Hijo unigénito, que es Dios y vive en unión íntima con el Padre, nos lo ha dado a conocer»[49].

Poco tiempo después, un escritor anónimo transmitió esta misma verdad a los lectores judíos cuando reiteró con eterna elocuencia: «Dios, que muchas veces y de varias maneras habló a nuestros antepasados en otras épocas por medio de los profetas, en estos días finales nos ha hablado por medio de su Hijo. A éste lo designó heredero de todo, y por medio de él hizo el universo. El Hijo es el resplandor de la gloria de Dios, la fiel imagen de lo que él es»[50].

Felipe y los demás discípulos habían andado con Jesús durante tres años sin comprender plenamente esta verdad. ¿Cuánto tiempo hace que usted anda con Jesús? ¿Se crió en un hogar cristiano? ¿Asiste todos los domingos a la iglesia? Es más, quizá ni siquiera logra recordar un momento en el que no lo conocía ni lo había sentido nombrar. ¿Lo miraría Jesús con tristeza y le preguntaría con voz suave: «¿Tanto tiempo llevo ya contigo y todavía no me conoces?» como lo hizo con Felipe?

¿No sabe que Él es el Creador que se convirtió en su Salvador y murió en la cruz para ofrecer el único sacrificio que Dios acepta por nuestros pecados?[51]

¿No sabe que Jesús vive, con su cuerpo de hombre y que está en el cielo?[52]

¿No sabe que Él puede vivir en usted en la persona de su Espíritu?[53]

¿No sabe que Él ora en forma personal y particular por usted?[54]

¿No sabe que regresará en forma visible para reinar y gobernar sobre el planeta tierra?[55]

¿No es hora de que conozca a Jesús como quien es Él en realidad? Conocer a Jesús me da la seguridad de la promesa del cielo y la seguridad en el camino al cielo porque sus palabras y sus obras son prueba de que Él es quien dice ser.

La prueba de sus obras

Jesús insistió en darle a los discípulos el segundo aspecto de su prueba cuando los exhortó: «Créanme cuando les digo que yo estoy en el Padre y que el Padre está en mí; o al menos créanme por las obras mismas» (14:11). ¿Cómo pudieron los discípulos olvidar, o si no lo olvidaron, *cómo pudieron desestimar los milagros* que vieron de primera mano?

Él convirtió el agua en vino[56].

Él le restituyó la salud a un hombre que estuvo paralítico durante treinta y ocho años[57].

Él sanó al hijo de un funcionario sin siquiera ir a verlo[58].

Él alimentó a cinco mil personas hasta saciarlas con solamente cinco panes y dos peces[59].

Él caminó sobre la superficie del mar de Galilea[60].

Él le dio la vista a un hombre que nació ciego[61].

Él resucitó a Lázaro[62].

Y esos fueron tan solo los milagros que Juan pudo retener en la mente. ¡Hubo tantos otros! Los leprosos que limpió, el sordo que recobró la audición, el endemoniado que liberó... Seguro que los discípulos ya habían perdido la cuenta. La lista podría seguir y seguir...[63] ¿Cómo no iban a poder pensar que los milagros no podían ser otra cosa sino la *prueba* de que Jesús *era* Dios en medio de ellos? Y *si* Jesús era Dios en medio de ellos, podían tomarle la palabra. Deben haberse sentido como el que inesperadamente se gana un premio importante. Con la excepción de que no ganaron millones de pesos sino ¡el cielo! Porque Él dijo...

que el cielo era la casa de su Padre.

que Él iba a preparar el hogar para los discípulos.
que regresaría a buscarlos.
que los llevaría a vivir con Él para siempre.
que Él era el único camino al hogar.
que cuando miraban su rostro, estaban viendo el rostro de Dios.
que su Palabra era la Palabra de Dios.
Él lo dijo. *¡Él lo dijo!* ÉL LO DIJO... *¡el cielo existe!*

Podemos saberlo porque *¡Jesús lo dijo!* Tener su promesa es lo mismo que tener su respuesta.

EL TELÉFONO SONÓ mientras escribía este capítulo. Era Nancy Guthrie que me llamaba desde el hospital poco después del nacimiento de su hijito[64]. Como cualquier mamá de un recién nacido, describió lo bello que era su bebé. Luego, susurró con suavidad: «Tiene sus piececitos deformes...»[65]

Le pregunté a Nancy qué nombre habían elegido ella y David para aquel muchachito que estaría con ellos poco tiempo antes de que Jesús volviera a buscarlo para llevarlo a la casa del Padre. Dudó unos breves instantes y luego dijo: «Creo que lo llamaremos Gabriel. Es nuestro pequeño mensajero de Dios».

Incliné la cabeza y oré: «Gracias, amado Dios, por el mensaje de tu bondad, de tu fidelidad, de tu rectitud, de tu grandeza, de tu amorosa bondad *y tu esperanza.* Y gracias, amado Dios, por tu precioso y pequeño mensajero. Dale una voz bien fuerte para proclamar la gloria de quién eres».

Cuando corté la comunicación, me puse a llorar. Las lágrimas que me corrían por el rostro expresaban la oración silenciosa de mi corazón: *Gracias, Dios mío, por darme la esperanza del cielo en mi dolor. Gracias por darme MÁS de Jesús por medio del bendito dolor de Nancy y David Guthrie.*

7

MÁS *de* *su fruto en mi servicio*

Juan 15:1-8

HACE POCO, DANNY Y YO asistimos a un desayuno que se le ofreció a quinientos contribuyentes previo a una jornada de golf y tenis con el fin de recaudar fondos para una organización juvenil de nuestra localidad. El lugar estaba abierto y Danny me llevó hasta una mesa donde había dos asientos desocupados. Apenas me senté, un hombre que estaba en la otra punta de la mesa exclamó en voz bien alta sin dirigirse a nadie en particular: «Bueno... aquí tenemos a Anne Lotz, la cristiana más fructífera que conozco».

No hubo un: «Buenos días, es un gusto verla. ¿Cómo están sus hijos? ¿No le parece lindo este encuentro? ¿Va a jugar golf o tenis?». ¡Solo aquella extraña proclamación! El resto de los que estaban a la mesa, giraron para mirarme y, al ver mi disgusto, desviaron la vista de inmediato hacia otro lado. Sonreí, pero antes de que pudiera responder, el hombre continuó: «Díganos, Anne, ¿cómo lo hace? ¿Cómo hace para llevar tanto fruto?».

Me cuesta pensar rápido, en especial por la mañana y antes de haber tomado mi primera taza de café. Como parecía sincero, no lo rechacé de inmediato. En cambio, respondí con franqueza: «Jamás me había puesto a pensar en eso». Me miró con incredulidad, como si yo ocultara el secreto de cómo ser fructífera. Fue entonces cuando vino a mi mente el siguiente ejemplo que me ayudó a explicarle mi respuesta:

A Danny le encanta cuidar de las plantas, así que tenemos varios perales y manzanos en nuestro terreno. Jamás he visto que uno de estos árboles pase trabajo llevando frutos. No asistieron a clases ni a seminarios acerca de cómo llevar frutos ni tampoco leyeron libros de cómo ser fructíferos. Es más, creo que esos árboles jamás pensaron siquiera en ese tema. Ser fructíferos depende exclusivamente de Danny que se asegura de que reciben la insolación adecuada, el agua, los fertilizantes y la poda a su tiempo.

Del mismo modo, ¿por qué los cristianos corren de aquí para allá y miden la abundancia del fruto de uno y de otro, leen libros acerca de cómo fructificar, asisten a seminarios para aprender a llevar más fruto cuando en realidad no debería de ser esa su preocupación? Antes de que comience a cuestionarme, quiero aclararle que deseo de todo corazón llevar muchos frutos para la gloria de Dios. El fruto al que aspiro es el fruto de la rectitud, el fruto de ser como Cristo en mi propio carácter que experimento en el yunque de la experiencia cotidiana y el fruto de reproducir esa imagen de Cristo en la vida de los demás.

Sin embargo, el fruto en mi vida es asunto de Dios, no mío. Yo debo tratar de asegurar tres cosas: que como rama potencialmente capaz de llevar fruto esté conectada a la vid y que mantenga esa conexión limpia y libre de obstáculos; que esté dispuesta a ser cultivada por el labrador, que en esencia significa que me someto a la poda en mi vida; y que yo le comunico el deseo de mi corazón: *Dios mío, dame MÁS de tu fruto en mi servicio.*

FRUCTÍFERO POR ESTAR UNIDO

¿Se le hace el llevar fruto más complicado y difícil de lo que es? ¿Se ha agotado hasta sentirse desanimado por la falta de fruto en su servicio y se siente resentido por la abundancia de fruto de los demás? Entonces, tengo buenas noticias para usted. ¡Tranquilo! No solo está liberado de procurar con todas sus fuerzas llevar fruto, sino que está liberado de intentarlo. ¡Ese es el secreto!

Cuántas veces he escuchado cosas como estas: «Ascender... ser aceptado... avanzar... ser contratado... es en lo único que piensas.

Contactos. Necesitas contactarte con personas clave». En cuanto a llevar fruto, nada podría ser más acertado. Porque el llevar fruto se trata de a quién uno conoce. Tiene que ver con tener conexiones.

A sabiendas de cómo solemos complicar las cosas, aquel jueves en la noche en la sala del aposento alto, Jesús empleó un ejemplo conocido para enseñar a sus discípulos ese secreto. Me pregunto si miraría a través de la ventana. Como era la Pascua, seguramente había luna llena, lo que convertía la noche en una suave penumbra. Tal vez escuchó el murmullo de las aguas del arroyo de Cedrón. Desde el punto elevado en que se hallaba, quizá tenía una vista clara del monte de los Olivos que se recortaba contra el cielo nocturno. Sabía que pronto iría allí a orar; pero todavía no era el momento.

Tenía mucho que decirles a los discípulos antes de pasar un tiempo en privado luchando contra la voluntad del Padre en el Getsemaní. Mientras contemplaba la radiante belleza de Jerusalén de noche, ¿se habrán detenido sus ojos en las viñas que estaban en las afueras de la ciudad? O quizá Pedro acababa de servirse vino y salpicó un poco la mesa. ¿Acaso las oscuras gotas brillaron unos instantes a la luz de las teas antes de convertirse en manchas sobre la mesa? ¿Habrá sido eso lo que captó su atención? Tal vez solo fue un recuerdo que acudió a su mente de algo sumamente común a todos los que estaban a la mesa. Cualquiera que haya sido lo que dio pie a sus pensamientos, sabemos que comenzó a enseñar a los discípulos acerca del fruto en el servicio usando como ilustración la viña, la rama, el labrador y el fruto.

Por sencillo que parezca, el fruto se produce en la rama que está sujeta a la vid. Jesús dijo claramente a sus discípulos: «Yo soy la vid y ustedes son las ramas» (15:5). Así que no necesitamos adivinar cuál es nuestro lugar en este ejemplo. Para que una rama pueda llevar fruto, debe estar viva. Como no puede tener vida por sí sola, necesita estar orgánicamente sujeta a la vid de modo que la savia, o la vida, de la vid fluya desde el tronco hacia la rama.

Unidos biológicamente a la rama

Jesús enfatizó la necesidad de estar biológicamente unidos cuando les dijo a los discípulos: «Separados de mí no pueden ustedes hacer nada» (15:5). Aunque la rama sostiene el fruto, no lo produce. Así que el primer paso necesario para que usted y yo seamos fructíferos en el servicio es determinar nuestra relación personal con Jesucristo.

A menos que se haya acercado a la cruz por la fe, que haya confesado sus pecados, que haya pedido perdón y que le limpie, y que haya invitado a Jesús a su vida como su Salvador y Señor, será imposible que lleve fruto. Necesita nacer de nuevo[1] porque es a través del nuevo nacimiento que usted y yo estamos «unidos» a Cristo de modo que su «savia», su vida, fluya de Él hacia nosotros por medio de su Espíritu Santo.

Muchas personas tienen con Cristo una unión *tipo organización*. Pertenecen a una iglesia o a un grupo cristiano, asisten a estudios bíblicos y seminarios e incluso oran y proclaman ser una «rama». Sin embargo, no tienen «savia», no hay vida que de veras fluya en ellos por medio del Espíritu Santo. Son como el musgo que vive cerca del árbol, incluso apoyadas en el árbol, pero no pertenecen a él porque no hay una verdadera unión biológica.

¿Acaso su servicio carece del fruto genuino de vidas cambiadas? Para evitar la falta de fruto, ¿ha intentado tenerlo con todas sus fuerzas, ha orado más, ha reclamado un mayor territorio para el servicio y todo sin resultados? ¿Ha obtenido solamente frustración, errores, fatiga y preocupación? ¿Podría ser acaso que su esterilidad en el servicio se deba a que no está unido a la Vid? Si es eso, ¿no querría examinar su relación personal con Jesús?

¿Cuándo recibió el Espíritu Santo? Tenga en cuenta que recibir a Jesucristo es recibir el Espíritu Santo porque el Espíritu Santo es Jesús en usted. Y Él viene a su vida cuando voluntariamente la entrega a Cristo, cuando confiesa y se arrepiente de su pecado y le abre su corazón al Señor. Si no puede recordar un momento en el que haya tomado esta decisión consciente[2], entonces aunque tal vez se halle cerca de la Vid, no obtiene el nutriente vital por medio del Espíritu Santo[3].

Mientras Jesús enseñaba a sus discípulos, me pregunto si su corazón estaría angustiado al pensar en Judas. Judas, que en ese mismo momento lo estaba entregando a las autoridades, es el primer ejemplo de un musgo, una rama que estaba en una unión organizativa con la Vid pero no biológicamente unida. Judas era uno de los doce, el grupo de hombres más cercano a Jesús. Judas estaba identificado con Jesús y era llamado discípulo. El resto de los discípulos no tenía idea de que Judas era falso porque se parecía bastante a ellos. Pero Judas nunca le había entregado el corazón a Jesús. Daba la apariencia de ser una rama, pero no lo era. Jesús describió a Judas y a otros como él diciendo que eran «como las ramas que se recogen, se arrojan al fuego y se queman» (15:6)[4].

Cuando Jesús echó a Judas del aposento alto luego de darle el pan mojado en aceite, se pudo escuchar el chasquido de la herramienta de podar del labrador. Judas, como si fuera una rama muerta, fue cortado para darles a los discípulos más espacio y libertad para crecer y recibir la enseñanza del Señor Jesús que los prepararía para el fruto abundante que vendría como consecuencia de su servicio[5].

Hoy en día existen muchas iglesias llenas de ramas muertas, son aquellos que imitan, que se engañan a sí mismos o se hacen pasar por ramas verdaderas. Aquellos que son

buenos,

morales,

sinceros,

honestos,

cívicos,

filántropos,

religiosos,

activos

en la iglesia y tienen una reputación cristiana. No obstante, en cuanto aparece una crisis, o la luz de la verdad de Dios brilla frente a su vida, se marchitan.

Una iglesia del Nuevo Testamento que parecía tener más ramas muertas que vivas era la de Laodicea. Jesús reprendió a sus miembros por vanagloriarse: «"Soy rico; me he enriquecido y no me hace falta nada"; pero no te das cuenta de que el infeliz y miserable, el pobre, ciego y desnudo eres tú»[6]. Muchos miembros de aquella iglesia habían permitido que el orgullo los mantuviera alejados de la cruz. No habían nacido de nuevo. Pensaron que la salvación era para «ellos», para los que estaban fuera de la iglesia; no para «nosotros», los miembros de la iglesia.

¿Cómo podemos diferenciar una rama muerta de una viva? La diferencia radica en el fruto. Si bien Jesús nos advierte contra el juzgar a los demás, nos anima a ser «reconocedores de frutos»[7].

Fíjese en el fruto de un testimonio personal de confesión, arrepentimiento del pecado y salvación.

Fíjese en el fruto de una vida transformada y controlada por el Espíritu que se manifiesta en amor, alegría, paz, paciencia, amabilidad, bondad, fidelidad, humildad y dominio propio[8].

Fíjese en el fruto de hambre y sed por la Palabra de Dios que impulsa a que una persona la lea, la estudie, la aplique y la obedezca.

Fíjese en el fruto de la vida de otras personas que son transformadas como resultado del testimonio personal: matrimonios que se reconcilian, perdidos que se salvan, personas que manifiestan hambre de la Palabra de Dios y que pasan tiempo en oración.

Mientras lee esto, quizá esté pensando que *esto explica que este o el otro... ¡sean ramas muertas!* Todos necesitamos ser sumamente cuidadosos al determinar si la persona analizada es una rama viva o muerta. Tal vez, en vez de ser una rama muerta es un nuevo zarcillo o una rama que ha sido reinsertada. El Labrador es el único que lo sabe con certeza. De modo que ore si siente que su crecimiento como creyente se ve asfixiado o entorpecido por una rama muerta que no es más que una rama falsa. Pídale al Labrador que la quite y luego espere en Él que lo haga. Uno también puede preguntarse: Cuando los demás me observan, ¿piensan que soy un musgo? ¿Podría alguien estar orando para que yo sea podado porque entorpezco su crecimiento o asfixio su posibilidad de fructificar?

Una manera de asegurarnos de que no habrá errores en saber si estamos o no biológicamente unidos a la Vid es ser genuinamente fructíferos. Llevar frutos es inevitable cuando no solo estamos unidos biológicamente a la Vid sino cuando permanecemos en forma constante en la Vid.

Permanecer en forma constante en la Vid

Las ramas de la vid «permanecen» porque se mantienen conectadas a la vid. Lo hacen permanentemente. Siempre. Día tras día, semana tras semana, año tras año. Sencillamente se quedan en esa posición y permiten que la savia de la vid fluya con libertad a través de ellas. No requiere ningún esfuerzo de su parte. El fruto que surge de esas ramas es el que produce la savia que corre por ellas y es creadora de vida.

Permanecer en Cristo significa mantenerse conectado a Él de manera tan plena que la «savia» de su Espíritu fluye por cada parte del ser: la mente, las emociones, las palabras y los hechos. El «fruto» que uno lleva en realidad lo produce el Espíritu en nuestra vida sin que medie ningún esfuerzo consciente de nuestra parte. Si usted y yo deseamos ser fructíferos, no debemos concentrarnos en llevar fruto sino que debemos concentrarnos en nuestra relación personal con Jesucristo.

Me pregunto si los discípulos siguieron la mirada de Jesús que continuaba fija en las viñas de las colinas de Jerusalén, iluminadas por la luna. Si así fue, habrán podido ver los gruesos troncos de las vides que crecían, rematados por grandes nudos de los que salían las ramas que crecían dibujando caprichosas formas en sentido horizontal. Debió resultarle evidente a estos pescadores, curtidos por el mar, que era imposible que una rama llevara fruto a menos que estuviera directamente conectada con la vid. Sin embargo, los discípulos solían pasar por alto lo evidente, y eso puntualizó Jesús al ordenarles: «*Permanezcan* en mí, y yo *permaneceré* en ustedes. Así como ninguna rama puede dar fruto por sí misma, sino que tiene que *permanecer* en la vid, así tampoco ustedes pueden dar fruto si no permanecen en mí» (15:4)[9]. La rama *depende* total, absoluta y completamente de la Vid, no solo para dar fruto sino para tener vida.

Ya sea por orgullo, temor u otra razón, nosotros como ramas parecemos batallar con esto de ser completamente dependientes de la Vid. ¿Acaso en este mismo instante no se halla en desacuerdo con este concepto porque piensa que al menos hay algún fruto que usted puede producir por sí solo? Tiene una personalidad agradable, se esmera por ayudar a los demás, es cumplidor en su trabajo, trabaja como voluntario en la iglesia y tal vez hace muchas otras cosas maravillosas. Sin embargo, por más dignas de admiración que sean, no valen de nada ante Dios. Esas cosas no son «frutos» a su divino juicio y Él es el Inspector final de los frutos.

Estos once hombres que estaban sentados alrededor de la mesa de la cena con Jesús no fueron los únicos en dejar de ver en ocasiones lo evidente. Así que para su beneficio y para el mío, Jesús repitió: «Yo soy la vid y ustedes son las ramas. El que permanece en mí, como yo en él, dará mucho fruto; *separados de mí ustedes no pueden hacer nada*» (15:5)[10]. En vez de perder el tiempo luchando contra el orgullo que se niega a reconocer la imposibilidad de llevar fruto genuino, eterno y agradable a Dios, mejor sería que nos concentráramos en nuestra conexión con la Vid.

¿En qué aspectos de la vida actúa independientemente de la Vid? Por lo general puedo determinar estos aspectos controlando mi vida de oración. Los temas sobre los que no he orado, como

la gente y los problemas,
las relaciones y las responsabilidades,
las actividades y las actitudes,
la agenda y el estrés,
el entretenimiento y la gimnasia,
los placeres y los pasatiempos,
las decisiones y los sueños,
los deseos y las dietas,
y todas las cosas

son asuntos de mi vida en las que no dependo de Él. Si mi corazón clama más por su fruto, una de las metas de mi vida necesita ser más constante en mi dependencia. ¿Hará que también sea esta su meta? Examine su vida en este preciso momento de su existencia y someta a Jesús en oración todos y cada uno de los asuntos. Luego, siga con su vida, de día en día, dependiendo sistemáticamente de Él.

Nuestra «conexión» con la Vid es nuestra relación personal con Jesús. Permanecer en esa relación personal significa, entre otras cosas, que necesitamos dejar tiempo para Él. Con el único propósito de mantenerme conectada, pongo el reloj despertador setenta y cinco minutos antes de lo necesario. Cuando suena la alarma, dedico quince minutos a levantarme, lavarme la cara, cepillarme los dientes, preparar café, beber el café... Y luego, me dirijo a un lugar especial que ya está preparado con mi Biblia, un cuaderno para notas, meditaciones, bolígrafo, lápiz y papel[11]. Dedico luego los siguientes sesenta minutos a hablar con Él en oración, a escucharlo cuando leo su Palabra y por lo general disfruto de la bendición de estar con Él temprano por la mañana[12]. Intento aplicar a mi vida lo que Él dice por medio de su Palabra. Si es una promesa, la reclamo. Si es una orden, la obedezco. Si es una palabra de aliento, la recibo. Si es una advertencia, la tengo en cuenta.

Es la constancia en el tiempo que paso con Él, la constancia en mi obediencia a lo que Él dice, la constancia en mi dependencia de quien es Él lo que mantiene la conexión de esta «rama» a la Vid saludable y vigorosa.

No obstante, una rama saludable y vigorosa no necesariamente es una rama fructífera. Es posible que una rama tenga muchas hojas y ningún fruto.

Esa es la razón por la que necesitamos que nos cultiven.

EL FRUTO A TRAVÉS DE MI CULTIVO

El cultivo es necesario porque la abundancia del fruto está en proporción directa al «tamaño» de la conexión donde la rama se une a la vid. Cuanto más pequeña y estrecha sea la conexión, menos fruto da porque la cantidad de savia es escasa. Cuánto más grande y más ancha sea la conexión, mayor será el fruto porque la rama tiene una mayor capacidad de llenarse de savia. Para poder expandir la conexión, el labrador corta, poda y limpia las ramas para fortalecerla y para que pueda hacerse mas gruesa.

El cultivo por medio del corte

El fruto solo es abundante en los renuevos tiernos y jóvenes. A medida que la madera de la rama se vuelve vieja, tiende a ponerse dura. De modo que aunque una rama permanezca viva y conectada a la vid, puede volverse estéril. El labrador deja la rama conectada a la vid pero corta la parte vieja y dura, haciendo que crezca lo nuevo que es lo que llevará fruto en vez de más hojas y más madera. Es más, muchas veces Él corta la rama de forma drástica y queda solo la conexión a la Vid.

Jesús describió esta poda drástica en la vida del creyente cuando explicó que «toda rama que en mí no da fruto [el Labrador] la corta» (15:2). Hay ocasiones en que Dios corta todo de nuestra vida menos nuestra relación con Jesús. Nos obliga a prestar atención a nuestra relación con Él porque es todo lo que tenemos. En el proceso, nuestra «conexión» con la Vid se fortalece y se producen los frutos.

El firme chasquido de la tijera de podar del Labrador se puede escuchar cuando...

estamos confinados a un cuarto de hospital,
estamos postrados en una cama por la enfermedad,
nos despidieron de nuestro empleo,
nos echaron de la iglesia,
nos mudamos a un nuevo lugar, rodeados por extraños,
estamos solos en un nuevo empleo, rodeados de incrédulos.

¿Cuándo fue que lo cortaron hasta el «nudo»? ¿Cuál fue su respuesta al dolor del corte? ¿Se siente desanimado o deprimido por el corte? ¿Está enojado o resentido porque cambiaron las circunstancias? ¿Se siente amargado hacia las «tijeras» que usó el Labrador para conseguir su propósito? ¿Está celoso al contemplar otras ramas que lo rodean cargadas de frutos y las compara con su vida que ha sido podada tan drásticamente?

El doctor Alan Redpath fue un renombrado maestro y predicador de la Biblia en Gran Bretaña. Durante años pastoreó la gran Iglesia Bíblica de Moody en el centro de Chicago. En la cumbre de su ministerio, la iglesia crecía en gran manera mientras se producían muchísimas oportunidades para predicar y escribir a nivel nacional. Un día, el doctor Redpath estaba en su oficina cuando de pronto se cayó al piso, imposibilitado de hablar o de moverse. Cuando su hija lo encontró lo trasladaron inmediatamente al hospital donde determinaron que se trataba de un ataque cerebral. Durante tres meses estuvo completamente incapacitado, sin poder moverse. No podía levantar la cabeza, ni abrir la boca, ni mover los pies ni alzar una mano.

Sin embargo, la mente estaba intacta y activa. Con ella bombardeó incesantemente las puertas del cielo con oraciones pidiendo victoria sobre este ataque, pues creía que el diablo lo había enviado para detener su ministerio. Día tras día le preguntaba a Dios por qué tenía que estar en ese estado casi vegetativo. Se fue sintiendo cada vez más abatido y deprimido.

Un día en que estaba recostado en la cama, alzó la vista y vio que su Biblia estaba sobre la mesita de noche. Estaba abierta y sus ojos leyeron el Salmo 39:10: «Quita de sobre mí tu plaga; estoy consumido bajo los golpes de tu mano»[13]. Súbitamente descubrió que ese ataque se lo había enviado Dios. Al mismo tiempo, se dio cuenta del motivo: él había permitido que la vorágine del *trabajo para Dios* ocupara un lugar de mayor importancia que su *adoración a Dios.* Él había concentrado todo su tiempo, su atención y su esfuerzo en tratar de llevar lo que él creyó que era fruto, mientras dejaba de lado su relación personal con Cristo. Como resultado de ello, mientras su vida estaba sumamente ocupada y activa, no estaba siendo fructífera desde la perspectiva de Dios de modo que no era aceptable para Él. De inmediato, el doctor Redpath se arrepintió de su pecado. Prácticamente en ese mismo instante, descubrió que podía moverse y hablar. ¡Había recobrado la salud!

El médico declaró que se trataba de un milagro, ¡y eso fue! El médico también le dijo al doctor Redpath que debía disminuir sus actividades y que no debía volver a predicar. El doctor Redpath solo sonrió. Cuando le escuché contar esta historia, trece años después del ataque, estaba predicando. Sin embargo, nunca más permitió que su relación personal con Cristo ocupara el segundo lugar en su vida.

El doctor Redpath había sido podado hasta el nudo, para que pudiera ser todavía más fructífero. Siguió pastoreando la iglesia, escribiendo libros excepcionales y teniendo una abultada agenda de compromisos para predicar en conferencias. Dios lo usó en mi propia vida para enseñarme muchas cosas acerca de la madurez espiritual.

Y una de las cosas que me enseñó fue cómo responder al chasquido de las tijeras del Labrador.

Usted y yo podemos confiar en que el Labrador utilizará las tijeras en nuestra vida de manera diestra, personal, amorosa y efectiva. Isaías describió la suave destreza de su mano cuando reveló: «No acabará de romper la caña quebrada, ni apagará la mecha que apenas arde»[14]. En otras palabras, Dios no cortará tan atrás que le quite la posibilidad de crecer, ni lo sofocará al punto de que pueda darse por vencido. Por eso, confíe en Él. Él ha estado podando durante años y sabe lo que hace.

El cultivo por medio de la poda

Mientras cortar es algo drástico y sirve para estimular el crecimiento, la poda tiene el principal propósito de controlar y darle forma a la planta. Favorece la fructificación porque concentra la energía de la vid en las partes fructíferas de la rama. El Labrador poda incluso la rama que da fruto, según Jesús mismo lo describe: «Toda rama que da fruto la poda para que dé más fruto todavía» (15:2)[15].

El *chac, chac, chac* de las tijeras del Labrador se ha convertido en un sonido habitual en mi vida.

Cuando oro pidiendo paciencia y Dios me envía a una persona demandante... *chac*[16].

Cuando oro pidiendo obediencia y Dios me envía sufrimiento... *chac, chac*[17].

Cuando oro pidiendo fortaleza y recibo una fecha para operarme... *chac*[18].

Cuando oro pidiendo humildad y me acusan falsamente... *chac, chac*[19].

Cuando oro pidiendo fe y le diagnostican cáncer a mi hijo... *chac*[20].

Cuando oro pidiendo amor y este desaparece de mi matrimonio... *chac, chac*[21].

Me pregunto cuánto más fruto podría producir si me sometiera plenamente al *chac* de las tijeras del Labrador. ¿Y usted? ¿Se resiste a la poda del Labrador? ¿Acaso se aleja temeroso de su divina poda amorosa y de su sabio control de su crecimiento? Entonces piense en esto con sumo cuidado. Su propósito y el mío es glorificar a Dios. Jesús reiteró este propósito al concluir su exhortación a los discípulos a ser fructíferos en el servicio: «Mi Padre es glorificado cuando ustedes dan mucho fruto y muestran así que son mis discípulos» (15:8).

Usted no podrá llevar mucho fruto mientras no se someta al corte y a la poda del Labrador. De ahí que, cuando uno se resiste a los cuidados del Labrador, está negándose a glorificar a Dios y, por lo tanto, malogra el verdadero propósito de su existencia. Solemne pensamiento, ¿no cree?

En lugar de resistirse al corte y a la poda, ¿no preferiría darle las gracias porque se interesa tanto en usted que dedica tiempo a cultivar su vida para convertirla en una vida que glorifica a Dios? El cultivo denota la destreza, el tiempo y el interés del labrador. Cuando nos cultivan es porque somos discípulos auténticos.

Cuando observo que mi terreno de hectárea y media está lleno de maleza, hiedra venenosa y zarzas de tal manera que el patio de ladrillos prácticamente no se puede ver debido a los yuyos que crecen por entre las rajaduras, los rosales que se elevan más de dos metros, sin pimpollos y muchas manchas negras en las hojas, estoy ante un terreno que nadie se ha tomado el tiempo de trabajarlo y ni siquiera para pensar en él. Resulta evidente a cualquiera que lo vea que mi esposo y yo estamos muy ocupados en otras cosas.

En absoluto contraste con mi terreno está el de una amiga que hace poco me invitó a que viera cómo había redecorado la sala. En cuanto llegué a su casa y me bajé del automóvil, quedé impactada por una vista digna de cualquier revista de jardinería. El césped era una suave alfombra verde, los arbustos que bordeaban el sendero estaban llenos de pimpollos multicolores, los senderos estaban impecables, sin yuyos que aparecieran por entre las hendijas, la hiedra estaba perfectamente recortada así también como los arbustos. En cualquier dirección que dirigiera la vista, era como ver un cuadro o una postal en vivo y en directo. Toda la escena demostraba que se había dedicado tiempo, atención, habilidad y cuidados amorosos.

Mientras observaba la belleza de ese lugar, no pude menos que preguntarme si cuando las personas observan el jardín de mi vida, este se parece en algo al terreno bella, cuidadosa y amorosamente cuidado de mi amiga o más bien a la selva llena de malezas que tengo en mi casa.

Entonces me puse a pensar en el Labrador cuyo corte y poda podrán ser dolorosos y desagradables pero cuyos resultados son agradables al ojo del dueño y le traen gloria a Él. Puedo pensar que quiero que me dejen tranquila, que no quiero sufrir más, que quiero vivir una vida con salud, dinero, próspera y sin problemas, pero ¿deseo de veras que mi vida espiritual se vea como mi terreno? Si deseo una vida espiritual que dé evidencia del verdadero discipulado, tengo que someterme al corte, la poda y la limpieza del Labrador.

El cultivo por medio de la limpieza

Existe una «plaga interna» importante que ataca las ramas de la Vid y que si no se trata concienzudamente, destruye la posibilidad de dar fruto. Esa «plaga» es el pecado. El pecado obstruye e impide que la «savia» del Espíritu Santo fluya con libertad en nuestra vida. Y como el Espíritu Santo es el que produce el fruto que llevamos, cualquier cosa que lo entristezca o lo apague afecta nuestra capacidad de fructificar. Jesús señaló la necesidad de confrontar el pecado en nuestra vida cuando confirmó: «Ustedes ya están limpios por la palabra que les he comunicado» (15:3). Los discípulos ya estaban limpios porque habían depositado su fe en Él y le habían entregado su corazón[22]. Siguieron el proceso de limpieza al escuchar su Palabra, aplicarla y obedecerla.

De igual manera, nosotros quedamos limpios cuando depositamos nuestra fe en Jesucristo como nuestro Salvador que murió en la cruz para cargar con nuestros pecados, y luego le entregamos toda nuestra vida. Continuamos recibiendo limpieza cuando todos los días vivimos de acuerdo a su Palabra, cuando la leemos, nos la aplicamos y la obedecemos. Cuando pecamos, regresamos a la cruz por la fe, nos confesamos y pedimos que nos limpie, no para obtener la salvación y perdón porque en ese sentido ya estamos limpios. Regresamos a la cruz para obtener una limpieza que nos permita permanecer en comunión con Cristo y que se mantenga el flujo del Espíritu Santo en nuestra vida.

Junto al camino que lleva a la casa de mis padres en las montañas occidentales de Carolina del Norte hay un manantial. El agua brota de la tierra y fluye por el camino de modo que la zona está siempre húmeda. En invierno, cuando la temperatura desciende por debajo del nivel de congelación, el agua del manantial se convierte en una delgada capa de hielo que es muy peligrosa para los conductores. De manera que mi madre colocó un viejo recipiente de madera junto al camino y tendió un caño en el sitio de la montaña donde se halla el manantial. El agua que fluye, corre por el caño y llena el recipiente con rapidez. Cuando el recipiente rebalsa, el agua se canaliza por una zanja paralela al camino de modo que el peligro del hielo sobre la calzada quedó eliminado.

Mi madre colocó una tacita al lado del caño y muchas veces al recorrer caminando esos tres kilómetros, me detengo a tomar un trago del agua fresca del manantial. A veces, al acercarme al recipiente, veo que está solo hasta la mitad de agua estancada. Eso significa que algo bloquea la tubería. Entonces mi madre pasa un palo por dentro del caño para eliminar la obstrucción. A veces ha sido una salamandra, una piedrecita o una hoja seca. Una vez que se ha quitado lo que producía la obstrucción, el agua vuelve a fluir libremente y cae otra vez en el recipiente.

Al igual que el agua del manantial, cuando el Espíritu Santo viene a nuestra vida, nos llena de su presencia. Lo único que restringe su llenura es nuestro pecado. Puede ser una pequeña y escurridiza salamandra de celos, odio, egoísmo, preocupación o lujuria; algo sucio y desagradable. Puede ser una piedrecita de duda, de orgullo, de amargura o de falta de perdón; algo duro. Puede ser también la hoja seca de un recuerdo, un error o algún hábito que es desagradable para Dios; algo flexible y acomodaticio que es difícil de definir. Sin que importe lo que pueda ser, hay que sacarlo por medio de la confesión para que, una vez limpio, el Agua vuelva a fluir y se pueda producir fruto.

¿Qué pecado está evitando que el Espíritu Santo llene su vida? Ambos recibimos la orden de «ser llenos del Espíritu», lo que significa que tenemos que rendir cuentas con frecuencia al Señor en cuanto a nuestros pecados[23]. Todos los días acuda a la cruz en oración y confiese en forma específica el pecado que sabe que ha cometido en ese día[24]. Pídale a Dios que lo limpie para que pueda llevar mucho fruto.

Tal vez usted piense: «Anne, es muy complicado... Además, el pecado que hay en mi vida es tan pequeño que no importa. Y hay uno en particular que jamás podré dejar porque lo disfruto». O quizá piense: «Es algo que está profundamente arraigado»; o «No lo considero un pecado; así me criaron». Cualquiera que sea la excusa que presente para no confesar su pecado y, por ende, que el Señor no pueda limpiarle... ¿vale la pena? Si se aferra al pecado, pierde en cuanto a llevar fruto. Tenga cuidado. Puede estarse exponiendo a que le poden hasta el «nudo», ¿recuerda? En su caso, las palabras de Jesús suenan como algo más que una advertencia: «Toda rama que en mí no da fruto, la corta» (15:2). Así que, por favor, por su propio bien, confiese su pecado y dele al Espíritu Santo la libertad de llenar su vida con su Persona y luego pídale que lo haga dar fruto.

Fructífero por medio de mi comunicación

Mientras Jesús seguía enseñando a los discípulos, la oscuridad vespertina inundó la sala del aposento alto. Cuando la suave brisa sopló desde el fondo del valle, la luz de las velas sobre la mesa y las teas en las paredes titilaron proyectando sombras danzantes en el rostro de los discípulos. Mirando al futuro, Jesús debe de haber estado bien consciente de todo lo que se les demandaría a los discípulos en su nombre.

Ellos tendrían la responsabilidad de llevar el mensaje de perdón, salvación y vida eterna por medio de la fe en Él a todo el mundo conocido. Aquellos hombres rudos, sin educación, serían los escritores de la Palabra de su Padre según está registrada en el Nuevo Testamento. Fundarían la iglesia, que funcionaría como el Cuerpo de Cristo sobre la tierra durante miles de años hasta el regreso de Cristo. Llevarían *muchísimo* fruto eterno para la gloria de su Padre. Sin embargo, tendrían que pedirlo. Así que Él continuó...

Pedir fruto es importante de la comunicación con Dios en oración. Como en toda comunicación efectiva, la oración debe ser en dos sentidos. Por un lado, pedimos y por el otro escuchamos. En otras palabras, la oración es una conversación. Hablamos con Dios por medio de la oración y luego escuchamos con atención cuando Él nos habla por medio de su Palabra. La comunicación efectiva que brinda resultados siempre tiene que ver con la Biblia, y eso es algo que Jesús enfatizó al explicar: «Si permanecen en mí y mis palabras permanecen en ustedes, pidan lo que quieran, y se les concederá» (15:7). ¿Cuáles son sus deseos? ¿Acaso desea...

un cónyuge?
un hijo?
un automóvil?
una casa?
buena salud?
más dinero?
más amigos?
un mejor empleo?
una vida más larga?
fama?
popularidad?

¿Cree que la promesa que Jesús dio a los discípulos equivalía a entregarles un Genio Divino dentro de una botella, y que si ellos frotaban la botella con la fe suficiente, el genio saldría y les concedería sus «deseos»? Por ridículo que parezca, esta es la perspectiva que algunos tienen de la oración. Y cuando el genio no sale de la botella, se ofenden y se enojan contra Dios porque no está disponible cuando lo llaman.

Uno de los requisitos más importantes para recibir respuesta a la oración es que nuestro pedido esté en concordancia con la voluntad de Dios. Y la única manera de conocer la voluntad de Dios es permanecer sistemáticamente en la Palabra de Dios. En vez de basar nuestras oraciones en «Espero que...», nuestras oraciones se basan en «Dios dice...». Y si nos saturamos de su Palabra, sus deseos serán los nuestros y luego se convertirán en la oración de nuestro corazón.

Hoy en día muchas personas oran de acuerdo a la Palabra de Dios haciendo referencia a un hombre llamado Jabes. Hasta hace poco, Jabes era un nombre poco conocido de los profundos recovecos de una genealogía del libro de 1 Crónicas en el Antiguo Testamento. Sin embargo, debido al librito mencionado con anterioridad que ascendió para ocupar los primeros puestos entre los libros de más venta, ha pasado a ser un nombre muy conocido. La razón de su fama tres mil años después de su muerte es esa breve oración que figura en el relato bíblico.

Esta es la oración de Jabes: «Bendíceme y ensancha mi territorio; ayúdame y líbrame del mal, para que no padezca aflicción»[25]. En esencia, estaba pidiendo con ansias: «Dios mío, te ruego que me des MÁS de tu fruto en mi servicio».

Casi tan famosa como la oración de Jabes es la controversia que se levantó. Se escribieron editoriales en periódicos seculares y cristianos que condenan el egoísmo de las personas que claman por una mayor bendición divina. Sin embargo, nadie puede negar que Jabes hizo esa sencilla oración: está en la Biblia. Tampoco nadie puede negar que Dios respondió a la oración de Jabes en ese momento, porque el relato bíblico lo confirma: «Y Dios le concedió su petición». ¿Y quién puede negar que la bendición de Dios se sigue derramando en la vida de millones de personas que toman las palabras de esa oración como propias en un intento por alcanzar una vida más bendecida?

Alguien dijo: «Bendito es el que no pide nada; jamás será defraudado». Quienes no creen que debemos pedir más bendiciones, no las pidan. Al resto de nosotros, Jesús nos anima a pedir una bendición en forma de más fruto: «Si permanecen en mí y mis palabras permanecen en ustedes, pidan lo que quieran, y se les concederá» (15:7).

¿Cuándo le ha pedido a Dios que lo haga más semejante a la imagen de su amado Hijo?

¿Cuándo le ha pedido a Dios que lo use para hacer que los demás deseen conocerlo más a Él?

¿Cuándo le ha pedido a Dios que le brinde oportunidades de presentar el evangelio?

¿Cuándo le ha pedido a Dios que le dé el fruto de vidas cambiadas?

¿Cuándo le ha pedido a Dios que atraiga a otros a Él por medio de su estudio bíblico?

¿Cuándo le ha pedido a Dios que le dé una persona a quien poder hablarle de su divino amor en este día?

En «La oración de Jabes», el autor exhorta al lector a «convertir la oración de Jabes en una parte bendecida de la estructura diaria de su vida»[26]. Luego explica que «lo que usted sabe acerca de esta oración o de cualquier otra no le dará nada ... Solo lo que usted crea que va a suceder y lo que haga luego es lo que hará que Dios libere algo de su poder en usted y produzca un cambio en su vida». Luego, el autor pone su vida y su experiencia como ejemplo vivo, lo que en sí es algo que glorifica a Dios y bendice al lector.

Me gustaría añadir de mi propia experiencia que Dios me ha bendecido y ha expandido mi territorio mucho más allá de lo que se me hubiera ocurrido pedir. Como el autor del libro, el doctor Wilkinson, yo también descubrí la oración de Jabes hace algunos años y la oré, en particular en lo que se relaciona con mi servicio a Dios. Y Dios me lo concedió.

Pero Jesús dijo, en una sala del aposento alto de algún lugar de Jerusalén la noche que fue traicionado,...

Pero Jesús dijo, mientras preparaba a los discípulos para el servicio y la bendición que literalmente pondría al mundo de cabeza...

Pero Jesús dijo, sabiendo que el deseo del Padre era darle a los discípulos un territorio ensanchado que abarcaría todo el planeta por al menos dos mil años y más allá hasta la eternidad...

PERO JESÚS DIJO: «Yo soy la vid verdadera, y mi Padre es el labrador. Toda rama que en mí no da fruto, la corta; pero toda rama que da fruto la poda para que dé más fruto todavía. ... Permanezcan en mí, y yo permaneceré en ustedes. Así como ninguna rama puede dar fruto por sí misma, sino que tiene que permanecer en la vid, así tampoco ustedes pueden dar fruto si no permanecen en mí» (15:1-2,4-5).

Más bendición y MÁS fruto requieren una conexión con la Vid con la que se está biológicamente unido y en la que se permanece constantemente.

Más bendición y MÁS fruto requieren el cultivo del Labrador que corta, poda y limpia.

Más bendición y MÁS fruto requieren de la comunicación directa y sencilla cuando le pido con humildad: *Dios mío, te ruego que me des MÁS fruto en mi servicio.*

MI PADRE ESTABA SENTADO al otro lado de la mesa en la cocina de su casa que está en las montañas occidentales de Carolina del Norte. Vestía un pulóver amarillo de suave cachemira y unos pantalones sueltos de mezclilla prelavada. Jugueteaba con el bastón que tenía cruzado sobre las piernas mientras me miraba con sus penetrantes ojos azules. Me preguntó: «Anne, ¿qué crees tú que es el avivamiento? Es decir, ¿cuál crees que sea la evidencia de que este se produce en el predio donde se desarrollan los encuentros?».

Sabiendo del conocimiento profundo que mi padre tiene de historia, y en particular de la historia de la iglesia, hice una pausa antes de responder.

Mientras permanecí en silencio, volvió a hablar: «Anne, ¿no crees que quizá ya está sucediendo? Fíjate en lo que ocurre en tu ciudad como resultado de la enseñanza que has dado durante años. Miles de personas estudian las Escrituras por sí mismas, miles de personas asisten a estudios bíblicos y a grupos de oración. ¿Qué otra cosa más que eso podría ser un avivamiento?».

Y luego lo supe. El avivamiento es MÁS.

Más personas que se arrepienten profunda y sinceramente de su pecado.

Más personas que se ponen a cuenta con Dios de una manera personal y permanente.

Más personas que hablan del evangelio con audacia y fidelidad.

Más personas que reciben a Jesús.

Más personas que reflejan a Jesús.

Más personas que sirven a Jesús.

El avivamiento es ¡MÁS de Jesús!

Cuando me fui a dormir aquella noche, mientras escuchaba el coro nocturno de los saltamontes que hacía eco entre las montañas allá afuera, supe también que si el avivamiento llegaba al predio durante nuestros encuentros, sería exclusivamente algo de parte de Dios, porque «separados de mí no pueden ustedes hacer nada». No obstante, sabía que ese «MÁS» que le pedía a Dios que me diera solo sería posible si yo, personalmente, estaba conectada a la Vid, si el Labrador me cultivaba y yo le comunicaba mi deseo de más en oración. Así que en la oscuridad de aquel cuarto donde crecí, *oré...*

8

MÁS *de* *su amor en mi hogar*

Juan 15:9-17

ÉL ERA ALTO, de hombros anchos, ojos claros, sociable y tan buen mozo que en la calle todas se daban vuelta para mirarlo. Cuando prestaba atención a alguien, las jovencitas se mareaban y las mayorcitas soñaban despiertas.

Ella era pequeña, segura de sí y hermosa, con una sonrisa capaz de iluminar el cuarto más sombrío. Debido a un pasado doloroso, había cerrado su corazón a las relaciones románticas... hasta que lo conoció a él. Ocho meses después de la primera cita, se casaron.

El matrimonio comenzó a disolverse apenas terminaron de ponerse los anillos. Sin siquiera revelar el menor detalle a los encantados familiares y amigos que los acompañaban, las ácidas discusiones que se convertirían en la característica de sus relaciones comenzaron en la misma fiesta de bodas. La luna de miel se terminó antes de comenzar. ¡Eran total y absolutamente incompatibles!

Cuatro años de heridas a causa de las peleas no disminuyeron su fidelidad a los votos matrimoniales. Sin embargo, las heridas se convirtieron en cicatrices que dejaron profundas huellas en su corazón. Al abrazar a la joven bañada en lágrimas y al notar los profundos surcos de dolor alrededor de los ojos y de la boca del muchacho, oré: *Jesús, necesitan MÁS de tu amor en su hogar.*

Lo que sigue es lo que quise expresarles a ellos entonces... y a usted ahora.

MÁS AMOR POR ÉL

Mi esposo y yo celebramos treinta y siete años de casados el pasado mes de septiembre. Nuestras relaciones, que se habían iniciado con tanto amor y pasión, se fueron deteriorando con el tiempo hasta que el amor por mi esposo se esfumó. En respuesta a las oraciones persistentes y desesperadas, Dios en su infinita gracia y misericordia me dio la clave para amar a mi esposo cuando el amor ya se había ido. Ahora puedo decir con toda sinceridad que nuestras relaciones están nuevamente saturadas de amor. La clave es algo tan sencillo que no sé cómo pude haberlo pasado por alto. La clave que Dios me dio en una particularmente sombría y emotiva mañana fue: *El amor por mi esposo es fruto de mi relación con la Vid.*

En el breve tiempo restante en aquella sala del aposento alto ese jueves por la noche, luego de la última cena, antes de ir a la cruz para luego levantarse victorioso de la tumba, Jesús siguió derramando de su ser en sus discípulos. Continuando con la ilustración de la viña que les era conocida, se concentró en la relación entre ellos, y les dio la misma clave que yo recibí muchos años después.

Mientras los discípulos se limpiaban la boca, apartaban los recipientes y platos y se colocaban en una posición más cómoda alrededor de la mesa, me pregunto si los ojos del Señor recorrerían la escena que tenían delante deteniéndose en los jóvenes y curtidos rostros de sus seguidores:

la impetuosa y compulsiva arrogancia de Pedro,
la calmada y contemplativa sensibilidad de Juan,
la inquisitiva y a veces cínica manera reservada de Tomás,
la postura metódica y analítica de Mateo,
el pragmático y solidario ánimo de Andrés,
el ardiente celo de Santiago...

uno a uno, ¿recorrería con su mirada el rostro de sus amados discípulos, a sabiendas de que pronto estaría despidiéndose de ellos? Cuando los dejara sin su presencia visible, solamente se tendrían el uno al otro. De pronto, un enorme problema se les haría evidente, porque era notorio que eran *incompatibles de manera total e irreconciliable.* ¿Cómo iba a ser posible que aquella colección heterogénea de personalidades contradictorias pudiera unirse en forma amorosa y poderosa para que Él pudiera usarlos en el establecimiento de su iglesia y cambiar al mundo? Había una manera... ¡una única manera! Por eso Él se dispuso a darles la clave para amar a aquellos que eran completamente incompatibles entre sí.

¿Se recuerda ahora de alguien con quien, aun ahora, es totalmente incompatible?

¿Es alguien con quien vive, digamos uno de sus padres,
o hermano,
o cónyuge,
o compañero de cuarto,
o hijo?

¿Es alguien con quien trabaja, digamos una secretaria,
o un supervisor,
o un empleado,
o un entrenador,
o un maestro?

¿Es alguien junto a quien tiene que estar, como un compañero de equipo,
o un compañero de trabajo,
o un miembro del comité,
o un vecino,
o un propietario?

¿Ha sentido que la incompatibilidad es suficiente motivo para romper esa relación? ¿O por lo menos para evitarla a toda costa? Sin embargo, hay ocasiones en que no tenemos más opción que vivir, trabajar o estar con alguien que contradice completamente nuestra personalidad y nuestra naturaleza. En esos casos, la relación puede tornarse tan tensa que incluso podemos llegar a considerar un enemigo a esa persona con quien somos incompatibles. Sin embargo, hay una manera...

Jesús hizo que los discípulos se concentraran en su divina manera de tratar con la incompatibilidad al darles la misma clave que me dio a mí hace unos años. Es la clave que nos permite no solo amar a nuestro cónyuge sino a cualquier persona con quien somos incompatibles... en especial dentro del hogar. La clave es hacer que la relación con Jesús sea la prioridad de nuestra vida. Jesús les recordó a los discípulos: «Así como el Padre me ha amado a mí, también yo los he amado a ustedes. Permanezcan en mi amor» (15:9).

El amor expresado en la permanencia

El primer secreto para amar a los demás es tener una relación amorosa plena con Dios el Padre, Dios el Hijo y Dios el Espíritu Santo, y permanecer allí.

Jamás alcanzaré a comprender la maravilla de que Dios el Padre y Dios el Hijo no tienen

un parentesco laboral
ni son socios en los negocios
ni tienen una amistad como de hermanos
ni competencia entre dictadores
ni un compañerismo obligado
ni una tutela impuesta
sino *una relación de amor*

que ha existido ¡desde antes que existiera el tiempo y el espacio! Usted y yo ingresamos en esa esfera eterna de amor incondicional cuando permanecemos en Cristo.

¿Sabía que somos los muy amados de Dios? ¿Por qué nos amará así? Tal vez sea porque cuando uno permanece en Cristo, está tan saturado de Jesús que cuando Dios nos mira, ve a su propio Hijo precioso y por eso nos envuelve en su amor gracias a Jesús.

Mientras usted y yo nos desarrollamos y crecemos en esta relación de amor que tenemos con Dios y permanecemos en Él por medio de la oración significativa y la lectura de la Biblia, y llegamos a conocerlo más y más al vivir lo que decimos creer, Él nos llena de su divina presencia. Y «Dios es amor»[1]. A medida que nos llenamos de Dios, también nos llenamos de su amor, no solo hacia Él sino también hacia los demás, lo que incluye a nuestro cónyuge y personas incompatibles con quienes estamos luchando. Dios nos ha prometido derramar «su amor en nuestro corazón por el Espíritu Santo que nos ha dado»[2].

¿Estaría dispuesto a analizar el tiempo que dedica a desarrollar su relación con Dios? ¿Es suficiente el tiempo que ha destinado para que el fruto de esa relación fluya hacia otros planos de su vida?

Como había problemas entre mi esposo y yo, durante meses me concentré en nuestras relaciones. Sentía como si siempre estuviera «caminando sobre huevos» al tratar de medir mis palabras, de decir algo que no hiciera daño, de hacer lo correcto y no algo equivocado, de ver, sentir y actuar como se debe. ¡Qué libertad y alivio sentí cuando Dios me mostró amablemente que estaba equivocada en mi manera de proceder y que mis esfuerzos eran en vano! ¡No debía concentrarme en mi relación con mi esposo sino en mi relación con Él!

El amor que se expresa en la obediencia

Los discípulos permanecieron con la mirada fija mientras Jesús describía la íntima relación que tenía con el Padre. Seguramente algunos asintieron con la cabeza. ¡Sí, claro! Ellos podrían amarlo a Él y amar al Padre, y sería un placer supremo permanecer en esa posición privilegiada. Quizá algunos se sentaron más derechos o alzaron un poco la barbilla con un creciente engreimiento.

Me pregunto si la mirada de Jesús se intensificó un poquito al llevarlos más allá en su línea de pensamiento: «Si obedecen mis s mandamientos, permanecerán en mi amor, así como yo he obedecido los mandamientos de mi Padre y permanezco en su amor» (15:10). En otras palabras, amar a Jesús y al Padre no es un simple sentimiento cálido, agradable, cariñoso y seguro (aunque lo es en realidad). Es más que todo eso: amarlo es obedecerlo. Así de sencillo.

¿Conoce a alguien que afirma amar a Dios pero desobedece su orden de amar a su único Hijo, Jesucristo?[3]

¿Conoce a alguien que afirma amar a Dios pero desobedece su orden de amar a los demás cuando son personas de otra raza, cultura, nacionalidad, estrato social, sexo, denominación o religión?[4]

¿Conoce a alguien que afirma amar a Dios pero desobedece su orden de amar a su hermano, con quien es incompatible?[5]

¿Conoce a alguien que afirma amar a Dios pero desobedece su orden de apartarse de:

las preocupaciones mundanas que no le dejan tiempo para pensar en Dios,

las prioridades mundanas que no le dejan tiempo para servir a Dios,

los placeres mundanos que no dejan emociones para Dios,

los tiempos mundanos que lo mantienen tan ocupado que no le dejan tiempo para meditar en oración y leer la Palabra?[6]

Podemos decir que amamos a Dios pero esas palabras son como «un metal que resuena o un platillo que hace ruido»[7], algo vacío y carente de significado a menos que estén seguidas por obediencia a su mandato.

Uno de mis relatos preferidos es el del muchacho que adoraba a su madre. La amaba tanto que deseaba decírselo pero no hallaba las palabras exactas para expresarlo. Solía mirarla con los ojos grandes y llenos de emoción; pero en cuanto ella le preguntaba qué estaba pensando, miraba hacia otro lado y decía en voz baja: «Nada».

Un día, el muchachito entró a la cocina mientras la mamá hablaba por teléfono y le comentaba a una amiga cuánto le gustaría ver la sala pintada. El niño abrió los ojos bien grandes y una enorme sonrisa se dibujó en su rostro. Esa misma tarde, mientras la madre salía a hacer unas compras, él se puso manos a la obra. Cuando escuchó pasos que indicaban que la mamá estaba de regreso, corrió a la puerta de entrada y la saludó con gran entusiasmo: «Mami, mami... ¡Ven a ver lo que hice para ti! Te amo tanto y deseaba expresártelo, pero no sabía cómo... por eso hice algo para demostrarte cuánto te amo».

Con ojos relampagueantes y un rostro radiante, la tomó de la mano y la llevó hasta la sala. Ella permaneció en la puerta observando la pintura roja que chorreaba por las paredes, pintura roja que manchaba la alfombra, pintura roja encima de los muebles... Aquella mamá no estaba complacida... ¡Estaba horrorizada! La demostración de amor del jovencito no le demostraba para nada lo que él sentía, porque lo que había hecho no era lo que ella tenía en mente, no era la manera en que lo deseaba y no era el momento en que lo deseaba.

¿Es una sala pintada de rojo lo que le está ofreciendo al Señor? Usted afirma amar a Dios y hace cosas para demostrárselo; pero ¿son las cosas que Él desea? En vez de agradar a Dios, ¿no lo estará horrorizando? Lo que Él desea no es un gesto grandioso, ni una contribución filantrópica, ni un esfuerzo voluntario, ni un ritual religioso... ¡Él desea su corazón! Y desea que obedezca los mandamientos que se expresan con claridad en las páginas de la Biblia, mandamientos que pueden llevarlo a tener un gesto grandioso, a hacer una contribución o un esfuerzo voluntario, pero solo como un acto de obediencia a lo que Él dice, como algo motivado por una relación de amor permanente con Él.

Hubo ocasiones en que sus divinos mandamientos parecieron ser por completo irrelevantes en cuanto a la relación incompatible con la que me tocó luchar. Sin embargo, al crecer en mi relación con Dios por medio de la obediencia, Él llenó mi vida hasta que sobreabundara hacia la vida de esa otra persona. Entonces viene el gozo, el gozo de saber que Dios se complace, gozo al saber que estoy haciendo cosas que tendrán un impacto positivo en mis relaciones, gozo al cumplir el propósito que Dios tiene con mi vida, gozo incluso al interactuar con esa persona incompatible.

El amor que se expresa en el gozo

El gozo es sumamente diferente a la felicidad. La felicidad, un derecho inalienable que en mi país procuramos, parece depender más de las circunstancias, de las cosas, de las personas y de los sentimientos. El gozo es algo independiente de todo, excepto de nuestra relación con Dios. Alguien definió el gozo como la paz que danza. Y Jesús, con una mirada que brillaría ante la expectativa de la bendición que sus amados amigos recibirían, explicó: «Estas cosas os he hablado para que mi gozo esté en vosotros, y vuestro gozo sea completo» (15:11)[8].

¿Es su gozo un gozo incompleto porque no ha cumplido en obediencia con algo que Dios le ha mandado hacer… o no hacer? ¿Es su gozo incompleto porque ha decidido trazar una línea en la arena y declara que no irá más allá en sus relaciones con esa persona porque son tan incompatibles que está seguro que jamás prosperará? Entonces, se perderá la plenitud del gozo.

Uno de los sellos distintivos de los que están inmersos en una relación de amor con Jesús y el Padre, y la expresan al permanecer y obedecer, es el gozo. ¡Gozo en Jesús! ¡Gozo al vivir nuestra vida para Él! Gozo en permanecer... ¡y en obedecer! Gozo en nuestras relaciones con los que son incompatibles. Un gozo que es completo y al que no hay que agregarle nada.

Mi madre tiene ochenta y dos años y, debido a una artritis degenerativa, ya le han reemplazado las caderas tantas veces que he perdido la cuenta y ahora está confinada a una silla de ruedas o a un andador. Su espalda está tan desarticulada que aun luego de varias operaciones vive con un dolor crónico. Debido a que estuvo expuesta a la poliomielitis cuando era joven, tiene escasa elasticidad en la garganta, un problema que le produce espasmos de tos y ahogos. Sin embargo, en mi mente puedo imaginármela como la he visto tantas veces durante estos últimos años: reclinada en la cama con varias almohadas, con el cabello blanco que forma un delicado halo alrededor de su rostro, perlas blancas en las orejas y en el cuello, su Biblia y su material de lectura bíblica esparcidos a su alrededor sobre la cama, con el rostro radiante y los ojos chispeantes de gozo. Ella transita el final de una vida saturada en Jesús. Y eso es algo que fue una elección deliberada de su parte.

Cuando era adolescente, mi habitación estaba exactamente encima de la de mi madre. Por las noches, podía ver la luz de su cuarto que se reflejaba en los árboles que estaban más allá de mi ventana. Cuando me deslizaba escaleras abajo con la esperanza de hablar con ella unos minutos, la encontraba arrodillada junto a su cama, orando. Hubiera sido inútil esperar a que se levantara porque pasaba horas orando, de modo que yo regresaba a mi cuarto. Por más temprano que me despertara, vería nuevamente el reflejo en los árboles de las luces provenientes de su habitación. Sin embargo, cuando me dirigía a su cuarto por la mañana, la encontraba sentada ante el enorme escritorio, completamente absorta, leyendo y estudiando una de las catorce versiones y traducciones de la Biblia que había esparcido a su alrededor. Mi madre había elegido que su permanencia en Cristo fuera una de las prioridades de su vida.

La permanencia en Cristo de mi madre se basa en una relación de amor con Jesús que es el secreto de su vida. Es más, esa relación de amor que vi que tenía con Jesús fue lo que me provocó ansias de tener una relación similar con Él. Y eso es algo que procuro cada día. Como resultado de esa permanencia y la obediencia que implica, el sello característico de la vida de mi madre es el gozo. ¡Su rostro irradia gozo! ¡Sus ojos lanzan chispas de gozo! ¡Su boca sonríe con gozo! De ser posible, ¡sus pies danzarían de gozo!

A pesar de las restricciones de su avanzada edad y las limitaciones físicas que eso acarrea, a pesar del dolor crónico y las molestias con las que convive a diario, a pesar de estar confinada hasta el punto de necesitar la ayuda y el auxilio de personas que muchas veces son incompatibles con su positivo, ocurrente y chispeante deseo de vivir... *¡El gozo de mi madre es completo!* Como tiene tanto MÁS de Jesús, su vida fluye hacia la vida de quienes la rodean, ¡y todos resultamos bendecidos! Estoy segura de que cuando Jesús observa a mi mamá con los ojos cargados de emoción de ternura e insondable amor, Él recibe bendición y su divino gozo se completa en ella.

MÁS AMOR POR ELLOS

Cuando Jesús les extendió su promesa de gozo a los discípulos, ¿se habrá acelerado el latido de su corazón con expectativa mientras se miraban unos a otros, preguntándose qué mandamiento les daría como condición para recibir ese gozo? Si eso era lo que tenían en mente, no tendrían mucho que esperar o imaginar, porque Jesús se los dijo con absoluta claridad: «Y éste es mi mandamiento: que se amen los unos a los otros, como yo los he amado» (15:12).

¿Unos a otros? Al escuchar ese mandamiento, ¿miraría el impulsivo de Pedro al cauto Tomás y en silencio habrá preguntado: *¿Tengo que amarlo a él, Señor?*

¿Observaría el sensible de Juan a su hermano Jacobo, el entusiasta, mientras las imágenes del pasado de su rivalidad como hermanos acudían a su memoria, y le hacían protestar en su corazón: *He tratado de amarlo durante años, pero lo máximo que he logrado es tolerarlo?*

Se cuenta la historia de un corredor que, luego de la batalla de Maratón en Grecia hace muchos años, lo enviaron para que comunicara al general en jefe quién había ganado la batalla. Luego de recorrer varios kilómetros de terreno escarpado, llevaron al corredor ante la presencia del general, adonde llegó sudoroso, sucio y casi sin aliento. El general y todos sus asesores se callaron para poder escuchar las importantes palabras que el corredor tenía que decirles. Con gran consternación oyeron que el corredor balbuceó: «¡No recuerdo cuál es el mensaje!».

Para que nosotros no nos olvidemos del mensaje del Señor, Él lo repite en dos ocasiones en este pasaje: «Que se amen los unos a los otros» (15:12,17). ¡Es un mandamiento, no una opción! ¿A qué cristiano tolera usted en vez de amarlo? ¿Por qué? ¿Es acaso porque lo exaspera?

En el Antiguo Testamento, la ofrenda de cereal consistía en harina fina que se conseguía triturando el grano con un mortero en un hoyo redondo. Esa harina se mezclaba luego con aceite, que representaba al Espíritu Santo. El aceite y la harina mezclados y ofrecidos a Dios eran la figura de una vida consagrada por completo.

A veces Dios nos coloca junto a alguien para que nos triture... Por ejemplo, tal vez usted es sumamente generoso con su dinero y está casado con alguien que lo cuida hasta el extremo de ser tacaño. O tal vez usted sea callado y Dios lo coloque en un comité con alguien que no para de hablar. O, lo que es peor, quizá usted es un charlatán y se encuentra en un comité ¡junto a otro charlatán! En vez de evitar a aquellos con quienes somos incompatibles o que apenas toleramos, Jesús nos ordena que los amemos. Y al obedecer su mandamiento, Él usará a esa persona para suavizar nuestras aristas agudas e impacientes que no se asemejan en nada a Cristo. Al someternos al control total del Espíritu Santo, nuestro carácter comenzará a dar mucho fruto para su gloria al ser conformados a la imagen de Jesucristo[9].

Como nos hubiera pasado a usted y a mí, los discípulos quedaron llenos de interrogantes: *¿Cómo puedo llegar a amar a alguien que me saca de quicio? ¿Qué hago para amar a esa persona que es completamente incompatible conmigo?*

Jesús, que conocía lo que pensaban y sentían, procedió a presentarles su amor por ellos como un ejemplo que debían seguir[10]. ¿Y cómo les demostró su amor por ellos?

Un amor que es sacrificial

El amor de nuestro Señor por sus discípulos, así como el que tiene por usted y por mí, es plenamente sacrificial en su naturaleza. Para que no hubiera confusión en cuanto a lo que quería decir, Él mismo lo definió: «Nadie tiene amor más grande que el dar la vida por sus amigos» (15:13). En otras palabras, debido a su gran amor por usted y por mí, Él consideró nuestro bienestar y nuestras necesidades como de mayor importancia que su propio bienestar hasta el punto de estar dispuesto a morir por nosotros, independientemente de nuestra condición o respuesta.

Nuestro concepto de demostración de amor parece ser sumamente inferior al que definió Jesús a sus discípulos. Nosotros amamos a los que

suplen nuestras necesidades,
se llevan bien con nosotros,
nos hacen sentir bien
hacen cosas por nosotros,
nos dan lo que deseamos,
nos retribuyen el amor,
nos agradan.

En esencia, nuestra primera preocupación es nuestro bienestar y tener nuestras necesidades cubiertas, y amamos a los demás en la proporción en que ellos cumplen esos propósitos. Nuestra segunda preocupación es que los demás nos respondan en forma positiva; si no, nos negamos a continuar amándolos. Sin embargo, Jesús estaba definiendo un amor radicalmente distinto: un amor que coloca las necesidades y el bienestar de los demás antes del propio hasta el extremo de sacrificar tiempo, energía, dinero y pensamientos para demostrarlo. Debemos demostrarlo a aquellos que puede ser que no nos agraden, que sean incompatibles con nosotros, que reaccionan de manera negativa o que jamás hagan algo por nosotros.

Hace algunos años, recibí una llamada de una querida amiga. Lloraba desesperadamente. Antes que me contara el problema que tenía, le dije que iría a encontrarme con ella. Colgué y me dirigí hacia su casa en el auto. Mientras conducía, me puse a pensar en la relación que tengo con mi amada amiga Karen[11]. Karen creció en una familia religiosa y muy ortodoxa en la que temían a Dios en vez de amarlo. Se había casado con un hombre maravilloso que parecía adorarla y de su matrimonio nacieron dos hijos que ya son adolescentes. Durante años, rehusó asistir a la clase bíblica que yo dirigía en una época en que muchas de sus amigas asistían.

Un día Karen pasó por la iglesia donde se ofrecía la clase y sintió curiosidad ante los cientos de automóviles que estaban estacionados en los alrededores. Ingresó para ver de qué se trataba y desde ese mismo instante decidió unirse al grupo. No pasó mucho tiempo hasta que Karen se encontró con la persona de Jesucristo a través de la lectura de su Palabra, y experimentó el nuevo nacimiento. Ella fue una de las pocas, entre los cientos de mujeres, que se convirtió en mi «compinche».

Cuando llegué a la casa, luego de haber recibido su llamada urgente, la encontré sentada en el sofá. Estaba llorando. La abracé por unos instantes y luego le pregunté qué era lo que la había angustiado tanto. Describió brevemente un negocio familiar en el que estaban ella y su madre. Sabía que la mamá de Karen era una mujer que toda la vida la había criticado con severidad, que siempre encontraba algo que objetar, que jamás estaba contenta con el mínimo o el mayor esfuerzo que se hiciera por complacerla.

Karen me miró con expresión horrorizada y mientras le sobrevenía un nuevo acceso de llanto, exclamó: «Mi madre me presentó una demanda».

Me quedé mirándola completamente perpleja, temiendo oír lo que sabía que iba a decir: «Anne, ¿qué debo hacer?».

Jamás había experimentado algo igual y no sabía qué aconsejarle. En mi corazón oré al Señor: *«Dios mío, ¡ayúdame a ayudar a Karen!»* Observé que tenía la Biblia abierta y le respondí con una pregunta: «¿Qué crees que Dios te dice al respecto?».

Karen me señaló un pasaje de las Escrituras que le indicaba enfrentar a su madre, pero que no debía luchar por sus derechos. ¡Y que debía amar a su madre como Jesús la había amado a ella!

Me uní a su dolor, lloré y asentí, tratando de aparentar comprensión y sabiduría; pero en mi interior, gritaba con todo mi ser: *Señor, ¡no puedes decir eso! ¡Seguramente ella malinterpretó tus palabras! ¡Tiene que pelear este juicio! O ¡mejor todavía! Envía a alguien que le ponga freno a esta mujer, ¡alguien que le meta miedo!* Tuve el tino suficiente como para no hacerle saber a Karen lo que estaba pensando. Luego le dije que debíamos orar. Hice una sencilla oración en la que pedí a Dios que la dirigiera con claridad y que confirmara lo que le había dicho, dándole el valor para obedecerle en todo lo que Él le indicara.

La demanda se resolvió extrajudicialmente. Meses después, Karen vino a ayudarme a coser las cortinas para mi sala. Mientras estábamos arrodilladas, alineando la tela, con alfileres en la boca y charlando animadamente, me contó que luego iría a la casa de su madre. Me quedé muda, observando a mi amiga que explicó: «Mi madre se muda de nuestra antigua casa a un departamento y estoy ayudándole a decorarlo. Es más, también estoy cosiendo cortinas para su sala».

Esta vez no logré contenerme y exclamé: «¿Cómo puedes hacer eso? ¿Cómo? ¿Cómo puedes ayudar a tu anciana y malvada madre a la que le parece mal todo lo que haces y para colmo te ha entablado un juicio?».

Jamás en la vida olvidaré sus palabras: «Anne», respondió con un tono alegre de voz y con un brillo especial en los ojos, «decidí perdonar a mi madre y no una sola vez, sino una vez tras otra. Cada vez que ella me llama y escucho su voz, decido perdonarla otra vez. Cuando me acuesto por la noche y los recuerdos acuden a mi mente, perdono a mi madre de nuevo... ¡otra y otra vez! Y Dios me ha dado la libertad de amar a mi madre»[12].

¡Casi me caigo de espaldas! Me quedé mirando a mi amiga y supe que estaba ante algo divino y precioso: el mismo corazón de Dios. El mismo Dios que eligió perdonarme cuando yo no lo merecía y luego me amó en forma sacrificial brindándome todo su tiempo, sus pensamientos, sus dones, su amor ¡y su propia vida!

Ahora, al evocar la experiencia de Karen, puedo detectar en su vida las facetas de la clave que Jesús le dio a los discípulos aquel jueves por la noche de hace tanto tiempo. Karen había crecido en su amor hacia Dios a través del estudio de su Palabra. Había aprendido a permanecer en Él. Su permanencia la había llevado a obedecer su mandamiento de amar a su madre cuando hacerlo era lo que ella menos tenía ganas de hacer. Sin embargo, la obediencia había dado el fruto del gozo genuino al liberarla de años de amargura, de resentimiento, de falta de perdón y de un espíritu herido. Y fue la profunda relación de amor de Karen con Jesús la que permitió que amara a su madre con un amor completamente sacrificial en su naturaleza.

¿Hay alguien en su vida que sea como la madre de Karen? ¿Alguien que haya sido grosero, crítico, hostil, brusco y desagradable, agresivo, cruel, egoísta y orgulloso? Si no es alguien a quien es imposible amar, ¿es al menos alguien por completo incompatible? *Esa es la persona* que Jesús nos pide que amemos de manera sacrificial; en especial si esa persona está en nuestro hogar.

¿A quién le toca soportar? ¿Se trata de uno de sus padres, su cónyuge, un hijo, un amigo? ¿Acaso espera que esa persona cubra sus necesidades antes de que usted ceda y cubra las de ella? Dios no bendecirá esa actitud. Usted y yo debemos amar de manera sacrificial a esa persona, aunque ella jamás se ocupe ni responda a nuestras necesidades. Cuando optamos por obedecer lo que Jesús dice, nos introducimos en una relación más profunda e íntima con Él que se convierte en nuestro tesoro más preciado, y es la más abundante recompensa por cualquier sacrificio que hacemos por Él. Porque el *único motivo* por el que podríamos decidir amar a esa persona en forma sacrificial es por Él. Entonces, nuestro amor sacrificial por esa persona se convierte en un acto de adoración a Jesús.

Un amor que es especial

Si los discípulos de aquella época eran como los discípulos de ahora, supongo que se habrán estremecido o resistido ante tal exhortación. Así que, para suavizar el mandamiento sin echarse atrás ni un poquito, Jesús los animó a amar a los demás en forma sacrificial *por lo que ellos obtendrían a cambio:* una relación muy especial con Él, porque dice: «Ustedes son mis amigos si hacen lo que yo les mando» (15:14).

¿Podría haber un mayor privilegio que ese? ¿Qué *Jesús* diga que *somos* sus *amigos*? Si yo le digo que el presidente de los Estados Unidos es mi amigo, es probable que usted se ría, y con razón. Si bien estuve con él durante unos momentos, no lo conozco en realidad y cualquier «amistad» se basaría en lo que he leído de él. Sin embargo, si el presidente de los Estados Unidos dijera: «Anne Lotz es mi amiga», sería algo impactante. Eso indicaría que existe una relación basada en un conocimiento personal que él ha reconocido públicamente.

Jesús hizo algo más que decirnos que podíamos considerarlo nuestro amigo. ¡Prometió que nos consideraría *sus* amigos! ¿No es eso impactante? ¡Es una posición de privilegio! Si usted lucha contra un complejo de inferioridad, ponga su cabeza en alto porque cuando elige permanecer en Cristo y obedecer su mandamiento de amar a otros de manera sacrificial,

el Hijo de Dios,
el Salvador del mundo,
el Señor soberano,
la dulce Rosa de Sarón,
el Señor de la gloria,
EL REY DE REYES Y EL SEÑOR DE SEÑORES,
el Hombre más importante de todo el universo,

¡lo considera su amigo personal! Su invitación a tener una amistad personal no fue solamente extendida a los discípulos originales, ¡sino también al más débil de los creyentes de nuestros días!

Hace varios años me puse como meta ser amiga de Dios. Me cuestioné que si Abraham, Moisés y el rey David pudieron conocer a Dios en una relación tan personal que Dios describió como amistad, y si Él es el mismo ayer, hoy y para siempre, ¿por qué no podía yo llegar a conocerlo y entablar una relación que Él pudiera describir como amistad?[13] Así fue que inicié el peregrinaje de llegar a conocerlo, un peregrinaje que me llevó a meditar en las páginas de la Biblia,

que me llevó a ponerme de rodillas en oración,
que me llevó a salir de mi zona de comodidad para obedecerle,
que me llevó a las cimas del gozo,
y a las profundidades del dolor,
y a la longitud del sacrificio,
y a la anchura de todo el mundo,

y abrió para mí una amplísima dimensión en mi relación con Él que jamás pensé que sería posible. Es una relación que resulta esencial para conocer y comprender la voluntad de Dios y el propósito que tiene con mi vida.

Un amor que es esencial

Para los discípulos nada podía ser más esencial que conocer el propósito de Dios. Los discípulos serían quienes

reconocerían, recibirían y articularían la venida del Espíritu Santo,
presentarían el evangelio al mundo,
fundarían la iglesia,
determinarían los lineamientos de los sacramentos y del liderazgo de la iglesia,
harían cumplir los límites de la disciplina en la iglesia,
establecerían cómo debían comportarse los cristianos,

revelarían a las generaciones venideras quién es Jesús,
darían una explicación por escrito acerca de Jesús, su ministerio y sus palabras como autores del Nuevo Testamento.

En esencia, serían los discípulos quienes continuarían la obra de Jesús sobre la tierra cuando Él regresara al cielo. Conocer la voluntad y el propósito de Dios no era una opción sino ¡una necesidad!

Jesús les aseguró a aquellos mismos discípulos que su posición elevada como sus amigos les daría también el privilegio de conocer la voluntad de su Padre al añadir: «Ya no los llamo siervos, porque el siervo no está al tanto de lo que hace su amo; los he llamado amigos, porque todo lo que a mi Padre le oí decir se lo he dado a conocer a ustedes» (15:15).

Usted y yo, como sus discípulos, también somos los que...

recibimos el Espíritu Santo,
presentamos el evangelio al mundo,
fundamos y mantenemos las iglesias,
conservamos los lineamientos de los sacramentos y del liderazgo de la iglesia,
hacemos respetar los límites para la disciplina de la iglesia,
cumplimos con la conducta cristiana,
revelamos al mundo quién es Jesús,
enseñamos la explicación escrita de Jesús, su ministerio y sus palabras según las recibimos en el Nuevo Testamento.

En esencia, usted y yo continuamos con la obra de Jesús en la tierra, hoy en día, en nuestra generación.

Conocer la voluntad y el propósito de Dios no es una opción tampoco para nosotros, ¡es una necesidad!

¿Acaso lucha por conocer la voluntad de Dios en cuanto a su vida, en cuanto a su matrimonio, a su familia, a su hogar, a esa relación incompatible? Conocer la voluntad de Dios no es difícil, a menos que no permanezca en Él. Jesús indicó que conocer la voluntad del Padre es el fruto de permanecer así como el de preguntar: «No me escogieron ustedes a mí, sino que yo los escogí a ustedes y los comisioné para que vayan y den fruto, un fruto que perdure. Así el Padre les dará todo lo que pidan en mi nombre» (15:16).

Dios nos ha elegido a usted y a mí para que llevemos mucho fruto eterno, fruto en nuestro carácter, como amor, alegría, paz, paciencia, amabilidad, bondad, fidelidad, humildad y dominio propio que se manifiesten en aquellos que están en nuestro hogar[14], fruto que es sencillamente la manifestación del carácter del Hijo de Dios en nosotros. Tenemos que llevar mucho fruto eterno en nuestro servicio al conducir a otras personas a confiar por fe en Cristo Jesús, y ayudarlas a crecer y a madurar para que produzcan mucho fruto eterno en su vida.

Si el divino Inspector de Frutos pasara hoy por su vida, ¿qué hallaría? El fruto que usted lleva, ¿valida o invalida la decisión que Él hizo al escogerlo como su discípulo? Recuerde que usted y yo no necesitamos trabajar arduamente para producir fruto. Así que, ¡tranquilo! ¡Descanse en la Vid! Permita que fluya la savia divina por su vida, al ser una rama conectada a Él. ¡Y luego disfrute de la complacencia del Labrador!

LUEGO DE DECIRLE MUCHO de lo mencionado en este capítulo a la joven pareja que tanto sufría, sencillamente seguí el ejemplo de Jesús y repetí sus palabras: «Este es mi mandamiento: que se amen los unos a los otros» (15:17). Al continuar ellos en la lucha, me pregunto como también me lo pregunto acerca de usted: ¿Qué parte del mandamiento de Jesús no se comprende? Sin embargo, yo sé por experiencia lo que significa comprender este principio y sencillamente no llevarlo a la práctica. Por eso, mientras el clamor de mi corazón sigue resonando: *Te lo ruego, Jesús amado, dame MÁS de tu amor en mi hogar; es como si escuchara el divino eco del cielo como respuesta: Entonces, Anne, dame MÁS de tu corazón.*

9 Más de su valor en mis convicciones

Juan 15:17-27

HACE MUCHOS AÑOS, en la época del poderoso Imperio Romano, existía una unidad de fuerzas especiales conocida como la Legión del Trueno. Este grupo de soldados elite se habían distinguido sobremanera en el campo de batalla. Eran liderados por un joven comandante, Camidus, que en el curso de sus actividades cotidianas escuchó que Dios lo amaba y que había enviado a su Hijo, Jesucristo, a morir en sacrificio por su pecado y que luego había resucitado de los muertos para darle vida eterna. El joven comandante quedó tan impactado por el mensaje que se convirtió y depositó su fe en Jesucristo. Luego, le habló de su nueva fe al regimiento, y los treinta y nueve soldados que estaban a sus órdenes confiaron en Jesucristo en cuanto a su salvación.

Precisamente en los días en que el regimiento hablaba de su fe en Jesucristo, el Imperio Romano se había vuelto más insistente con el tema de que al emperador romano debían considerarlo un dios y adorarlo como tal. Al final, se produjo una tremenda confrontación cuando el gobernador romano ordenó al regimiento que presentara sacrificios a los ídolos. Todo el regimiento se opuso. Entonces aquellos cuarenta hombres, soldados profesionales, fueron arrestados por otros soldados y enviados a una remota provincia del norte. Allí se los conminó a que renunciaran a su fe en Jesucristo de una vez y para siempre. Nuevamente, se negaron.

En castigo por su fe, los hicieron marchar sobre un lago congelado, sin ropas y sujetos unos a otros por una soga al cuello. Luego les dijeron que los dejarían allí para que murieran congelados. Sin embargo, si alguno cambiaba de idea, todo lo que tenía que hacer era quitarse la soga del cuello, caminar hacia la orilla, renunciar a su fe ante el guardia e ingresar a un baño de agua caliente para recobrarse de la exposición al frío.

Cuando el guardia regresó a su puesto, para calentarse junto al fuego y desde allí vigilar a los cuarenta hombres desnudos que temblaban en el aire helado, escuchó que comenzaban a gritar: «*Cuarenta soldados que permanecemos firmes en la fortaleza de Cristo y solo de Cristo*». Siguieron gritando esa frase hasta que llegó la penumbra y se hizo de noche y hubo un brusco descenso de la temperatura. En la inhóspita superficie helada, los gritos se volvieron cada vez más débiles hasta que se fueron apagando.

En medio de la noche, uno de los soldados congelados luchó para levantar los brazos, se quitó la soga del cuello y fue tambaleando hasta la orilla. Con una voz apenas audible, le dijo al guardia que no soportaba más el frío y que renunciaba a su fe en Jesucristo. Entonces, se sumergió en las cálidas aguas del baño romano.

Cuando el guardia regresaba a su puesto, aguzó los oídos para escuchar un sonido proveniente de la superficie del lago helado: «*Treinta y nueve soldados que permanecemos firmes en la fortaleza de Cristo y solo de Cristo*». Contuvo la respiración para poder escuchar mejor... y ¡volvió a escuchar la frase! El guardia se quedó estupefacto. ¿Qué podría haber provocado semejante convicción y entrega en aquellos hombres? ¡El guardia sabía que era Jesús! Lentamente pero sin dudarlo, el guardia caminó por la superficie helada del lago hacia donde estaban los treinta y nueve hombres aún de pie. Se quitó la ropa, se ubicó en la fila de soldados, se ajustó la soga al cuello, tomó el lugar que había dejado el soldado que fue a la orilla y gritó: «Soy un cristiano». Los gritos recomenzaron, solo que más fuerte que la vez anterior: «*Cuarenta soldados que permanecemos firmes en la fortaleza de Cristo y solo de Cristo*». Cuando el sol apareció temprano a la mañana siguiente, cuarenta soldados yacían muertos sobre la superficie helada del lago[1].

¿De dónde provenía semejante fortaleza? ¿Dónde encuentra el valor y una convicción semejante por la cual vivir e incluso llegar a dar la vida?

Hoy en día, no es frecuente que a alguien se le haga marchar sobre un lago congelado y se le abandone allí hasta la muerte por su fe en Cristo. Tampoco es corriente que a alguien lo crucifiquen, lo arrojen a los leones o lo quemen vivo en una hoguera por creer que Jesús es el único camino a Dios. Sin embargo, la mayoría de los miembros de la iglesia parecen carecer de profundas convicciones acerca de quién es Jesús hasta el extremo de esconderse ante unas cejas levantadas, una insinuación que se susurra o un rótulo de que su postura es socialmente inadecuada.

Hace poco, el doctor John Perkins se presentó en una sala atestada de misioneros y obreros cristianos. Habló con ardiente pasión y expresó con audacia algo que creí de todo corazón tan pronto lo dijo: «La mayor crisis que enfrentan los Estados Unidos hoy en día es una crisis de liderazgo. Y la crisis de liderazgo», siguió diciendo, «tiene sus raíces en una crisis de valor y de convicciones»[2].

¿Es usted parte de esa crisis? ¿Cuáles son sus convicciones genuinas y personales acerca del Evangelio? ¿Está convencido de que Jesús es el único camino hacia Dios, la única verdad acerca de cómo llegar al cielo y la única Vida que es eterna y abundante? ¿Está convencido de que nadie será aceptado por Dios el Padre, a menos que llegue a Él por medio de Jesucristo? Si estas afirmaciones que parafrasean lo que Jesús dijo son sus convicciones, ¿tiene usted el valor de hacerlas públicas?[3] ¿Hoy mismo? ¿A su familia, a sus amigos, vecinos y compañeros de trabajo? Son muchos los miembros de iglesias en nuestra sociedad pluralista y tolerante que no solo carecen del valor de defender la verdad de que la fe en Jesucristo es el único camino hacia Dios, ¡sino que hasta reprueban o critican a los que lo hacen!

A la luz de semejante anemia espiritual, el clamor de mi corazón es: *Jesús, te lo ruego, dame MÁS de tu valor en mis convicciones.* Valor para ponerme en pie y hablar de mis convicciones de la manera en que los cristianos lo han hecho en todos los siglos desde la Cruz y la Resurrección. Es un valor que incluso hoy en día se despliega en lugares remotos del mundo donde hay hombres y mujeres que están dando su vida por Jesucristo.

Me pregunto si Jesús, con su mirada omnisciente, miraría hacia el futuro desde aquel sitio en la sala del aposento alto. Si lo hizo —que debe haber sido con una expresión seria, el corazón dolido y gruesas líneas de sufrimiento ya marcadas profundamente en el rostro— habrá observado a sus seguidores a lo largo de los siglos que uno a uno fueron

crucificados,
vilipendiados
condenados al ostracismo,
proscriptos,
decapitados,
golpeados,
deportados,
incomunicados,
encarcelados,
empalados,
torturados,
hostigados,
lanzados a los leones,
alimento de animales salvajes,
lapidados,
asesinados,
fusilados,
quemados en una hoguera...[4]
¡por el nombre de Cristo!

¿Y habrá visto también a los miembros de iglesia de nuestra generación? ¿Acaso vio a aquellos que aman más su propia vida que a Él y renuncian a su fe en Él, no en forma verbal pero sí en la práctica cuando se confunden entre la multitud, como camaleones espirituales, en vez de afrontar el ostracismo social o el ridículo?

En los últimos instantes de aquella noche previa a su crucifixión, Jesús sabía que debía preparar a sus discípulos —y a quienes como nosotros les seguiríamos—, no para gobernar con Él, sino para vivir y morir por Él. Tenía que prepararlos para la clase de trato que podían *esperar* del mundo que los rodeaba, una forma de tratarlos que requeriría de profundas convicciones... ¡y valor para vivir de acuerdo a ellas!

VALOR PARA ESTAR FIRME

Sin estar ellos plenamente conscientes de lo que Jesús hacía, Él les revelaba qué hacer para hallar valor no solo para *vivir* vidas para Él en lo cotidiano sino también para *entregar* sus vidas por Él hasta la muerte. Porque el valor de ellos sería el fruto del amor por Él así como del amor entre ellos. Esa es la razón por la cual comenzó su exhortación a permanecer firme por Él en el mundo con el mandamiento de amarse unos a otros (15:17).

Al ir por el mundo presentando el evangelio en programas de radio y televisión, o exaltando a Jesús desde plataformas seculares y religiosas, me han tratado con respeto la mayoría de las veces. Sin embargo ha habido ocasiones en que algún oyente ha llamado al programa en el que he estado para denigrarme diciéndome que soy una «estadounidense talibán» debido a mi absoluta convicción de que la Biblia es la verdad[5]. He leído notas sobre mis compromisos en las que el escritor me ha descrito como una mujer de mediana edad que anuncia un mensaje antiguo y pasado de moda carente de relevancia en nuestro siglo, todo porque hablo de la cruz. Me han acusado de querer aprovechar la fama de mi padre para hacerme de un nombre por haber atravesado las puertas de la oportunidad que se me abrieron para proclamar la Palabra de Dios. Me han atacado diciendo que soy una Jezabel que induce a las mujeres al pecado por el mal ejemplo de mi ministerio de liderazgo[6]. Me han etiquetado como poco afectuosa, intolerante, exclusiva, estrecha de miras, fundamentalista, ingenua... y la lista continúa. Me han excluido de funciones sociales, de plataformas, de seminarios e incluso de algunas iglesias.

Para ser sincera, hay veces que las críticas y los ataques lastiman. Sin embargo, la mayoría de las veces no presto atención a lo que los demás piensan o dicen. ¿Sabe por qué? Porque cuando tenía diecisiete años me propuse que, como no podría agradar a todo el mundo, viviría para agradar a Dios. Y como he mantenido eso como meta de mi vida y al ahondar en mi amor por Él, lo que los demás piensen palidece en comparación con lo que Él piensa. Me rodea y me sostiene una red de familiares, equipo de trabajo, colegas, publicistas, editores y amigos por todo el mundo que me aman, me comprenden, coinciden conmigo, me apoyan, me alientan y oran para que continúe. Y es mi amor por Jesús y su amor por mí que expresa por medio de sus otros discípulos lo que me ayuda a tener el valor de pararme frente a una multitud.

Diferentes en nuestra separación

Jesús pronunció unas palabras que han resultado ciertas en varios países con gobiernos represivos, pero que eran extrañas en la cultura norteamericana hasta hace unos años. Jesús no anduvo con rodeos al advertirles: «Si el mundo los aborrece, tengan presente que antes que a ustedes, me aborreció a mí» (15:18).

¿Aborrecidos? ¿Por el *mundo?* ¿Y quién *es* «el mundo»?

Jesús no se refería por cierto al mundo natural: el mar, las montañas, las llanuras, los valles. Se refería a la humanidad, integrada por los gobiernos, la agenda política, los negocios, el entretenimiento, las organizaciones, los clubes, los medios de comunicación y las escuelas, que determinan la atmósfera en la que vivimos.

En el principio, la humanidad, representada por Adán y Eva en el jardín del Edén, se rebeló contra Dios al desobedecerle y fueron, por tanto, separados de Él[7]. La segunda rebelión mundial provocó el juicio de Dios por medio de un diluvio que hubiera arrasado con la raza humana de no ser por un hombre, Noé, que halló favor a los ojos de Dios[8]. En Noé se preservó la raza humana. La tercera y última rebelión en contra de Dios fue la Torre de Babel, cuando el hombre decidió construir su propio sistema religioso para llegar al cielo, desafiando así la provisión divina de un solo camino: la sangre de un cordero[9]. Para evitar que el mundo se uniera para rebelarse en su contra, y por cuanto no hubo ni un solo hombre que hallara favor a sus ojos, Dios confundió la manera de hablar del hombre y los dispersó en familias y clanes hasta llenar la tierra, lo que dio origen a las naciones tal y como las conocemos hoy en día[10].

Así como sucede con los tres *strikes* en un juego de béisbol, la humanidad luego de tres rebeliones quedó fuera de «juego». Luego de la tercera rebelión en la torre de Babel, Dios se fijó en la familia de un hombre llamado Abraham, a través de quien proveería el Cordero, Jesucristo, que fue sacrificado por el pecado y la rebelión del mundo. Por medio del sacrificio de Jesucristo, el mundo «regresó al juego», con la oportunidad de reconciliarse con Dios por medio de la fe en Jesús[11].

Sin embargo, no debiéramos equivocarnos en cuanto al mundo en el que vivimos hoy en día. Es la misma humanidad la que ha llenado la tierra de rebelión y rebeldía religiosa hacia Dios desde la Torre de Babel. Y es la misma humanidad la que ha establecido...

Patrones de conducta basados en valores, en un código moral y en normas éticas en cuanto a lo que parece bueno o correcto, o con lo que el hombre puede arreglárselas; pero no en la Palabra de Dios. En el mundo posmoderno, las cuestiones absolutas que antes determinaban nuestros patrones de conducta se niegan o descartan[12].

Prioridades centradas en la propia persona, no en Cristo, que tienen como meta conseguir tesoros en la tierra y no en el cielo[13].

Placeres que se procuran en una complacencia superficial y temporal que depende de

posesiones materiales,

experiencias sexuales,

lugares exóticos,

posiciones de poder,

educación superior,

una reputación reconocida,

gratificación inmediata

sin siquiera pensar en el futuro o en la eternidad[14].

Un ritmo que no deja tiempo para la oración, la lectura de la Biblia ni para pensar en Dios. Se hace un uso tan intenso de los días de la semana que los fines de semana parecen vacaciones. ¡Y nadie desea asistir a la iglesia en las vacaciones![15]

Preocupación por el bienestar de uno mismo mientras

los hambrientos carecen de alimento,

los sedientos no tienen agua,

los desnudos andan sin ropa,

los que no tienen vivienda carecen de protección,

los ancianos y los enfermos no tienen comodidad ni consuelo,

y el preso no recibe visitas[16].

¿*Cómo* es posible que usted y yo, como discípulos de Jesucristo, vivamos de acuerdo con los patrones de conducta de este mundo si vivimos de acuerdo a la Palabra de Dios?

¿*Cómo* es posible tener prioridades egoístas si nuestra prioridad es Jesús?

¿*Cómo* es posible vivir tras los placeres mundanos cuando tenemos que buscar primeramente el reino de Dios?

¿Cómo es posible andar al ritmo de este mundo cuando caminamos con Dios?

Y ¿cómo es posible preocuparnos por nosotros mismos cuando amamos a Dios con todo nuestro corazón, nuestra alma, nuestra mente y nuestras fuerzas, y a nuestro prójimo como a nosotros mismos?

¡No es posible!

Debe haber alguna separación entre la persona que tiene a Dios como la única realidad de su vida y el mundo que no reconoce la importancia que Dios tiene.

¿De qué manera se pone usted en contacto con el mundo que acabamos de definir? ¿Qué libros y revistas lee usted?

¿Qué películas y programas de televisión mira?

¿A qué clubes y organizaciones pertenece?

¿Con qué vecinos y amigos pasa el tiempo?

¿Promueve la mayoría, si no todos, un modelo mundano de conducta, prioridades, placeres e intereses? La disconformidad que le produce el no «encajar» ¿lo convierte en alguien social y culturalmente inepto? ¿Acaso el odio,

el ridículo,

la crítica,

la humillación,

la desaprobación,

las acusaciones

del mundo le hacen sentir que está haciendo algo mal? ¿Podría ser que, sin haberlo intentado en forma consciente, se sienta diferente porque no pertenece al mundo sino que ha sido escogido para pertenecer a Dios?

La separación del mundo es lógica ya que operamos en un nivel por completo diferente en cada aspecto de la vida. Sin embargo, la separación es un mandamiento que nos conviene obedecer, no sea que nos lleven a ajustarnos al molde del mundo[17]. No obstante, para apartarse del mundo se necesita cierta dosis de valor, porque el mundo con frecuencia ve nuestra separación como una acusación contra ellos y se molestan con nosotros por eso.

Jesús recalcó nuestra separación del mundo cuando dijo: «Si fueran del mundo, el mundo los querría como a los suyos. Pero ustedes no son del mundo, sino que yo los he escogido de entre el mundo. Por eso el mundo los aborrece» (15:19).

¿Lo aborrece a usted? ¿Lo duda? Entonces, le sugiero que adopte una posición pública firme a favor de la singularidad de Jesús, de la veracidad de lo que dice la Biblia de tapa a tapa, de la necesidad de vivir una vida íntegra, pura y humilde para agradar a Dios. Luego, ponga el cronómetro y cuente los segundos que pasan antes de que alguien lo tilde de fanático extremista de la derecha religiosa!

¿De qué manera sus amigos, vecinos y compañeros de trabajo son conscientes de su separación del mundo? ¿Acaso observan una diferencia en su estilo de vida, en sus hábitos, en sus elecciones, en sus actividades, en sus actitudes? ¿Le han hecho comentarios maliciosos o hirientes en cuanto a la diferencia que notan en su vida? ¿Siente tanto miedo de ofender o de provocar más antagonismo que intenta minimizar e incluso ocultar las diferencias entre usted y ellos? Si es así, necesita el valor de Jesús para permanecer firme no solo en la separación sino al enfrentar la persecución.

Firmes ante la persecución

Conociendo lo difícil que sería vivir para Él en este mundo, Jesús recomendó lo siguiente a los discípulos: «Recuerden lo que les dije: "Ningún siervo es más que su amo". Si a mí me han perseguido, también a ustedes los perseguirán» (15:20). Y no se limitaron a perseguir a Jesús, ¡lo crucificaron! ¿Cómo podemos nosotros pensar que seremos tratados mejor?

Quizá este concepto habrá resultado incomprensible para los discípulos de Jesús, y quizá usted piensa que hoy en día esto no sucede. Sin embargo, la *World Christian Encyclopedia* calcula que ¡más de 45 millones de hombres y mujeres fueron asesinados por su fe en Jesucristo durante el siglo XX! En años recientes, se calcula que mueren entre 160.000 y 171.000 por año. ¡Imagínese! Eso nos habla de que más de 10.000 cristianos mueren por su fe todos los meses. ¡Son más de 400 por día![18]

Mientras usted y yo nos levantamos por la mañana, decidimos qué nos vamos a poner, qué vamos a comer y adónde vamos a pasar las vacaciones... en algún lugar del mundo alguien está pagando el precio final por tener una relación con Jesús. Y mientras yo agradezco a Dios por la relativa seguridad que tengo al ser una creyente en los Estados Unidos, no pierdo la perspectiva de que hay cristianos que el mundo odia por causa de Cristo. En cualquier momento ese odio puede llegar a nuestro amado país. ¿Por qué? ¿Por qué es este odio tan universal y se repite de generación en generación?

Jesús habló de cinco razones sólidas por las que el mundo perseguiría a los cristianos. Estas razones han probado ser ciertas una y otra vez en la vida de los creyentes a lo largo de los siglos:

La primera razón que dio Jesús es nuestra *identificación con Él*, a quien el mundo aborrece: «Si el mundo los aborrece, tengan presente que antes que a ustedes, me aborreció a mí» (15:18).

¿Aborrecer a Jesús? ¿Qué evidencias vemos hoy en día de odio hacia Jesús? ¿No hay acaso un odio subyacente contra Cristo cuando invocan su nombre con lenguaje blasfemo, y no el de Buda, Alá o Mahoma? Al menos, la profanación revela que en lo profundo del espíritu humano no hay neutralidad en cuanto a Él.

Hace poco, en el programa de entrevistas *«The View»*, donde varias mujeres conversan alrededor de una mesa, Joy Behar señaló que había logrado perder peso haciendo una dieta. Acto seguido, exclamó: «¡Alabado sea Jesús!». Cuando transmitieron el programa en la costa oeste, cubrieron la expresión con el clásico pitido que se emplea para acallar las palabras obscenas. La misma cadena de televisión que se encarga de salpicar su programación con profanaciones del nombre de Dios considera ofensivo que se use con sinceridad el nombre de su hijo Jesucristo.

Cuanto más nos identifiquemos usted y yo con Él, más nos convertiremos en objeto de desprecio y hostilidad. Un ejemplo extremo es el ataque perpetrado en los Estados Unidos por quienes, según ellos mismos, odian a los cristianos y a los judíos y han declarado una *jihad* o guerra santa contra ellos en el nombre de Alá. Quizá un ejemplo más práctico y personal de odio hacia los cristianos es la reacción que se produce en una escuela secundaria laica cuando un alumno inclina la cabeza para dar gracias por los alimentos antes de almorzar. O también la reacción de la prensa cuando el presidente George W. Bush, en plena campaña electoral, afirmó que la persona que más admiraba era Jesús.

La segunda razón por la que nos pueden perseguir como cristianos es la orden de que nos *apartemos del mundo*, lo que provoca que el mundo nos tilde de inconformistas: «Yo los he escogido de entre el mundo. Por eso el mundo los aborrece» (15:19). ¿Cuándo fue la última vez que no quiso reírse de un chiste sucio, con doble sentido? ¿O que no quiso detenerse en el bar al regresar del trabajo? ¿O que no quiso falsear los datos en un informe financiero? ¿O que no quiso participar de chismes en el club? ¿O que no quiso mentir por su jefe? ¿O que no quiso tener relaciones sexuales con su jefe? ¿Lo honraron, amaron y respetaron por esas negaciones? ¿No? Entonces creo que está captando la idea.

Tercero, quizá suframos persecución debido al *rechazo del mundo a la verdad* de que Jesús es el único Hijo de Dios y el único camino para llegar al Padre: «Los tratarán así por causa de mi nombre, porque no conocen al que me envió» (15:21). Una revista cristiana de noticias advirtió hace poco: «Se nos dice que el enemigo no es el islam sino la intolerancia. Es esa visión estrecha e intolerante de la religión la culpable de los ataques terroristas y a la opresión talibán. Las personas que creen que "la suya es la única religión verdadera" son los verdaderos enemigos, algo que por supuesto no solo se refiere a los talibanes sino también a los cristianos ortodoxos»[19].

Cuarto, la persecución puede estar dirigida a nosotros debido al *pecado* del mundo, que la verdad revela: «Si yo no hubiera venido ni les hubiera hablado, no serían culpables de pecado. Pero ahora no tienen excusa por su pecado» (15:22).

Muchas veces me he hallado en situaciones como la que ocurrió hace poco cuando viajaba en taxi. El conductor era un hombre alegre, conversador y sus expresiones estaban plagadas de malas palabras. Cuando llegamos al hotel, me estaban esperando los organizadores del encuentro en el que iría a hablar. Mientras el conductor sacaba mi maleta del baúl, alguien le comunicó que yo era la hija de Billy Graham y una oradora cristiana. La inmediata reacción del hombre fue: «Si lo hubiera sabido, habría medido mis palabras. Espero no haberla ofendido». Yo no le había dicho ni una sola palabra acerca de su lenguaje; pero Jesús dijo que somos «la luz del mundo»[20]. Algunas veces, nuestra sola presencia revela la oscuridad del pecado en la vida de las otras personas. En este caso, el conductor no estaba resentido sino que se disculpó. Sin embargo, con frecuencia las personas que sienten convicción de pecado al vernos apartados, se enojan con nosotros.

La quinta y última razón que Jesús dio en cuanto a la persecución de sus seguidores es *la demostración del poder de Dios* en la vida de cada uno: «Si yo no hubiera hecho entre ellos las obras que ningún otro antes ha realizado, no serían culpables de pecado. Pero ahora las han visto, y sin embargo a mí y a mi Padre nos han aborrecido» (15:24). Si a usted y a mí no nos están persiguiendo, ¿será porque nadie ha visto un cambio real o una evidencia del poder de Dios en nuestra vida? ¿Hemos diluido y transigido nuestro testimonio de modo que el mundo que nos rodea no ve razón alguna para perseguirnos?

¿Qué milagro que demuestre el poder de Dios puede alguien ver en su vida?

¿Será...

que Dios lo liberó del alcoholismo
o de la drogadicción?
que Dios hizo que se reconciliara con su cónyuge
o con sus suegros?
que Dios lo sanó de una enfermedad
o le dio fortaleza para soportarla?
que lo ascendieron
o encontró un trabajo mejor cuando lo despidieron?
que puso su fe en Cristo
o guió a otro a hacerlo?
que le habló de su fe en Cristo a un compañero de trabajo
o a un viejo amigo?
que guardó su compostura ante un ataque
o habló en defensa de la verdad?
que dejó de lado sus derechos con tal de conservar la paz
y la unidad en el hogar
o permaneció firme por el evangelio?
que experimentó paz en medio de la confusión
o esperanza en medio del dolor?
que fue el primero en pedir perdón...?

Hace algunos años, Danny y yo éramos miembros de una iglesia históricamente importante ubicada en el centro de la ciudad. Danny era el presidente del comité de diáconos, enseñaba en la Escuela Dominical y era también presidente del departamento varonil. Yo era miembro del Comité de Vida Cristiana, el que después de orar por el asunto, decidió invitar a un reconocido predicador para que tuviera a cargo una semana de conferencias. Estábamos convencidos de que aquel predicador presentaría a Cristo de forma tan poderosa que los miembros de nuestra iglesia se sentirían renovados en su amor por Jesús y manifestarían ansias por la Palabra. Con la aprobación del pastor, se invitó al predicador y este aceptó. Los mensajes estuvieron llenos de la unción de Dios. La iglesia estuvo repleta todas las noches y muchas personas, incluyendo nuestra propia hija, se acercaron al altar al finalizar la reunión para consagrar su vida a Jesucristo.

Cuando finalizó la semana de encuentros, el liderazgo de la iglesia no quiso darle las gracias al predicador, no quiso darle los nombres de quienes habían rededicado su vida a Cristo e incluso, ¡no quisieron darle la mano para despedirlo! A los pocos meses, se convocó una asamblea administrativa de la iglesia un domingo por la mañana y toda la congregación apoyó la decisión de que a mi esposo y a mí se nos eliminara de toda posición de liderazgo en el servicio de la iglesia. A aquellos miembros que habían experimentado un avivamiento les pidieron la renuncia por alborotadores y les manifestaron que ya no eran bienvenidos en la iglesia. Ante una clara señal de Dios, mi familia y yo abandonamos la congregación con la certeza de que ellos necesitaban continuar con su vida, libres del «problema» que nosotros representábamos.

Jamás pude recobrarme de esa reveladora experiencia. Yo había supuesto que si las personas de esa congregación escuchaban la verdad proclamada con verdadero poder y el Espíritu de Dios se movía en medio de ellos, responderían entregando su vida a Cristo de una forma renovada que los haría caer de rodillas en oración, unidos en un mismo espíritu para alcanzar a la ciudad para Cristo. Lo que descubrí fue que el miembro promedio de la iglesia quería vivir en la oscura nebulosa de la apatía. Cuando la luz de la verdad y el compromiso ferviente brilló en medio de ellos, dieron marcha atrás y atacaron la fuente de luz.

Es desgarrador darse cuenta de que muchas iglesias parecen estar llenas de personas que alegan actuar en el nombre de Dios, recitan las Escrituras, entonan himnos, oran en voz alta, practican acción social o comunitaria, pero

...no conocen de veras a Dios, ni desean hacerlo.

No se aman unos a otros, ni desean hacerlo.

No se ocupan de un mundo perdido, ni desean hacerlo.

No saben cómo interceder por otros, ni desean hacerlo.

No saben cómo leer la Biblia para escuchar la voz de Dios, ni desean hacerlo.

No saben cómo llevar a alguien a confiar en Jesucristo, ni desean hacerlo.

¡Están cómodos en su complacencia![21]

De lo profundo de mi corazón parte un grito desgarrador: *Señor, ¡ten misericordia de nosotros! ¡Danos convicciones! ¡Y danos MÁS valor para permanecer firmes y proclamar nuestras convicciones en medio de tanta complacencia interna y corrección política externa!*

VALOR PARA PROCLAMAR

Los discípulos deben de haberse esforzado mucho por comprender lo que Jesús les estaba diciendo aquella noche en Jerusalén. Mientras descansaban luego de haber disfrutado de la comida y la bebida, en medio de los destellos parpadeantes de las velas y de la seguridad en el aposento alto, el odio y la persecución parecían estar muy lejos de su mundo. Sin embargo, conocían a Jesús lo suficiente para saber que el tono de su voz y la manera cuidadosa en que elegía las palabras indicaban que deseaba que lo escucharan con suma atención.

Seguramente la mirada amorosa de Jesús se posaba en cada rostro varonil ansioso que le devolvía una mirada cargada de intensidad. ¿Podía Él ver en su mente a...

Felipe, que sería atado a una columna y lapidado?

Mateo, que lo clavarían al suelo y decapitarían?

Judas, su propio medio hermano, al que asesinarían con palos y garrotes?

Simón, al que torturarían y crucificarían?

Juan, hijo de Zebedeo, al que torturarían y desterrarían?

Jacobo, hermano de Juan, al que decapitarían?

Jacobo, otro de sus medio hermanos, al que arrojarían desde la cima de un edificio y luego lo rematarían a golpes?

Pedro, al que crucificarían cabeza abajo?

Andrés, el hermano de Pedro, el que permanecería colgado en una cruz durante tres días antes de morir?

Bartolomé, al que golpearían, crucificarían y desollarían vivo antes de decapitarlo?

Tomás, al que arrojarían a un horno encendido y luego atravesarían con una jabalina?[22]

Cada uno de sus amados discípulos, a excepción de Juan, padecería una muerte horripilante por permanecer firme en Él y por proclamar su postura en Cristo[23]. ¿Cómo podía ser que aquellos hombres rudos, sin formación, mayormente sin educación fueran a hablar con tal poder que las autoridades los considerarían una amenaza a la seguridad y a la economía del Imperio Romano? La capacidad provenía del Espíritu que estaba dentro de ellos.

Capaces para hablar

Luego del escalofriante discurso que les advertía de la persecución que se acercaba, Jesús dio a los discípulos la fuente secreta del valor que tendrían cuando procuraran hablar en un mundo de odio. La fuente no era otra que el Espíritu Santo de Dios, el mismo Espíritu que habitaba en Jesús en ese mismo momento. ¡Qué consuelo habrán experimentado los discípulos cuando Jesús les prometió: «Cuando venga el Consolador, que yo les enviaré de parte del Padre, el Espíritu de verdad que procede del Padre, él testificará acerca de mí» (15:26)! La fuente de poder que llenó a Jesús y que lo capacitó para enfrentar a sus acusadores y su ejecución con digna compasión y valerosa fuerza es la misma fuente de poder que capacitó a los discípulos para vivir y morir por Jesús. Y es la misma fuente de poder que ahora está a nuestra disposición. Cuando tenemos el Espíritu del Dios vivo en nosotros, no tenemos menos poder ni menos valor que aquellos once hombres que rodeaban la mesa en aquella sala del aposento alto aquel jueves por la noche[24].

¿Cuándo ha hablado de Jesús? ¿Cuándo le ha contado de Jesús a alguien que no lo conocía? ¿Retrocede con miedo diciendo: «Anne, ¡jamás podría hacer eso! Temo que mis vecinos no me hablen más o que mis amigos se rían de mí o se burlen de algo que para mí es precioso. Tengo miedo de hablar de Jesús porque puedo perder mi popularidad, mi promoción, mi posición, mi prestigio, mis posesiones...»?

Jesús comprende su miedo. Por eso Él nos ha enviado el Espíritu Santo. Cuando nos disponemos a hablar, el Espíritu Santo no solo nos da las palabras sino que las reviste de poder para que produzcan una diferencia en la persona que las escucha. ¡Pero hace falta que tengamos la disposición de hablar!

Cuando estaba embarazada de mi tercer hijo, a mi esposo y a mí nos invitaron a Suiza en ocasión de un congreso sobre la evangelización. Mientras escuchábamos a los excepcionales oradores que desafiaban y enseñaban a la audiencia sobre cómo alcanzar al mundo para Cristo en esta generación, me sentí culpable por un simple hecho. Había viajado hasta Suiza para asistir a un congreso sobre evangelización cuando jamás me había ocupado de hablar del evangelio a mis vecinos. Me sentí avergonzada al darme cuenta de que si cada cristiano obedeciera a Cristo y hablara del evangelio con quienes lo rodean, un congreso sobre evangelización no sería necesario, al menos en los Estados Unidos.

Una semana después de mi regreso, llamé a mis vecinos antes de que tuviera tiempo de pensar en ello y perder el valor. Los invité a tomar café y a contarles acerca de mi reciente viaje. Asistieron cinco vecinos. Me llevó una hora de charla llegar a hablarles de Cristo y del evangelio. Cuando lo hice, uno se apartó a llorar, otro se puso de pie y salió velozmente de la casa, otro se puso a hablar y cambió el tema de la conversación, los otros dos se quedaron mirándome. ¡Qué situación tan incómoda! Sin embargo, Dios premió mi débil esfuerzo y hoy, cuatro de los cinco son cristianos comprometidos que producen impacto cristiano en la vida de otros.

Aquel día, hace ya bastante tiempo, aprendí un importante principio espiritual que Jesús enseñó a sus discípulos de una forma espectacular y milagrosa en una colina junto al mar de Galilea[25]. Los discípulos habían estado bajo una enorme tensión. Se habían apartado al campo junto con Jesús, esperando disfrutar de un breve retiro. En vez de eso, aparecieron cinco mil personas que querían que Jesús los sanara y les enseñara, lo que Él hizo con amabilidad. Ninguno de los cinco mil había comido en todo el día y la mayoría ni siquiera había traído provisiones.

Los discípulos quisieron despedirlos ya que ellos tampoco tenían provisiones para darles de comer. Sin embargo, Jesús les dijo que los alimentaran, lo que era totalmente imposible. No obstante, Andrés fue lo bastante ingenioso como para hallar a un muchacho con cinco panes y dos peces; algo que parecía inadecuado por completo para la necesidad que tenían delante. ¡Y era realmente inadecuado! Ese poquito de comida no era nada ante más de cinco mil personas hambrientas! Sin embargo era todo lo que el niño y los discípulos tenían para dar. Jesús lo tomó, lo bendijo, lo partió y lo repartió entre los discípulos. Entonces ellos, comenzaron a repartir y a repartir y siguieron repartiendo ¡hasta que las cinco mil personas estuvieron satisfechas![26]

Lo que Jesús quería enseñar a los discípulos era que no importaba que solo tuvieran un poquito... un poquito

de tiempo,

de dinero,

de educación,

de capacidad,

de conocimiento,

de fuerza,

de recursos...

lo que importaba era que entregaran todo lo que tenían a Jesús. Luego, Él haría que alcanzara.

¿Le daría a Jesús todas sus palabras,

sus conversaciones,

sus pensamientos,

su conocimiento,

sus convicciones,

su valor?

¿Le pediría que lo bendijera y lo hiciera suficiente para impactar la vida de los demás? La diferencia entre un poquito y lo suficiente es el Espíritu Santo. Y es el Espíritu Santo el que lo llenará de convicción, de pasión y de celo por la verdad tan profunda, ¡que se sentirá impulsado a hablar!

Impulsado a hablar

Hace poco, nos invitaron a mi hermano Franklin y a mí a presentarnos juntos en el programa de televisión *Larry King en Vivo*, un conocido programa nocturno de entrevistas de la CNN. El señor King le preguntó a Franklin cómo podía ser que fuéramos tan valientes al hablar de nuestra fe. ¿Era algo hereditario? Él y Franklin bromearon unos instantes sobre si se trataba de una característica sureña.

Sentí que debía interrumpir para decir por qué yo me atrevía, cuando mi personalidad es básicamente tímida. La conversación se volvió seria de inmediato al quedarse ambos escuchando el porqué de mi fuerza y atrevimiento. Lo que les expliqué entonces es la misma explicación de por qué sigo atreviéndome. ¡Es que estoy convencida de que lo que digo es la verdad! Y pienso que tal vez usted y yo no necesitamos más valor sino convicciones más firmes. Porque cuando uno está profundamente convencido de algo, ¡se siente impulsado a abrir la boca y a proclamarlo! Jesús así lo expuso a sus discípulos cuando dijo: «Y también ustedes darán testimonio porque han estado conmigo desde el principio» (15:27).

Menos de sesenta días después de aquella cena en el aposento alto, dos de aquellos discípulos (Pedro y Juan) cayeron presos en Jerusalén por hablar de Jesús. Frente al mismo tribunal religioso que había condenado a muerte a Jesús, *Pedro* (el mismo Pedro que se había sentido tan aterrado por la opinión de los demás durante el proceso a Jesús que había negado a su Señor tres veces), lleno del Espíritu Santo, proclamó con valor a Jesucristo, el que fue «crucificado por ustedes pero resucitado por Dios. ... De hecho, en ningún otro hay salvación, porque no hay bajo el cielo otro nombre dado a los hombres mediante el cual podamos ser salvos».

¡Las autoridades no daban crédito a sus oídos! «Al ver la osadía con que hablaban Pedro y Juan, y al darse cuenta de que eran gente sin estudios ni preparación, quedaron asombrados y reconocieron que habían estado con Jesús»[27]. Luego de una breve consulta entre ellos, los líderes religiosos les prohibieron a Juan y a Pedro que hablaran en el nombre de Jesús. La respuesta de los discípulos fue una defensa típica que sonaba tan verdadera en la sociedad comedida, pluralista y multicultural de entonces como puede sonar en la nuestra: «No podemos dejar de hablar de lo que hemos visto y oído»[28]. Se sentían impulsados a hablar, no podían evitarlo, ¡porque habían estado con Jesús! Habían estado con Él cuando...

el ciego recibió la vista,

los oídos del sordo se abrieron,

los leprosos sanaron,

el paralítico caminó,

los atormentados recibieron liberación,

¡los muertos resucitaron!

¡Ellos vieron alimentar a cinco mil personas con cinco panes y dos peces!

¡Ellos vieron a Jesús calmar los vientos y las olas con una palabra!

¡Ellos vieron a Jesús caminar sobre el agua!
¡Ellos vieron cómo Jesús confundía a los fariseos!
¡Ellos estuvieron con Jesús!
¡Ellos lo escucharon orar!
¡Ellos sintieron su mano!
¡Ellos vieron su gloria!
¡Ellos fueron testigos de su poder!
¡Ellos recibieron su amor!
¡Ellos vieron a Jesús crucificado!
¡Ellos vieron a Jesús sepultado!
¡Ellos vieron la tumba vacía!
¡Ellos vieron a Jesús vivo y levantado de entre los muertos!
¡Ellos vieron a Jesús ascender físicamente al cielo!
¿Cómo podrían quedarse callados?
Sabían demasiado
y vieron demasiado
y oyeron demasiado
y sintieron demasiado
y aprendieron demasiado...
¡Así que sentían la compulsión de hablar!

Mientras escribía este libro, nuestra hija menor Rachel-Ruth, dio a luz a nuestra primera nieta: una niña a la que llamaron Ruth Bell Wright. Es toda rosadita y tiene unos enormes ojos de color azul grisáceo, una pelusilla castaño dorada, unas preciosas orejitas y dedos finos y largos... y podría seguir y seguir... Mi esposo y yo estamos absolutamente embelesados con aquella pequeña. No tengo miedo de hablar de ella, ni me pongo a pensar de antemano cómo voy a hablar de ella. No me preocupa si hablando de ella puedo llegar a ofender a alguien. No asisto a clases para aprender cómo hablar de la pequeña ni tampoco leo libros sobre cómo hacerlo. Cada vez que alzo a la niña y la acurruco contra mí, toco levemente una de sus delicadas mejillas y... ¡me derrito! La pequeña Ruth Bell llena mi corazón. Y lo que llena mi corazón, ¡está en mis labios!

¿Por qué parece que convertimos el hablar de Jesús en algo tan complicado? Si Él llena nuestro corazón, ¡Él brotará de nuestros labios! Como le pasó a Pedro y a Juan, ¡no podremos evitar «dejar de hablar de lo que hemos visto y oído» acerca de Él![29]

SOY PARTE DE LA HERMANDAD de los que no se avergüenzan. Tengo el poder del Espíritu Santo. La suerte está echada. Estoy del otro lado. La decisión está tomada. Soy una discípula de Jesús. No miraré atrás ni voy a detenerme ni a aminorar la marcha ni a retroceder ni a quedarme quieta.

Mi pasado quedó redimido, mi presente tiene sentido, mi futuro es seguro. Se acabó la vida sin sentido, mi andar por vista, mis planes modestos, mis rodillas lisas, mis sueños incoloros, mis visiones frustradas, mis conversaciones banales, mis ofrendas escasas y mis metas enanas.

Ya no me hacen falta la preeminencia, la prosperidad, la posición, la promoción, los aplausos ni la popularidad. No necesito que me den la razón, ni ser la primera, ni la cimera, ni que me reconozcan, alaben, aprecien o premien. Ahora vivo por fe, me apoyo en su divina presencia, camino con paciencia, me elevo orando y trabajo con poder.

Mi rumbo es cierto, mi andar es rápido, mi meta es el cielo, mi senda es estrecha, el camino es escabroso, mis compañeros son pocos, mi Guía es de confianza, mi misión es clara. No pueden comprarme, comprometerme, desviarme, atraerme con engaños, hacerme volver, engañarme ni retrasarme. No me voy a acobardar ante los sacrificios, ni a vacilar frente a la adversidad; no voy a negociar con el enemigo, ni a pensar mucho en la popularidad, ni a serpentear por el laberinto de la mediocridad.

Jamás voy a darme por vencida, ni voy a callarme ni a aflojar hasta que haya permanecido, acumulado, orado, pagado y predicado por la causa de Cristo. Soy una discípula de Jesús. Tengo que continuar hasta que Él vuelva, dar hasta el fin, predicar hasta que todos sepan y trabajar hasta que Él me detenga. Y cuando Él regrese a buscar a los suyos, no le costará reconocerme porque mi identificación con Jesús será clara[30].

Por eso, amado Señor, ¡dame MÁS de tu valor en mis convicciones!

En respuesta al clamor de mi corazón, Jesús susurró a mi alma: «Te daré más valor, Anne, *CUANDO* permanezcas firme y hables por mí».

10
MÁS de su cercanía en mi soledad

Juan 16:5-15

LOS ADOLESCENTES VÍCTIMA DEL SUICIDIO, los alcohólicos, los drogadictos, los divorciados, los viudos, muchos solteros, los delincuentes juveniles, los presos, las víctimas del cáncer y los once discípulos de Jesús en aquella noche del jueves previo a la crucifixión tienen todos algo en común. ¿Qué tienen en común? La *soledad.*

En nuestro mundo superpoblado con gente que
camina por veredas atestadas,
viaja en ómnibus repletos,
vive en casas llenas de gente,
conduce por calles congestionadas,
hace las compras en centros comerciales abarrotados,
pasa sus vacaciones en hoteles colmados,
sale de excursión por parques llenos de gente,
come en restaurantes repletos,
trabaja en oficinas superpobladas,
muere en hospitales desbordados...

muchos están desesperadamente solos. El diccionario define a la soledad como carencia voluntaria o involuntaria de compañía. Pesar y melancolía que se sienten por la ausencia, muerte o pérdida de alguien o de algo[1].

¿Cuándo se ha sentido solo aun estando en medio de una multitud? ¿Sintió pesar? ¿Carencia de compañía que le causó melancolía o depresión por estar solo? ¿Fue cuando...

celebró el Día de los Enamorados, el Día de Acción de Gracias o la mañana de Navidad sin sus seres queridos?

fallecieron sus padres?

lo despidieron para poner en su lugar a un empleado más joven?

lo abandonó su cónyuge?

su mejor amigo se mudó?

sus hijos partieron a la escuela?

rompió un noviazgo?

lo traicionó un hermano carnal?

se mudó a una ciudad en otro estado o provincia?

yacía acostado en la sala de cirugía?

lo transfirieron a una sucursal en un país donde no conoce el idioma?

¿Será que no se siente solo, pero conoce a alguien que sí?

Imagine la quietud en aquella sala del aposento alto aquel jueves por la noche hace ya bastante tiempo. ¿Se abriría paso la cálida brisa primaveral por entre las ventanas abiertas, trayendo consigo los sonidos de la Jerusalén nocturna: una puerta de negocio que se cierra, el ruido amortiguado de un vendedor que empaca sus cosas en el carro, el sonido de los cascos de los burros en las calles adoquinadas mientras las personas regresan del mercado a sus casas, antes de la Pascua, la voz de una madre que llama a los niños para que regresen a la casa. Los sonidos recordaban la vida normal que se seguía desarrollando, si bien había algo sorprendentemente anormal en que las cosas siguieran como habían sido durante varias generaciones mientras dentro de sus murallas el Hijo de Dios se preparaba para morir.

En el aposento alto, la calma solo se quebraba con el sonido de la amada voz del Maestro. Jesús siguió derramando su corazón en palabras que procuraban preparar a sus discípulos para lo que se avecinaba. Y los discípulos comenzaban a comprender, aunque aún en forma vaga, que quien era...

su Señor,

su Maestro,

su Instructor,

su mejor Amigo,
aquel a quien habían entregado su vida,
aquel que era la vida misma para ellos...

Jesús... ¡estaba a punto de abandonarlos!

¡Se iba! La soledad de su ausencia inminente ya había comenzado a envolver sus emociones y la tristeza embargaba sus corazones. Por eso Jesús les dijo que si bien los abandonaría físicamente y en ocasiones se podrían sentir solos, ¡jamás volverían a estar solos de nuevo! Aquella noche de jueves, antes de que se desencadenara el infierno, comenzó a revelarles a la tercera persona del trino Dios: el Espíritu Santo, que sería Jesús en ellos, y no solamente *con ellos.*

SU CERCANÍA TRAE CONSUELO

La cercanía del Espíritu Santo que habita en mí me produjo un perceptible consuelo una mañana en que me presenté para una entrevista en un canal de televisión nacional. Al sentarme en la mullida silla frente a la elegante y bien vestida profesional que iba a entrevistarme, me fijé en lo que me rodeaba. Las sillas estaban dispuestas dentro de un decorado que parecía ser la sala de cualquier hogar. A través de las pantallas de la televisión se vería acogedor, pero estaba muy lejos de ser un sitio donde uno podría relajarse o descansar a sus anchas. Las luces brillantes nos iluminaban de manera que las tres cámaras que nos enfocaban pudieran transmitir una imagen clara y precisa a los millones de espectadores. Detrás de las cámaras había varias personas que se habían reunido para ver y escuchar nuestra breve conversación. Entre el grupo estaba mi hija Morrow junto con seis amigas, las cuales yo sabía que estaban orando por mí.

Mientras la entrevistadora se acomodaba para comenzar con la introducción, escuché al director contar hasta que nos indicó que estábamos en el aire, en vivo. Yo era consciente de que mi cara y mis palabras aparecerían en millones de televisores a través del país y más allá. La entrevista no duraría más de tres a cinco minutos, así que debía responder con palabras cuidadosamente seleccionadas y breves, y la misma vez con significado para dar testimonio de Jesucristo.

Mientras en el estudio hacían silencio y la entrevistadora me presentaba al público para luego girar hacia mí con la primera pregunta, me sentí llena de una calma sobrenatural y una confianza a toda prueba que se basaba en la absoluta seguridad de que no estaba sentada sola en aquella silla.

En aquel momento...
en aquella silla...
bajo aquellas luces...
frente a aquellas cámaras...
respondiendo a aquellas preguntas...

¡Yo me sentía bien! Sabía que el Espíritu Santo con su inescrutable sabiduría e inconmensurable conocimiento sabía exactamente qué preguntas me haría la entrevistadora y me daría las palabras exactas para responderle de manera que Jesús fuera exaltado, ¡y se pudiera presentar el evangelio! ¡Y así lo hizo!

¿Y quién es el Espíritu Santo que me ayudó en forma tan personal en un momento como ese de la entrevista? ¡Es Dios! Nuestro Dios es un solo Dios, aunque misteriosa y magníficamente es tres personas en una. Esta verdad se expresa indirectamente desde el principio de las Escrituras cuando en el primer versículo nos dice: «Dios, en el principio, creó los cielos y la tierra»[2]. El pasaje continúa identificando al Espíritu de Dios que se movía sobre la superficie del planeta tierra que estaba oscuro y sin forma, y la Palabra de Dios salía cada día y daba la orden a la luz de que brillara en medio de la oscuridad, al firmamento de que surgiera del espacio, a los cimientos para que se formaran donde antes había vacío y que la vida surgiera de la nada[3]. El primer capítulo de la Biblia revela a Dios el Padre, a Dios el Espíritu Santo y a Dios la Palabra viva que es Dios el Hijo[4].

Dramáticamente, el relato bíblico registra que Dios dijo: «*Hagamos* al ser humano a *nuestra* imagen y semejanza. ... Y Dios creó al ser humano a *su* imagen; *lo creó* a imagen de Dios. Hombre y mujer *los creó*»[5]. Preste atención al cambio de pronombre personal cuando Dios se refiere a sí mismo en plural y luego en singular; porque Él es tres personas en una. Podemos ver a las tres personas reveladas en las Escrituras: la revelación de sí mismo es primeramente como Dios el Padre, manifestado en el Antiguo Testamento; Dios el Hijo que se revela en los Evangelios y Dios el Espíritu Santo, revelado en el libro de los Hechos y las epístolas[6].

La misma noche en que Jesús fue traicionado, dentro de las doce horas previas a su crucifixión, cuando el horror de las inminentes acusaciones, del rechazo, de la tortura y la humillación habían comenzado a cernirse sobre Él como un velo asfixiante, sus pensamientos no estaban concentrados en el sufrimiento que le esperaba, sino en el dolor de los discípulos ante su partida. Mientras se preparaba para ir a la cruz con piadoso abandono, procuró consolar a sus discípulos en su dolor y soledad. Comenzó a explicarles con paciencia que su presencia permanecería con ellos aunque Él ya no fuera *visible*. Estaría presente en forma *invisible* en la persona del Espíritu Santo.

El consuelo de su comprensiva percepción

Jesús *sabía* cómo se sentían los discípulos en lo más íntimo de su corazón. Sabía que se hundían en la oscura depresión que produce la soledad. Por eso, con una ternura infinita, les dijo: «Ahora vuelvo al que me envió, pero ninguno de ustedes me pregunta: "¿A dónde vas?" Al contrario, como les he dicho estas cosas, se han entristecido mucho» (16:5-6). Ellos estaban tristes porque Él los abandonaba... ¡Se iba! Seguramente querían saber adónde, pero ¿qué importaba? Dondequiera que se fuera, se alejaría de ellos y eso era lo único en lo que podían pensar en ese momento. ¡Se iría! Y Jesús *sabía* las preguntas que tenían en la mente y los sentimientos no expresados de su corazón. ¡Los comprendía!

En medio de su soledad, ¿no añora e incluso sueña con tener a alguien que lo comprenda de tal manera que sepa lo que usted piensa y siente sin que tenga que decirle una palabra? Alguien que lo mire directo a los ojos con ternura y *usted* sepa ¡que *lo sabe todo!*

¿Acaso su soledad brota del hecho de que se siente incógnito, incomprendido, o que no lo toman en cuenta? Entonces necesita a Jesús y necesita también más de su cercanía en su soledad, porque Jesús lo conoce, lo comprende y le presta absoluta atención.

Consuelo en la absoluta atención

¡El Espíritu Santo es Jesús en mí,
dándome de Él,
con absoluta atención!
¡Siempre!

Una de las cosas por las que invité a Jesús a mi vida fue que no me bastaba estar con Él una hora los domingos por la mañana en el culto de adoración junto con los demás o dos horas los miércoles por la noche en la cena de la iglesia. Yo quería estar con Él las veinticuatro horas del día. ¡No quería estar sin Él! ¡Lo quería todo para mí!

Jesús sabía que sus discípulos de todas las épocas se sentirían así y por eso prometió: «Les digo la verdad: les conviene que me vaya porque, si no lo hago, el Consolador no vendrá a ustedes; en cambio, si me voy, se lo enviaré a ustedes» (16:7). La misma promesa de Jesús le da un nombre al Espíritu Santo que revela la singularidad de su cercanía en nuestra soledad. Ese nombre, «Consolador», se traduce indistintamente del texto griego en otros seis nombres, cada uno de los cuales denota un aspecto sutilmente distinto del ministerio personal y precioso del Espíritu Santo en nuestra vida. Ore y medite en estos nombres mientras lee las definiciones que da el diccionario[7]:

Consolador: el que libera a otro de una angustia.

Consejero: el que se ocupa de dar consejos y llevar adelante las causas.

Ayudador: el que brinda alivio o ayuda. El que es útil y que espera las decisiones del otro.

Intercesor: el que actúa entre las partes para reconciliar diferencias.

Abogado: el que aboga por la causa de otro.

Fortalecedor: el que hace crecer, convertirse en más fuerte, soportar y resistir los ataques.

Compañero: alguien con quien se puede contar en tiempos normales o en emergencias.

¿Se imagina lo maravilloso que sería contar con alguien en su vida que tenga estos atributos? Por ejemplo:

¿Está angustiado?
Entonces, necesita al Consolador.

¿Tiene que tomar una decisión importante?
Entonces necesita al Consejero.

¿Necesita alivio o ayuda en cuanto a sus responsabilidades?
Entonces necesita al Ayudador.

¿Ha roto sus relaciones con alguna persona?
Entonces necesita un Intercesor.

¿Lo critican, lo acusan falsamente, lo malinterpretan?
Entonces, necesita un Abogado.

¿Lo vencen los hábitos pecaminosos?
Entonces necesita al Fortalecedor.

¿No está listo para una emergencia?
Entonces necesita al Compañero.

¡El Espíritu Santo es fabuloso! ¡Es todo lo que Jesús es!

¿Alguna vez ha deseado que Jesús fuera lo que cuando era niño a usted le parecía que era? Le parecía tan real, tan cercano, tan consolador, tan comprensivo, tan poderoso y tan protector. ¿Alguna vez ha deseado que Jesús se presentara en carne y hueso, se sentara a su lado, tomara su mano entre las de Él, le dijera cuánto lo ama, conversara sobre sus problemas y le diera un consejo sabio? ¡Él ya se presentó! *Está aquí* en la persona del Espíritu Santo, quien hace que Jesús sea algo muy real para usted y para mí, ¡porque Él es el «Espíritu de Cristo»![8]

Gracias al Espíritu Santo...

Cuando necesita una respuesta a su pregunta, no tiene que buscar a Jesús.

Cuando está en problemas, no tiene que salir corriendo en busca de Jesús.

Cuando tiene ganas de hablar, no tiene que hacer una cita con Jesús.

Cuando necesita la ayuda de Jesús, ¡no necesita hablar antes con su secretaria!

Cuando se siente solo, ¡no tiene que compartir a Jesús con otros!

¡Él es todo suyo!

Si incluso tuviera que dejar de lado todos los privilegios mencionados con tal de ver a Jesús en la carne, ¡preferiría seguir viviendo por fe! Puedo vivir sin ver su amado rostro, ¡pero no podría vivir sin el consuelo de su presencia continua en mi vida!

La proximidad del Espíritu Santo no solo me consuela en lo personal sino que también me consuela cuando intento obedecer la orden de nuestro Señor de llevar el evangelio a todo el mundo[9]. Hablar del amor de Dios y la verdad de quien Jesús es con quienes me rodean puede infundir temor... ¡y ser también frustrante! ¿Cómo puedo convencer a alguien hoy en día de que Jesús, que vivió hace dos mil años, sigue siendo relevante? ¿Cómo puedo convencer a un pecador de su pecado o de la necesidad de ponerse a cuentas con Dios? ¿Cómo puedo convencer a alguien de que la cruz es la puerta de entrada a la gloria eterna? ¡Yo no puedo hacerlo! ¡Pero el Espíritu Santo sí puede!

SU PROXIMIDAD TRAE CONVICCIÓN

Mientras los discípulos trataban de asimilar el hecho de que Jesús los abandonaría, tal vez comenzaron a darse cuenta de que quedarían encargados de su divina labor en la tierra. Si bien tenían una leve idea de lo que sería ese trabajo, aun lo mínimo al respecto les habrá parecido agobiante. ¿Cómo podrían convencer a un idólatra perteneciente a la sociedad pluralista y multicultural del Imperio Romano en el siglo I que Jesucristo era relevante para su vida? ¿Encararían los discípulos esta tarea de enormes proporciones con su...

lógica sistemática?

elocuencia prodigiosa?

razonamiento brillante?

poder persuasivo?

irresistible encanto?

sabia respuesta?

¡No! ¡Sería imposible! Ellos eran en su mayoría hombres ignorantes y sin educación[10]. Jamás lograrían convencer a una persona acerca de quien era Jesús o la necesidad que el hombre tiene de Él. El apóstol Pablo dejó bien en claro esa dificultad cuando expresó sin rodeos a los cristianos de Corinto que el evangelio es «motivo de tropiezo para los judíos, y es locura para los gentiles»,[11] el evangelio está encubierto para los que se pierden[12] y la mente de los incrédulos está cegada a la luz del evangelio[13].

Cada vez que estoy detrás de un púlpito o me paro frente a un atril, o me siento frente a un entrevistador, o presento el evangelio en una conversación cara a cara sé que no hay nada que pueda decir, ni manera en que pueda decirlo, que toque el corazón de esa persona al punto que confronte y confiese su pecado y le pida a Jesucristo que sea su Salvador. No hay nada que yo pueda decir para convencer a una persona de que necesita un Salvador y que ese único Salvador que necesita es Jesús. Una y otra vez, en los momentos previos al mensaje que voy a dar, clamo en oración silente: «Señor, ¡ayúdame! Dame las palabras que debo decir. Luego, recubre esas palabras con el poder del Espíritu Santo para que provoquen una diferencia eterna en los oyentes y que esto sea solo para tu gloria».

Sé que mi responsabilidad es entregar el mensaje que Dios ha puesto en mi corazón. Sin embargo, también sé que Él es el encargado de que acepten el mensaje los que escuchan.

¿A quién está tratando de presentarle el mensaje de Cristo? ¿Es uno de sus pares, alguien mayor o un anciano? ¿Es alguien más joven, más rico, más pobre? ¿Tiene miedo de testificar a alguien que es más intelectual que usted o que tiene una mejor educación o que parece ser más refinado y conocedor de mundo? Entonces, ¡únase a mí para alabar a Dios! ¡Qué alivio! ¡La convicción de pecado de las personas no es asunto nuestro! Es responsabilidad del Espíritu Santo.

Convicción de pecado

Jesús calmó a sus discípulos de inmediato quitando esa carga de responsabilidad de sobre sus hombros cuando les explicó: «Y cuando él [el Espíritu Santo] venga, convencerá al mundo de su error en cuanto al pecado ... porque no creen en mí» (16:8-9). Piensen en lo imposible que sería nuestra tarea ¡sin el Espíritu Santo! ¿Cómo haría, sin el Espíritu Santo, para decirle a su padre, que abandonó a su madre para juntarse con otra mujer sin estar casados, que vive en pecado? ¿Cómo le diría a su cónyuge que mintió en un trato de negocios que mentir es pecado? ¿Cómo podría decirle a la hija adolescente de su vecino que es soltera y que está embarazada que el aborto es pecado? ¿Cómo le diría a su decorador que su estilo de vida homosexual es pecaminoso? ¿Cómo le diría a su vivaz amiga que su cotilleo tan divertido y entretenido, pero dañino a la reputación del otro, es pecado? ¿Cómo podría decir cualquiera de esas cosas sin que la persona le responda enojada que usted se cree moralmente superior, que es un intolerante o un fanático religioso? ¡No puede hacerlo! ¡Alabe a Dios porque la convicción la da el Espíritu Santo!

¿A quién intenta convencer de pecado? ¿A su cónyuge? Muchas veces tengo que morderme la lengua para frenarme de decirle a mi esposo: «No deberías hacer eso», «no tendrías que haber dicho aquello», «deberías ir allí», «tendrías que haber reaccionado distinto»... Sin embargo mi madre, una mujer muy sabia, me dio un gran consejo hace muchos años que no siempre sigo. Me dijo que mi tarea era hacer que mi esposo fuera feliz y que era tarea del Espíritu Santo hacer que fuera bueno. ¿Por qué usted y yo tratamos con todas nuestras fuerzas de hacer el trabajo que le corresponde al Espíritu Santo?

No hay absolutamente ninguna duda de que los discípulos que estaban recibiendo esta explicación alentadora serían instrumentos para convencer al mundo de pecado y de la necesidad de un Salvador. Sus palabras dieron forma al Nuevo Testamento. Sus palabras recorrieron el mundo conocido en sus días. El ejemplo de ellos es el que han seguido los creyentes de todas las generaciones. Sin embargo, sus palabras y su ejemplo habrían sido vacíos y huecos si no hubieran estado revestidos del poder del Espíritu Santo.

Dios usará nuestras palabras y el testimonio de nuestro ejemplo para ganar a los demás para Cristo. Y hay ocasiones en que Él nos usa en forma indirecta cuando alguien escucha casualmente lo que decimos, o asisten a la iglesia porque los hemos invitado y escuchan un mensaje que les traspasa el corazón, o quizá observan la diferencia en nuestra vida cuando procuramos apartarnos del mundo que nos rodea.

Sin embargo, por nosotros mismos todo será carente de significado e irrelevante a menos que el Espíritu Santo coloque su mano sobre nosotros e inspire su vida en lo que hacemos[14]. Por eso, antes de siquiera abrir la boca para hablar de Cristo, tenemos que orar y pedir que el Espíritu Santo tome lo que vamos a dar y a vivir, y lo use para producir en los demás convicción de pecado y de la necesidad de estar a cuentas con Dios.

Convicción de justicia

Jesucristo fue crucificado como un criminal, como un hereje blasfemo, como un enemigo de Roma y de Dios. ¿Qué hizo que cambiara la opinión que todo el mundo tenía de Él? ¿Por qué pasó a la historia como un buen hombre o un gran profeta? ¿Por qué las personas ponen su confianza en un judío que murió crucificado hace dos mil años, mucho antes de que ellos nacieran? El cambio de opinión lo produjo el Espíritu Santo, que convenció al mundo de la verdad: que Jesucristo no resucitó simplemente, sino que se levantó de los muertos y que ¡Él vive! Jesús anunció a sus discípulos que «cuando él [el Espíritu Santo] venga, convencerá al mundo de su error ... en cuanto a la justicia, porque voy al Padre y ustedes ya no podrán verme» (16:8,10). La prueba de la justicia de Jesucristo está en que Dios no lo dejó en la cruz cargando con su pecado y con el mío, sino que lo resucitó y lo sentó a su derecha y ¡sometió todas las cosas al dominio de Cristo![15]

Jesús fue y es la norma de justicia divina. Ahora Él está resucitado y con el Padre. Debemos tratar de ajustarnos a la norma de justicia divina y la única manera es tenerla acreditada por la fe a nuestra cuenta. Por medio de la fe en Jesús, nos convertimos en «la justicia de Dios»[16].

¿Cómo hacemos para decirle a una persona buena, con valores morales, que su justicia no es suficientemente buena para agradar a Dios?[17] ¿Cómo le decimos a una persona sinceramente religiosa que su religión no es suficientemente buena para entrar al cielo?[18] ¿A quién está tratando de convencer de que necesita ponerse a cuenta con Dios? ¿Cómo se las arregla para decírselo a esa persona de manera que lo escuche atentamente y procure luego la justicia de Jesucristo? *¡No puede!* Usted puede razonar con esa persona, responder a sus preguntas y presentarle la verdad; pero ni usted ni yo podemos convencer a esa persona de que cambie de conceptos y sentimientos. ¡Eso es tarea del Espíritu Santo!

Aunque el receptor de nuestro testimonio rechace nuestras palabras por considerarlas una crítica o una actitud farisaica, cuando esa persona ve que nos recuperamos de un arraigado hábito pecaminoso, o que amamos a alguien que ha sido de manera manifiesta nuestro enemigo, o que perdonamos a una persona que nos ha tratado injustamente, o que procuramos el bien del otro por encima del nuestro, o que priorizamos el tiempo que dedicamos al estudio de la Biblia y a la oración... esa persona ve que Jesús no solamente está vivo *para* nosotros, sino que vive en nosotros, y eso atrae a la persona hacia Jesús, el

Hijo de Dios, que es justo. En ese momento, cuando nuestro amigo tiene convicción de pecado y está convencido de la justicia de Jesucristo, tiene que tomar una decisión.

Convicción de juicio

Una persona que está bajo la condenación de Dios lo sabe por instinto. Estoy convencida de que una de las importantes razones del destructivo abuso del alcohol, de las drogas, de los niños, del cónyuge; una razón del ritmo frenético de vida que nos hace correr desde temprano en la mañana hasta la medianoche; una razón del mayor volumen y ritmo de nuestra música; una razón del énfasis en el pluralismo que promueven otras religiones como si fueran iguales al cristianismo, es que estamos intentando enmascarar un profundo sentido de culpa y desazón en nuestro espíritu. A pesar de lo que digamos, sabemos que existe un Dios y que todo eso a Él no le agrada.

Esa sensación de culpa que tenemos profundamente instalada en nuestro espíritu es amiga nuestra. Como un reloj despertador moral, tiene el propósito de despertarnos en cuanto a nuestra relación con Dios a fin de que podamos estar a cuenta con Él. Si...

reprimimos nuestra culpa,
racionalizamos nuestra culpa,
drogamos nuestra culpa,
ahogamos nuestra culpa,
negamos nuestra culpa,
cuidamos a nuestra culpa,
o ignoramos nuestra culpa,

no estamos queriendo escuchar la alarma, y nos exponemos al peligro del castigo de Dios. Pero ¿qué hacemos para convencer a alguien de que es culpable ante Dios? ¿Cómo convencemos a los demás de que irán al infierno si continúan separados de la fe en Jesucristo? ¿Cómo convencemos al mundo de que este Dios que ellos dicen que es demasiado bueno para permitir que alguien vaya al infierno es demasiado justo para permitirles ir al cielo... a menos que reciban la justicia de Jesucristo al depositar la fe en Él? ¡No podemos! Por eso Jesús dijo: «Y cuando él [el Espíritu Santo] venga, convencerá al mundo de su error ... en cuanto al juicio, porque el príncipe de este mundo ya ha sido juzgado» (16:8,11).

El príncipe de este mundo, el diablo, ya ha sido juzgado y condenado en la cruz y por medio de la resurrección de Jesús. Cualquiera que esté bajo el dominio del diablo, ya sea inconscientemente porque esa persona no se halla bajo la autoridad de Cristo, o conscientemente, recibirá el castigo del diablo.

Somos gobernados por el diablo... o por Jesús.

Estamos en el mundo... o en Cristo.

Somos juzgados... o justificados.

Somos condenados... o salvos.

Somos rechazados... o aceptados.

Estamos en la oscuridad... o en la luz.

Iremos al infierno... o al cielo[19].

¿Se ha sentido alguna vez desesperado por la salvación de alguien a quien ama? ¿Y se ha sentido solo y llevando la carga de la salvación de esa persona? ¿Acaso trata de recordar su lista de amigos cristianos para encontrar a uno al que podría pedirle que le presentara el evangelio a esa persona, o para que orara por ella? ¡Qué tremendo alivio es dejar caer la carga de la salvación de esa persona en el Espíritu Santo! Él desea más que usted que esa persona se salve. Él es el que ha puesto esa carga en su corazón y se unirá a usted en conducir a esa persona a la fe en Jesucristo. Sin embargo, Él es el único responsable de convencer a esa persona de pecado, de la necesidad de estar a cuentas con Dios por medio de Cristo y del juicio inminente que se avecina si rechaza a Jesús.

Elizabeth es una hermosa joven de mi lista de oración por la que he orado orado, orado y orado[20]. Profesa conocer a Jesucristo como

Salvador, aunque no veo ninguna evidencia de Él en su vida. Está tan ahogada en la culpa que en vez de conducirla a la cruz, la ha llevado a tomar drogas que le alteran la mente. Pareciera que el diablo domina la situación. Reconozco que el clamor de mi corazón supo alcanzar un sonido estridente cuando con desesperación rogaba a Dios que interviniera.

En medio de la intensidad de mis emociones, de la furiosa agitación de mis pensamientos y la apabullante avalancha de mis palabras, me pareció escuchar la queda vocecita del Espíritu Santo que decía: «No tengas miedo ni te acobardes ... porque la batalla no es de ustedes, sino mía»[21]. La batalla por la vida eterna y la salud mental de Elizabeth pertenece al Señor y no a mí. Y la paz que sobrepasa todo entendimiento se alza como una brisa fresca que aquieta mi corazón y controla mis pensamientos... es una paz que solo Dios el Espíritu Santo puede dar[22].

Me pregunto cómo estarían recibiendo los discípulos, sentados en aquel aposento alto ese jueves por la noche, lo que Jesús les decía. ¿Habrán sido sus palabras como una brisa fresca para su mente y su corazón ansiosos? ¿Estaban deseosos de recibir a esa persona maravillosa de la que Jesús había hablado con tan íntimo conocimiento? ¿Estarían de alguna manera desconcertados, confundidos, abrumados o temerosos? ¿Por qué Jesús no les explicaba mejor quién era el Espíritu Santo y cómo habría de obrar en ellos y a través de ellos? ¿Por qué Jesús no entró en los detalles que Pablo describió en su carta a los Romanos o a los Gálatas?[23] ¿Por qué Jesús retuvo la información que mencionó cuando dijo: «Muchas cosas me quedan aún por decirles, que por ahora no podrían soportar» (16:12). Jesús dio a los discípulos la información indispensable porque, hasta que no llegara el Espíritu Santo y habitara en ellos, de todos modos no podrían comprender; porque es el Espíritu Santo el que nos enseña e instruye acerca de las cosas de Cristo.

SU PROXIMIDAD BRINDA CLARIDAD

Uno de los nombres del Espíritu Santo es Espíritu de verdad porque obra por medio de *la* Verdad, de dos maneras: obra a través de la verdad de la Palabra de Dios escrita, la Biblia, y obra a través de la verdad de la Palabra de Dios viva, Jesucristo. ¿Ha leído alguna vez un pasaje de la Biblia y le ha sido difícil comprender su significado? ¿Se ha resistido a pertenecer a un grupo de estudio bíblico porque se sentiría avergonzado frente a los demás cuando vean lo que a usted le cuesta comprender? ¿Teme quedarse apartado en un grupo que parece ver cosas en las Escrituras que usted no puede ver? Entonces, ¡tranquilo! La diferencia entre usted y otros que parecen comprender lo que leen puede muy bien deberse a la dependencia que ellos tienen del Espíritu Santo, el cual les prepara la mente y el corazón para entender el significado de la Palabra de Dios. Y el mismo Espíritu Santo que hizo eso por ellos lo hará por usted si se lo pide.

Él aclara la Palabra escrita

Una de las razones por las que jamás me acerco a las Escrituras sin antes orar es que la persona del Espíritu Santo es quien hace que la verdad sea clara. Jesús continuó conversando con los discípulos e identificó su papel de la siguiente manera: «Cuando venga el Espíritu de la verdad, él los guiará a toda la verdad, porque no hablará por su propia cuenta sino que dirá solo lo que oiga y les anunciará las cosas por venir» (16:13).

La Biblia es un libro maravilloso de historia, poesía, profecía y ceremonias. Cualquiera puede salir bendecido con solo leer esta pieza de literatura verdaderamente magnífica que abarca años de historia humana. Sin embargo, hay una bendición exclusiva reservada para los que se acercan a ella por fe como la verdad y lo hacen en oración, con avidez y humildad. Es para los que tratan de ir más allá de la lectura superficial y se adentran en el significado más profundo[24]. Es imposible alcanzar este nivel más profundo de comprensión sin la guía del Espíritu Santo.

Cuando procuramos leer y estudiar, comprender y aplicar, someternos y obedecer la Biblia, no estamos solos. El Espíritu Santo nos da claridad en cuanto al maravilloso libro que Él ha inspirado[25]. Son muchas las ocasiones en que me siento delante del escritorio frente a un pasaje bíblico que acabo de leer y me pongo a dibujar garabatos con el bolígrafo en un bloque de papel para notas porque tengo la mente en blanco. Es como si supiera lo que el pasaje dice en palabras, pero no pudiera comprender el significado que tiene para mi vida. Luego, oro y le pido al Espíritu Santo que descifre el significado que tiene para mí, y al continuar meditando viene a mi mente un pensamiento, luego otro... hasta que el pasaje, cual valioso cofre, se abre y puedo contemplar el tesoro que encierra.

Uno de mis primeras participaciones internacionales como oradora de *AnGeL Ministries* fue una conferencia de quinientos pastores en Nadi, Fiji. Acudieron los líderes cristianos de varias islas de todo el Pacífico Sur a un pabellón con techo de paja y al aire libre, para recibir instrucción y aliento en la Palabra de Dios. Si bien me había comprometido a estar en dos reuniones diarias con los pastores, solicité a los organizadores que estudiaran la posibilidad de añadir a la agenda encuentros para las mujeres durante la tarde. Accedieron.

Sin saber quiénes vendrían, si es que alguien se presentaba, me dirigí al primer encuentro de la tarde con gran expectativa y curiosidad. Me llevaron hasta un cuarto de almacenamiento que estaba en la parte trasera del pabellón donde me encontré con alrededor de treinta mujeres descalzas sentadas sobre cajas de mercadería. Sus preciosos ojos castaños brillaron y sus blancos dientes refulgieron en los rostros oscuros cuando me recibieron con una sonrisa radiante cuando entré al lugar. De una mirada comprobé que todas tenían Biblia. Entonces, procedí a enseñarles cómo leer la Palabra para que pudieran escuchar la voz de Dios cuando les hablaba por medio de ella.

Durante la hora y media siguiente estudiamos, comentamos y aplicamos juntas la Palabra de Dios.

Es hasta el día de hoy, trece años después, que aquel grupo de mujeres pobres, descalzas y sin educación, muchas de las cuales habían caminado medio día para estar en la reunión, permanece viva en mi memoria. Y no es por el extraño emplazamiento ni el exótico entorno, sino porque las reflexiones de aquellas mujeres fueron sumamente profundas y puras. Me corría un escalofrío por el cuerpo al darme cuenta de que el estudio bíblico en el que estaba participando lo estaba conduciendo personalmente por el Espíritu de verdad, quien guió a aquellas damas a comprender su Palabra.

¿Acaso la Biblia le parece confusa? Con su educación superior y con su prosperidad económica, ¿se siente más pobre en entendimiento que aquellas mujeres de Fiji? Me cuentan que cuando era pequeña y me enfermaba, mi madre me enviaba a casa de mi abuela. Yo entonces abrazaba mi almohada mullida y cruzaba la calle en pijamas rumbo a casa de abuela.

Y una de las cosas que abuela hacía para distraerme del sufrimiento del sarampión, de las paperas, de la gripe o de un simple resfrío era sacar una caja que tenía un hermoso cuadro en la tapa. Ella abría la tapa y sacaba el contenido: cientos de piezas de cartón con formas graciosas. Una vez que había desparramado todas las piezas sobre la mesa que había dispuesto para tal fin, me explicaba que tenía que encontrar las piezas que encajaran entre sí. Las pequeñas piezas de cartón eran un rompecabezas. La mayoría de los rompecabezas de mi abuela contenían quinientas piezas y armarlo ¡parecía una tarea imposible! Sin embargo, ella me enseñó que lo primero que había que hacer para poder armar el rompecabezas era colocar todas las piezas con la cara hacia arriba para poder ver los colores. Luego, si me fijaba en el cuadro que estaba en la caja y unía las piezas para reproducir la imagen, tendría el rompecabezas resuelto.

En muchos sentidos, la Biblia es como aquel rompecabezas. Puede parecer que se trata de pedacitos y piezas de partes inconexas que carecen de significado en sí mismas. Las piezas no parecen tener sentido y por eso necesitamos al Espíritu Santo, porque Él es quien nos ayuda a comprender el cuadro completo de la Biblia, la revelación de Dios mismo. Luego, Él nos ayuda a poner todas las piezas, todos los versículos, capítulos y libros, uno a uno hasta que el cuadro se completa y vemos a Jesús, quien nos revela a Dios desde Génesis hasta Apocalipsis[26].

Él aclara la Palabra viva

Cada vez que el Espíritu Santo es el sujeto de la oración, Jesús es el tema, porque todo lo que tiene su origen en el Espíritu tiene su culminación en Jesús. Jesús definió con claridad el enfoque primario del Espíritu Santo cuando explicó: «Él me glorificará porque tomará de lo mío y se lo dará a conocer a ustedes. Todo cuanto tiene el Padre es mío. Por eso les dije que el Espíritu tomará de lo mío y se lo dará a conocer a ustedes» (16:14-15).

Sin el Espíritu Santo que nos haga clara la verdad en nuestra mente y confirme quién es Jesús en nuestro corazón, «veremos» a Jesús solo como...

un hombre,
o un hombre santo,
o un profeta,
o un gran profeta,
o un maestro,
o un revolucionario,
o un ícono religioso,
o una figura simbólica.

Sin embargo, el Espíritu Santo nos abre los ojos para que veamos y nos prepara la mente para que comprendamos y nos toca el corazón para que recibamos el concepto de que Jesús es más que un hombre...

o un profeta... o un maestro... o un revolucionario... o un ícono... o un símbolo. Jesús es...

el Mesías de Israel,
el Cordero de Dios,
el Hijo de David,
el Hijo del Hombre,
el Hijo de Dios,
el Salvador del mundo,
la Verdad encarnada,
el Señor resucitado,
el Rey que reina...
¡Es Dios mismo en la carne![27]

LA VERDAD SE ME HACE CLARA cuando me saturo de la Palabra de Dios y le pido al Espíritu Santo que dé vuelta a las piezas del rompecabezas hasta que yo pueda ver las partecitas de color del otro lado. Y cuando lo hace, y las piezas comienzan a encajar unas con otras y a cobrar sentido, el cuadro emerge. ¡Es el cuadro de un Hombre![28] Y el clamor de mi corazón de MÁS de su cercanía en mi soledad ¡halla su respuesta en las páginas de mi Biblia!

11

MÁS *de* *sus respuestas a mis oraciones*

Juan 16:23-27

SE CUENTA LA HISTORIA DE un pastor escocés que los domingos por la mañana pronunciaba oraciones largas y aparentemente piadosas que escapaban de la comprensión de la pequeña congregación. Semana tras semana, mes tras mes, año tras año, siguió con aquella cantilena que era puro aburrimiento y frustración para los presentes. Incapaz de seguir soportando la ilimitada verborragia, una ancianita del coro decidió hacer algo al respecto. Al domingo siguiente, cuando el clérigo se sumergió en la ampulosa y acostumbrada oración, la mujercita se estiró desde su sitio en el coro y le tironeó de la manga del abrigo. En un susurro que el micrófono amplificó y toda la congregación pudo escuchar, lo reprendió diciendo: «Oiga… llámelo Padre, ¡y pídale algo!»[1].

La oración es algo mucho más sencillo que aquello en lo que solemos convertirla. Cuando escucho las oraciones de los demás, la mayoría de lo que se dice ¡es información que le está dando a Dios la persona que ora! Entonces me pregunto si el que está orando piensa que Dios necesita que nosotros le demos tantos detalles. Todo lo que necesitamos contarle a Dios son nuestras necesidades, nuestros deseos, nuestros sentimientos, nuestras esperanzas, nuestros anhelos... pero no hay que darle instrucciones detalladas, halagos floridos ni perogrulladas piadosas. Un francés del siglo diecisiete hizo un buen trabajo al expresar cómo necesitamos orar:

Cuéntele a Dios todo lo que está en su corazón, así como uno abre el corazón, con sus alegrías y dolores, a un amigo querido.
Cuéntele sus problemas, para que Él lo consuele;
cuéntele sus alegrías, para que Él las modere;
cuéntele lo que le desagrada, para que Él lo ayude a superarlo;
cuéntele de sus tentaciones, para que Él lo proteja de ellas;
muéstrele las heridas de su corazón, para que Él las sane;
abra su corazón y exponga su indiferencia a lo bueno,
su gusto depravado por lo malo,
su inestabilidad.
Cuéntele cómo el amor propio lo hace ser injusto con los demás,
cómo la vanidad lo tienta a no ser sincero,
cómo el orgullo hace que se enmascare ante usted mismo y ante los demás.
Si usted derrama todas sus debilidades, sus necesidades y sus problemas, nunca le faltará qué decir[2].

¿Por qué es la oración la mayor lucha de mi vida? Puede ser que se deba a que la oración auténtica y sentida consume tiempo, demanda esfuerzo, requiere concentración y reconoce las necesidades. Es el terreno donde me vencen con mayor frecuencia. Sé lo que es...

luchar en oración,
ayunar en oración,
llorar en oración,
suplicar en oración,
y sé lo que es...
dormir en la oración,
soñar despierta en la oración,
posponer en la oración,
generalizar en la oración...

tanto, que a veces mi alma clama con un grito agudo: «Dios mío, ayúdame a orar con más efectividad. Ayúdame a mantener la concentración. Ayúdame a orar específica y persistentemente. ¡Ayúdame a orar!».

Jesús sabía que nosotros lucharíamos con la oración. Por eso, al prepararse para abandonar a sus discípulos, sus palabras de despedida fueron acerca de cómo ellos (y nosotros también) podrían permanecer en contacto con Él cuando ya no estuviera presente en forma visible.

Ya se hacía tarde aquella noche de jueves. Las migajas, los sobrantes y los últimos vestigios de la última cena de los discípulos con Jesús estaban dispersos sobre la mesa. Las velas se consumían. A través de las altas ventanas abiertas del aposento alto podía apreciarse que la luna llena asomaba tras el monte de los Olivos. El brillo iridiscente de la luna habrá transformado la noche de Pascua en una suave penumbra gris, y habrá convertido los techos irregulares de la ciudad en un relieve anguloso.

En breves horas, Jesús sabía, lo traicionarían, atarían y juzgarían en una farsa de juicio político y religioso que culminaría en cruel tortura y horrible crucifixión. Los discípulos estarían aterrorizados. Se dispersarían como si su mundo se hubiera partido en miles de pedazos. Se sentirían aturdidos y confundidos al ser testigos de primera mano de lo que para ellos era como su propio asesinato. Verían su fe sacudida hasta los cimientos al intentar explicarse cómo podía Jesús ser el Mesías, el Hijo de Dios y que, sin embargo, lo crucificaran ante sus propios ojos. Por eso Jesús, al tanto de la inminente experiencia dolorosa que les sacudiría la fe, intentó hacerles alzar la mirada más allá de las próximas horas de dolor hacia la gloria de la resurrección que se produciría.

RESPUESTAS DE UN DIOS VIVO

A las pocas horas de haber compartido esa última cena, los discípulos se verían separados de su amado Señor. Por primera vez en tres años no podrían escuchar su voz ni sentir su contacto ni ver su rostro, excepto desde una distancia insalvable mientras lo llevaban a seis juicios y luego lo clavaban a una cruz. Y dentro de cuarenta días, luego de que Él regresara al cielo, sus relaciones con Él estarían basadas en la fe y no en vista. Como las ovejas sin pastor o los niños sin madre, el silencio y la separación serían terribles. En especial en los días inmediatos, porque coincidiría con la violenta agitación y los disturbios que se producirían en Jerusalén luego del arresto de Jesús.

¿Le parece que a veces Jesús permanece callado? ¿Se queda en silencio en tiempos de agitación desesperada, confusión, dolor y sufrimiento en su vida o en la vida de quienes lo rodean? ¿Se siente de alguna manera lejos de Él porque a pesar de que oró, lloró, rogó y ayunó, pasó lo peor que podía pasar? Quizá se ha dicho: *¿Dónde está Dios? ¿Por qué no respondió a mi oración? ¡Parece no hacer nada al respecto! ¡No veo ninguna evidencia de su actividad!*

En pocas horas más, los discípulos atravesarían una experiencia como esa. Por eso Jesús trató de prepararlos para que de una manera sencilla confiaran en Él cuando no comprendieran.

Confianza en el silencio

Los discípulos no iban a ver a Jesús ni a escuchar de Él porque lo someterían a seis juicios, lo colgarían en una cruz y lo sepultarían en una tumba. Jesús estaría silencioso para ellos. Él comenzó a prepararlos para aquella separación y aquel silencio de los días siguientes al revelarles: «Dentro de poco ya no me verán; pero un poco después volverán a verme» (16:16).

A los perplejos discípulos, esas palabras les parecieron un acertijo. Por eso comenzaron a susurrar entre sí: «¿Qué quiere decir...? ¿De qué habla» (16:17-18).

Es sencillo imaginar el diálogo de Pedro y Mateo. Quizá hablaban cubriéndose la boca con la mano, por detrás de Juan, y con sus pobladas cejas fruncidas en señal de frustración diciendo algo como: «¡Por Dios! ¡Cómo quisiera que no anduviera con rodeos! Ya bastante difícil de por sí es comprender las cuestiones espirituales... O sea, si hablara de peces y de corrientes, o de tasas de impuestos e ingresos gravables, podríamos entender... pero ¿qué significa todo esto de venir e irse, de ver y de no ver...? ¡Es sumamente confuso!».

¿Ha *dicho* Jesús algo que usted no comprende? ¿Ha *hecho* Jesús algo que usted no comprende? ¿Está murmurando a sus espaldas con otros cristianos? Jesús sabe lo que está pensando y murmurando, así como Él sabía lo que los discípulos estaban diciendo a sus espaldas. «Jesús se dio cuenta de que querían hacerle preguntas acerca de esto, así que les dijo: "¿Se están preguntando qué quise decir cuando dije: 'Dentro de poco ya no me verán' y 'un poco después volverán a verme'? Ciertamente les aseguro que ustedes llorarán de dolor, mientras que el mundo se alegrará"» (16:19-20).

¿A quién le está pidiendo que le explique lo que Jesús ha dicho? ¿Cuándo le ha pedido a *Él* las explicaciones? Jesús no se ofende por nuestra ignorancia, nuestra confusión o nuestras preguntas. Por el contrario, Él sabe exactamente lo que pensamos y sentimos y toma la iniciativa de ayudarnos a comprender. Sin embargo, nuestro entendimiento, al igual que el de los discípulos, es limitado. Los discípulos no podrían comprender el horror del dolor que los abrumaría en los siguientes tres días. Ni tampoco comprenderían el regocijo de los líderes religiosos cuando las autoridades pensaron erróneamente que con la muerte de Jesús su «problema» estaría resuelto.

A veces, como les pasó a los discípulos, nuestro entendimiento es limitado. Por eso tenemos que confiar en nuestro Padre celestial para entender mejor. Tenemos que confiar en los silencios de Dios y respetar los misterios de Dios y esperar las respuestas de Dios.

Cuando oramos por la salvación de un amigo, y él parece volverse más hostil...

Cuando oramos por la salud de un ser querido, y fallece...

Cuando oramos por que se nos resuelva un problema financiero, y nos vamos a la bancarrota...

Cuando oramos por una reconciliación, y nos entregan papeles de divorcio...
Cuando oramos por nuestra carrera, y nos despiden...
Cuando oramos por protección, y nos roban...
Cuando oramos por la pureza de una hija soltera, y aparece embarazada...
Cuando oramos por la unidad de los creyentes, y nuestra iglesia se divide...

Solo tenemos que confiar en Él. Confiar en Él. *¡Confiar en Él!*

¿Qué ha pedido a Dios en oración que no solamente pareció quedar sin respuesta sino que, a juzgar por las circunstancias resultantes, parece ser lo opuesto de lo que le pidió a Dios que hiciera? ¿Se ha sentido completamente descorazonado al punto de que llegó a flaquear en su fe? ¿Está Dios silencioso en su vida? ¿Qué oraciones no le ha respondido?

Hace muchos años, en una época de mi vida de oraciones sin respuestas, mi madre me enseñó la letra de un himno que sigo repitiendo cuando estoy completamente desconcertada por los sucesos que parecen salirse de la órbita de lo que yo había pedido:

Confía en Él cuando las oscuras dudas te asalten,
confía en Él cuando las fuerzas sean pocas,
confía en Él cuando ese sencillo acto
parezca sumamente difícil.
¡Confía en Él! Él es siempre fiel;
confía en Él, porque su voluntad es lo mejor;
confía en Él, porque el corazón de Jesús
es el único lugar de descanso.
Confía en Él, entonces, esté nublado o haya sol,
todo lo que te preocupa arrójalo a sus pies;
hasta que la tormenta de la vida se termine,
y los días de confiar se acaben[3].

Sea que los discípulos lo hubieran notado o no en ese momento, Jesús procuraba fortalecer su confianza en Él hasta que los «días de confiar» se acabaran y sus preguntas recibieran respuestas en la resurrección. Él intentaba abrirles los ojos al gran cuadro general al hacerles saber que la agonía incomprensible sería temporal. Él no permanecería silencioso ni alejado de ellos por siempre. Necesitaban saber que luego del dolor y del sufrimiento, después del silencio y de la separación de la cruz, vendría la gloria de la resurrección.

¿Está acaso la visión de su necesidad inmediata impidiéndole ver el propósito mayor que Dios está operando en usted? ¿No preferiría escoger ser paciente y sencillamente confiar en Él? A veces Dios no responde inmediatamente a nuestra oración porque tiene algo más grande reservado para nosotros. Hay veces en que Dios es como ese padre que intentaba enseñarles ese concepto a sus dos pequeños hijos cuando regresó de un viaje de negocios. Al entrar a la casa, los niños corrieron hacia él, saltando mientras lo tironeaban del abrigo y le preguntaban qué les había traído del viaje. Les respondió que no les había traído nada porque había decidido hacer algo distinto. Los llevaría a un negocio y les permitiría escoger lo que quisieran. Así que, luego de cenar, los hizo subir al automóvil y los llevó a una tienda con la indicación de que podían elegir el regalo que quisieran.

Fuera de sí por la emoción, los muchachitos se detuvieron ante lo primero que vieron: un exhibidor de golosinas. Señalaron el recipiente lleno de caramelos de goma de mascar y le dijeron categóricamente al padre que eso era lo que querían. El padre estuvo de acuerdo en comprarles las golosinas, pero les sugirió que siguieran mirando para asegurarse de que eso era lo que en realidad querían. Luego de recorrer varios pasillos, llegaron al sector de productos deportivos y descubrieron una pelota de fútbol. Ambos corrieron a tomarla mientras gritaban: «Papi, papi, ¡queremos esto!». Nuevamente el padre accedió a comprarles la pelota, pero les sugirió que siguieran mirando. Los niños dudaron unos instantes... ¿qué podría ser mejor que tener una pelota nueva? No obstante, como era divertido mirar todo lo que allí había acompañados por el padre, accedieron a seguir mirando. En el pasillo siguiente vieron las bicicletas. «Papi, esto! ¡Esto es lo que queremos realmente! ¡Estamos seguros!» Y el padre sonrió, porque desde el principio tenía la intención de comprarles las bicicletas.

¿Ha quedado sin respuesta su oración por unos «caramelos de goma de mascar» o por «una pelota de fútbol»? ¿Será que Dios no le ha dado lo que pedía porque tiene una «bicicleta» en mente?

Los discípulos estarían separados de Jesús, Él permanecería silencioso en la vida de ellos, pero solo por un tiempo. Luego, el silencio se rompería de una manera espectacularmente poderosa que revelaría su gloria y su gracia a un grado muchísimo mayor de lo que habían conocido. Y su dolor sería absorbido por el flujo de gozo.

Gozo cuando Él habla

El silencio se rompería el día domingo, luego de la crucifixión del viernes y la permanencia en la tumba del sábado. El silencio y la separación se quebrarían cuando Dios expresara su aprobación acerca de su Hijo una vez y para siempre al levantarlo de entre los muertos. Jesús hizo que los discípulos se concentraran en la gloria venidera al exclamar: «Se pondrán tristes pero su tristeza se convertirá en alegría» (16:20). Luego dio una ilustración que toda madre comprende: «La mujer que está por dar a luz siente dolores porque ha llegado su momento, pero en cuanto nace la criatura se olvida de su angustia por la alegría de haber traído al mundo un nuevo ser. Lo mismo les pasa a ustedes: Ahora están tristes, pero cuando vuelva a verlos se alegrarán, y nadie les va a quitar esa alegría» (16:21-22).

Nuestra hija Rachel-Ruth ¡dio a luz a nuestro primer nieto! (Creo haberle advertido que me encanta hablar acerca de este maravilloso nuevo integrante de la familia, ¿no?) En los meses previos al parto, Rachel-Ruth se volvió más y más aprensiva del dolor asociado con el dar a luz. Una y otra vez le aseguré que si bien el dolor es intenso durante el trabajo de parto y el parto en sí, este se disiparía ante el gozo de tener a su bebé en los brazos. Y así fue, a las pocas horas de haber dado a luz a la bebé, Rachel-Ruth ¡estaba hablando de tener otro bebé!

Jamás ha habido una demostración mayor de la gloria y el poder de Dios que en la resurrección de Jesucristo.

Cuando oramos y parece ser el día viernes...
cuando Dios permanece silencioso...
cuando nuestra situación empeora...
Cuando oramos y parece ser el día sábado...
cuando Dios parece estar apartado de nosotros...
cuando la esperanza está sepultada...
Cuando oramos y no vemos que nada suceda en respuesta...
¡tenemos que recordar que el domingo se aproxima!

El mismo Dios que resucitó a Jesús de entre los muertos está disponible para obrar con poder en nosotros y por medio de nosotros[4]. Servimos a un Señor vivo al que le gusta responder a las oraciones de sus hijos. ¡Sea paciente! Confíe en que Él sabe más.

RESPUESTAS DE UN PADRE AMOROSO

¡Dios lo ama! ¡Dios lo ama! *¡Dios lo ama!* ¿Por qué duda de esa verdad imponente? ¿Porque no ha respondido a sus oraciones de la *manera* en que lo desea? ¿Porque no ha respondido a sus oraciones *cuando* lo desea? ¿Porque no ha hecho lo que usted le dijo que hiciera? ¿Porque no actuó de la manera esperada? Jesús prometió a sus discípulos (y a nosotros también) que Dios el Padre escucharía y respondería nuestras oraciones. Sin embargo, hay ciertos requisitos previos que debemos considerar.

Los requisitos previos para las respuestas

La confusión que experimentaban los discípulos se sumaba al sentimiento de dolor y terror que tenían. Allí sentados alrededor de la mesa, se habrán encogido de hombros, habrán fruncido el ceño y la boca en un intento por captar lo que Jesús decía. Sabían por la intensidad de su conducta que lo que les decía era de vital importancia. Y deben de haber estado exhaustos de *tratar de entender* lo que Jesús decía. Miles de preguntas se habrán agolpado en su mente sin que llegaran a formularla con sus labios. Por eso, una vez más, Jesús los consoló dándoles a conocer que Él sabía lo que pensaban y sentían. Los animó diciendo: «En aquel día ya no me preguntarán nada. Ciertamente les aseguro que mi Padre les dará todo lo que le pidan en mi nombre. Hasta ahora no han pedido nada en mi nombre. Pidan y reciban, para que su alegría sea completa» (16:23-24). ¡Esa era una promesa que cualquiera podía entender!

¿Y usted? ¿Entiende la promesa de Jesús? ¿O la ha leído superficialmente y por lo tanto cree que Él prometió darle cualquier cosa que quiera? Si inspeccionamos cuidadosamente, la promesa contiene dos requisitos para recibir una respuesta. ¡El primer requisito es que tenemos que *pedir!*

En la época de Ezequiel, Dios abrió su corazón y le dijo lo que quería hacer por su amado pueblo. Luego reveló algo asombroso: «Aún me suplicará la casa de Israel, para que les haga esto»[5]. ¡Dios quería que le pidieran!

Mi madre dice que si llegara a haber lágrimas en el cielo, será por las respuestas a oraciones que nadie se molestó en formular. ¿Qué bendición tendrá Dios para usted que todavía no le ha pedido?

¿Por qué espera Él que le pidamos? Tal vez porque desea que reconozcamos nuestra necesidad de Él. Tal vez sea una manera de captar nuestra atención. Tal vez es la única manera en que, al recibir la respuesta, sepamos que viene de parte de Él y así no nos adjudicamos el crédito ni se lo adjudicamos a ningún otro.

Mi esposo, Danny, asistió a una consulta con su oftalmólogo hace poco. Yo sabía a qué hora era el turno y lo había acompañado en citas anteriores; pero esta vez supuse que él iría directamente del trabajo al consultorio. Entonces, en vez de arreglar para encontrarnos, salí a hacer unas compras. Al regresar a casa, lo encontré instalado en el medio de la cocina con expresión dolida y me dijo: «No fuiste».

Lo miré atónita unos instantes y luego repliqué: «Pero si nunca me pediste que fuera». Me pregunto cuántas veces me he sentido herida por algo que Dios no hizo por mí cuando en realidad nunca se lo pedí. Jesús dijo que debemos pedir si queremos recibir.

Una vez más, mi madre me animó cuando era pequeña a que orara en forma específica. Ella me compró una libretita de cuero blanca donde yo anotaba mis pedidos. Luego, según sus indicaciones, dejé un renglón entre uno y otro para poder registrar la fecha de la respuesta. En la primera página de la libreta ella escribió de su puño y letra:

Tú acudes ante el Rey,
Y traes grandes peticiones contigo,
Es tal su gracia y su poder,
¡Que nadie puede pedir demasiado!

¡Así que siéntase en libertad de pedir! Sin embargo, no se olvide de dejar un espacio en blanco debajo del pedido para anotar la respuesta. Porque Jesús dijo que si pedimos, recibiremos. No obstante, hay otra condición. Jesús expresó que el segundo requisito es que debemos pedir en su nombre.

No quiso decir que simplemente debemos mencionar su nombre al final de la oración. Quiso decir que cuando acudimos a Dios en oración, lo hacemos creyendo en todo lo que representa el significado de hacerlo en el nombre de Jesús.

En la Biblia, los nombres con frecuencia denotan la naturaleza y el carácter de la persona que lo lleva. Jacob, que robó la primogenitura a su hermano, tenía un nombre que significa «suplantador» o «engañador». Cuando Jacob entregó su vida a Dios, le cambiaron el nombre por el de Israel, que significa «poder en Dios». El nombre de Pedro era Simón, que significa «compulsivo» o «impulsivo». Cuando se convirtió en un discípulo de Jesús, le cambiaron el nombre por el de Pedro, que significa «roca».

El nombre de Jesús también tiene un significado que revela quién es. Su nombre es Señor, que significa Jehová Dios. Él es el Jehová del Antiguo Testamento que se reveló a su pueblo. Hoy Jesús nos revela a Dios a nosotros. Su nombre es también Jesús que significa Salvador, porque Él vino a salvarnos de la culpa y del poder de nuestro pecado. Y su nombre es Cristo, que es el equivalente en el Nuevo Testamento al nombre Mesías del Antiguo Testamento. Jesús es el cumplimiento de la profecía del Antiguo Testamento que señalaba al Ungido de Dios que vendría a reinar y a gobernar sobre la tierra.

Orar en el nombre de Jesús significa que nos acercamos a Dios creyendo que Jesús es nuestro Señor, creyendo que Él nos ha revelado a Dios y en respuesta nos hemos sometido a su divina autoridad. Orar en el nombre de Jesús significa que creemos que Él es nuestro único Salvador cuya muerte en la cruz hemos reclamado como expiación por nuestro pecado. También significa que Él es el Cristo, el Mesías, que no solamente vino y cumplió la Ley y los Profetas, sino que vendrá otra vez para reinar y gobernar al mundo en paz y justicia[6]. Cuando acudimos ante Dios por fe en el Señor-Jehová, Jesús-Salvador, Cristo-Mesías, Dios escucha y responde nuestra oración[7].

¿Qué respuestas a la oración ha recibido para las que no existe explicación racional a excepción de que hay un Dios que lo escuchó y obró en respuesta a su fe? Para alentar su fe en Él, Jesús reveló su disposición a contestar las oraciones al ofrecer: «Cualquier cosa que ustedes pidan en mi nombre, yo la haré; así será glorificado el Padre en el Hijo. Lo que pidan en mi nombre, yo lo haré» (14:13-14). De alguna manera sobrenatural, la oración da un golpecito en el corazón de Dios y libera su poder para que obre a nuestro favor. Sin embargo, no es cualquier oración. Dios honra específicamente la oración que proviene de quienes pertenecen por fe a su Hijo. Esa es la manera en que Dios el Padre valida la afirmación de Jesús de que es su Hijo.

El privilegio del acceso

El 20 de enero de 2001, mi hermano Franklin hizo la invocación en la toma de posesión del nuevo presidente de los Estados Unidos, George Walker Bush. Con una bufanda roja enrollada alrededor del cuello y un largo abrigo negro que lo protegía del frío glacial y la lluvia helada, Franklin inclinó la cabeza y guió a la nación en una magnífica oración por nuestros líderes y sus familias tanto de la nueva administración así como de la anterior. Su voz, fuerte y clara, resonó en los escalones del Capitolio y salió a través de los parlantes por todo el Washington Mall cuando él pronunció su oración en el nombre de nuestro Señor Jesucristo.

Durante los días siguientes a la asunción, los periódicos y las revistas publicaron editoriales criticando el lenguaje discriminador de Franklin. Los comentaristas opinaron que como Franklin oraba en favor de la nación, no debería de haber excluido a los que no creen en Jesús. Esa crítica me sonó altamente ridícula. Franklin no estaba orando *a la nación* sino que oraba a Dios a favor de la nación. Y la Biblia claramente indica que la relación personal que tenemos con el Hijo de Dios, Jesucristo, es la llave que abre la puerta que conduce a la presencia de Dios, y que nos permite entrar y entregar a Él nuestra petición con la seguridad de que Él oirá y responderá nuestra oración.

Cuando usted ora, ¿cómo lo hace? En lo profundo de su corazón, ¿qué cree que es la base no solo para lograr la entrada a la presencia de Dios sino para obtener respuesta de parte de Dios? Las *únicas* referencias que Dios acepta son las que se presentan en el nombre y en la justicia de su amado Hijo. Así que, ore en el nombre de Jesús. ¡Es su privilegio como hijo del Padre!

Hace varios años, el pastor de una gran iglesia desató una tormenta de críticas y debates cuando afirmó que Dios no escucha las oraciones de los judíos. Y por supuesto, aunque no lo dijo, junto con los judíos incluía a los budistas, hindúes, musulmanes y demás religiones excepto la cristiana. No creo que hubiera habido demasiado debate respecto a esto, al menos entre los cristianos, si se hubiera considerado con cuidado lo que Jesús dijo a los discípulos cuando prometió: «En aquel día pedirán en mi nombre. Y no digo que voy a rogar por ustedes al Padre, ya que el Padre mismo los ama porque me han amado y han creído que yo he venido de parte de Dios» (16:26-27).

Jesús mismo dilucidó la cuestión de lo que el pastor expresó. Dios escucha cualquier oración que Él quiera, pero la respuesta a la oración solamente está garantizada para los que acuden creyendo en el nombre del Señor Jesucristo. Cuando uno se acerca a Dios por medio de la fe en su Hijo, Dios está disponible las veinticuatro horas del día, los siete días de la semana, los doce meses del año por el resto de nuestra vida!

Durante estos últimos años, he llevado siempre conmigo un teléfono móvil cada vez que salgo de mi casa. Aun cuando salgo temprano en la mañana para mi caminata diaria de 5 kilómetros, llevo el teléfono celular en el bolsillo. Indefectiblemente, cuando me despido de mi esposo o cuando hablo con mis hijos o mi equipo antes de hacer un viaje fuera de la ciudad, les recuerdo que llevaré mi teléfono conmigo. Si llegan a necesitarme, lo único que tienen que hacer es llamar. Sin embargo, cuántas veces he descubierto que tengo mensajes grabados porque o estaba fuera del área o porque apagué el teléfono durante un vuelo o porque lo silencié durante una entrevista o porque ¡lo dejé en *otra* cartera!

¡Gloria a Dios! ¡Él nunca está fuera de nuestro alcance! ¡Él nunca está apagado ni fuera de sintonía! ¡Sus oídos jamás están sordos! ¡Él siempre está disponible, accesible y atento a nuestro llamado!

Los discípulos deben de haberse sentido impactados, como usted y yo, cuando captaron la realidad de esta promesa. ¡Jesús garantiza nuestro acceso directo a Dios por medio de Él!

El privilegio de acceso depende de a quién uno conoce. En el otoño pasado, tuve una maravillosa experiencia que ejemplifica el privilegio de acceso cuando asistí a un juego con mis amados amigos Jerry y

Joan Colangelo. Los conocí hace varios años cuando Joan y otra amiga, Nancy Walker, me invitaron a contar la historia de la Navidad a aproximadamente quinientos de sus amigos en un festejo alusivo que organizaron. Jerry, que es socio del director general del equipo de baloncesto *Phoenix Suns* y del equipo de béisbol campeón de la Serie Mundial, *Diamondbacks,* jugó un papel decisivo en ayudarnos a llenar el *American West Arena* para la campaña de *Solo dame Jesús* en Phoenix. Para ayudar en la promoción de la campaña y también para hacer manifestación pública de su fe, Jerry y Joan Colangelo me invitaron no solo a presenciar un partido de béisbol de los *Diamondbacks* sino también a orar en el campo antes del inicio.

Joan y Nancy me fueron a buscar al aeropuerto de Phoenix y nos dirigimos directo al *Bank One Ballpark*. Cuando Joan maniobró el automóvil hacia una zona de seguridad en la parte trasera del campo de juego, nos detuvo una puerta de seguridad. Joan sencillamente se asomó por la ventanilla e informó al guardia que era la esposa de Jerry Colangelo y que yo era su invitada. La puerta se abrió y nos dirigimos hacia un sector de estacionamiento reservado. Descendimos por un sendero de piedra que conducía a unas puertas con vidrios dobles. Cuando el portero y la recepcionista saludaron a Joan por su nombre, se quedaron mirándome. Sonreí y dije: «Estoy con ella». Fuimos hasta un ascensor que un asistente mantenía abierto y que saludó a Joan por su nombre y luego me observó de arriba abajo hasta que Joan dijo que era su invitada. Subimos a saludar a Jerry en su oficina y a ver cómo se desarrollaría el programa de inicio del partido.

Cuando salimos de la oficina de Jerry, caminé a su lado. Nos dirigimos a un ascensor donde un ayudante esperaba. Esta vez, nadie me miró en forma inquisidora. Descendimos a otro piso y aparecimos en el estadio por un túnel privado que salía exactamente al lado de un sector privado detrás de la base del bateador. Permanecí cómodamente sentada en ese sitio hasta que comenzaron las preliminares. Luego, unos guardias de seguridad me escoltaron hasta el campo. Después de orar, me guiaron de regreso a mi asiento donde una joven atractiva con un anotador y un lápiz en la mano ¡tomó mi pedido para la cena! No solamente regresó con el pedido sino que cuando terminé, ¡me trajo un postre helado!

Debo reconocer que he estado en muchos juegos pero ¡jamás me trataron como en este! La diferencia estaba en a quién yo conocía y con quién estaba. Me trataron como a una reina en nombre de Jerry Colangelo.

Del mismo modo, cuando nos acercamos a Dios por medio de la oración confiando en el nombre de Jesús, entramos en un mundo de privilegios.

Las puertas se abren,
los ángeles te cuidan,
las montañas se trasladan,
las dudas desaparecen,
los temores se disipan,
y el Dios del universo se inclina para escuchar lo que queremos decirle![8]
¡Y Él nos responde! ¡Qué privilegio!
No necesitamos ir por medio de un sacerdote.
No necesitamos ir por medio de una secretaria.
No necesitamos ir al templo.
No necesitamos hacer una donación.
No necesitamos ir a un edificio de la iglesia.
No necesitamos andar «por el buen camino».
No necesitamos usar palabras gramaticalmente correctas.
No necesitamos pasar por un control de seguridad.
La oración es simplemente hablar con Dios en el nombre de Jesús.

Amado Padre Celestial, ahora sé que si deseo MÁS de tus respuestas a mis oraciones, ¡tengo que orar más!

12
MÁS *de* *su gloria en mis rodillas*

Juan 17:1-5

SARA CREWE es la heroína de uno de mis libros preferidos de la infancia titulado *La pequeña princesa*, de Frances Hodgson Burnett. A medida que la historia se desarrolla, Sara es condenada a ser la criada de un exclusivo internado de niñas en Londres. Una de las escenas más emotivas describe a Sara corriendo para hacer las compras diarias para cocinar. Es Navidad y la niña marcha por las calles de la ciudad, cubiertas de nieve. Está vestida con ropas raídas que de nada le sirven para protegerla del frío viento cortante y calzando zapatos agujereados que permiten que la nieve derretida le empape los cansados pies. Congelada de frío, rendida y emocionalmente agotada, Sara regresaba al internado ya de noche. Cuando pasó frente a una casa con luces que provenían del interior, se detuvo a observar. Su mirada hambrienta se detuvo a contemplar la escena de una familia que estaba abriendo los regalos. Los niños estaban sentados frente a un fuego que chisporroteaba, conversando y riendo mientras los padres les entregaban los regalos que estaban bajo un árbol de Navidad hermosamente decorado.

La escena estaba llena de calidez, de amor, de seguridad y de felicidad. Cuando Sara se volvió para seguir su camino por las heladas calles cubiertas de nieve, por sus mejillas sucias rodaban enormes lágrimas. Sara estaba del lado de afuera, mirando hacia adentro.

Esa misma sensación de estar afuera y mirando hacia adentro me inunda cuando leo la oración de nuestro Señor al Padre poco antes de que lo traicionaran y arrestaran. Esta oración es única porque Jesús no estaba enseñando a los discípulos a orar. Estaba orando —privada, íntima y emotivamente— a su Padre. Y permitió que los discípulos escucharan lo que decía. Lo que escucharon cuando Él se arrodilló ante su Padre en oración fue el clamor de su corazón por más gloria.

Y el clamor de su corazón también es mío; porque yo soy...

un pecador destituido de la gloria de Dios...
un pecador vestido con los harapos de una justicia deshilachada...
un pecador con zapatos muy gastados que jamás lo llevarán al cielo...
un pecador cuyo rostro está con la nariz aplastada al vidrio de la esperanza de ser aceptado en la familia de Dios...
un pecador que está afuera ¡y mirando hacia adentro!

Sin embargo, en vez de dejar que me vaya con lágrimas de desánimo y desesperanza corriendo por mi espíritu, Jesús mismo abrió de un golpe la puerta de acceso a la calidez de su divina relación con el Padre y me invitó a entrar y a compartir su gloria!

ENTREMOS EN SU PRESENCIA

En la antigüedad, entrar a la presencia de Dios hubiera sido un privilegio inalcanzable para una gentil como yo. Si yo hubiera estado sobre una duna del desierto que me hubiera permitido observar el campamento israelita luego del éxodo de Egipto, hubiera observado un mar de tiendas que se perdía de vista en el horizonte. En medio del campamento habría notado una tienda mucho más grande rodeada de una «pared» resplandeciente de lino que brillaba bajo el sol abrasador del desierto. Si hubiera abandonado mi privilegiado observatorio desde la duna y me hubiera acercado, podría haberme encontrado con algún transeúnte dispuesto a responder a mis preguntas. La más lógica de mis preguntas hubiera sido: «¿Qué es esa tienda tan grande?». Si hubiera dado con alguien con suficiente paciencia para explicármelo, supongo que habría abierto los ojos por la sorpresa al tiempo que respondía:

—¿No lo sabe? Somos los hijos de Dios y esa tienda es el Tabernáculo donde se dice que Dios habita en medio de nosotros.

—¿Puedo entrar? —podría haber preguntado inocentemente.

—¿Entrar? *¿Entrar al Tabernáculo?* ¿Está loca? Se nota que no es israelita y que es una mujer. ¡Jamás podrá entrar!

—Seguramente habrá alguna manera de que yo pueda entrar —insistiría—. Yo también quiero acercarme a la presencia de Dios. Deseo estar en su divina presencia.

—Bien, déjeme decirle algo, señora. De la única manera que usted pudiera entrar a la presencia de Dios es naciendo de nuevo.

—¿Y qué hay tras esas paredes de lino? —habría preguntado mirando por sobre su hombro.

—Del otro lado de las paredes están el altar, el lavamanos y el Tabernáculo en sí —hubiera sido la respuesta directa y sincera.

—¿Y qué hay dentro del Tabernáculo?

—El Tabernáculo está dividido en dos habitaciones separadas por una pesada cortina o velo. Me dijeron que en la primera habitación hay un candelabro, una mesa con pan y un altar de incienso. Detrás del velo, en la otra habitación, está el Lugar Santísimo de la presencia de Dios, donde descansa el arca del pacto.

—¡Si hubiera nacido hombre…! —me habría lamentado—. Si hubiera nacido en Israel… podría haber entrado al Lugar Santísimo de la presencia de Dios ¡cinco veces al día!

—Señora, creo que no comprende —habría dicho mi informante con un tono exasperado—. Los únicos varones israelitas que pueden entrar al Tabernáculo son los sacerdotes. Y ni aun ellos pueden ingresar al Lugar Santísimo de la presencia de Dios. Solo el sumo sacerdote puede pasar al otro lado del velo.

—¡Cuánto me hubiera gustado ser un varón israelita que además fuera sumo sacerdote! Entonces sí podría entrar a la presencia de

Dios todos los días. Es más, ¡ya estaría allí! ¡Me la pasaría en la presencia de Dios!

Tal vez suavizando su mirada, el transeúnte me habría respondido con amabilidad pero en forma terminante:

—El sumo sacerdote solo puede pasar al otro lado del velo una vez al año.

Y yo me hubiera ido sin esperanza de alguna vez entrar al lugar santísimo de la presencia de Dios[1].

¡Hasta que llegó Jesús! Por medio de su muerte, ¡el velo que nos separaba de la presencia de Dios se partió en dos de arriba a abajo! Dios mismo abrió el camino para que pudiéramos entrar en su santa presencia por medio de la oración.

¡Gloria a Dios! Tendremos más de su gloria en nuestras rodillas, pues «mediante la sangre de Jesús, tenemos plena libertad para ingresar en el Lugar Santísimo, por el camino nuevo y vivo que él nos ha abierto a través de la cortina, es decir, a través de su cuerpo; y tenemos además un gran sacerdote al frente de la familia de Dios. Acerquémonos, pues, a Dios con corazón sincero y con la plena seguridad que da la fe»[2]. Por medio de la oración, estamos invitados a entrar a su presencia como lo hacen los hijos con su padre.

Entremos por medio de la oración

Era primavera en Jerusalén. La ciudad hervía de peregrinos que habían llegado para la Pascua. Me pregunto si la cálida brisa de la tarde habrá penetrado por las ventanas abiertas haciendo que las velas parpadearan y dibujaran sombras danzantes en las paredes y el techo de la sala del aposento alto. A través de las ventanas abiertas no solamente habría entrado el aroma de los olivos en flor sino también los sonidos de una ciudad que se preparaba para ir a dormir.

Jesús mismo debe haber estado cansado. Durante la semana había estado enseñando todos los días en los alrededores del templo, regresando a Betania por la tarde para pasar la noche con sus amigos.

Este jueves por la noche había organizado la última comida con sus amados discípulos y luego había lavado doce pares de pies sucios. Después, había despedido a Judas, de quien sabía que en ese mismo momento lo estaba traicionando ante las autoridades religiosas. Él había abierto su corazón a sus amigos más íntimos. Él...

los había animado con la esperanza de la casa de su Padre,
les había enseñado acerca de la humildad a través de su propio ejemplo de servicio,
les había explicado la necesidad de permanecer en Él para dar fruto,
les había revelado que habitaría en ellos por medio de la persona del Espíritu Santo,
les había advertido que el mundo los aborrecería como a Él, y
les había prometido responder a sus oraciones...

Luego de derramar su alma ante aquellos once hombres (Judas ya se había ido), después de enseñarles todo lo que necesitaban saber antes de abandonarlos para ir a la cruz, luego de prepararlos para el trauma que estaban por experimentar, «después de que Jesús dijo esto, dirigió la mirada al cielo y oró así» (17:1). Jesús, el Hijo de Dios, el Creador del universo, el Jehová del Antiguo Testamento, el Mesías, el Señor de gloria... *¡Jesús oró!*

¿Cómo ha sido su semana? ¿Acaso fue...

físicamente extenuante?
emocionalmente agobiante?
espiritualmente agotadora?
socialmente deprimente?
amistosamente devastadora?
profesionalmente desalentadora?
financieramente desafiante?

Si Jesús sintió la necesidad de orar, ¿por qué no nosotros?

Jesús oró temprano por la mañana antes de la salida del sol...

Jesús oró a solas por la tarde...
Jesús oró cuando se preparaba para servir...
Jesús oró cuando estuvo bajo presión...
Jesús oró cuando lo atacaron, cuando recibió oposición y cuando lo criticaron...
Jesús oró en público antes de comer...
Jesús oró cuando se sintió tentado...
Jesús oró en la cima de una montaña...
Jesús oró cuando no había una razón especial para hacerlo...[3]

En otras palabras,

Jesús oró en privado,
Jesús oró en público,
Jesús oró solo,
Jesús oró con amigos,
Jesús oró en grupos grandes.
Jesús oró
de pie,
sentado,
de rodillas,
postrado sobre su rostro.
Jesús oró temprano por la mañana,
Jesús oró tarde en la noche,
Jesús oró durante el día,
Jesús oró toda la noche.

¡Jesús oró!

Si a Jesús le pareció necesario mantener una vida de oración continua y activa, ¿cuál es su excusa para no orar? ¿Acaso alega que...

no le alcanza el tiempo?
está demasiado cansado?
no sabe cómo hacerlo?
cree que es aburrido?
se siente tonto intentándolo?

Si alguna de *sus* excusas fuera válida, con seguridad Jesús hubiera tenido motivos para no orar aquel jueves en la noche antes de que lo ejecutaran el viernes por la mañana! ¿Qué creemos que podemos lograr sin una vida de oración? Es por medio de la oración que dejamos de estar del lado de afuera, con la nariz pegada contra el vidrio, para entrar a una relación personal e íntima con nuestro Padre celestial.

¿Piensa que le gustaría entrar y dejar el frío de afuera, que ansía tener una relación más íntima con Dios pero cree que no es lo suficientemente valioso para que le dejen entrar? ¿Está tan consciente de su pecado y de sus fracasos en la vida que se siente inferior y completamente incapaz de tener compañerismo con Él? ¿Está convencido de ser un don nadie y que por eso jamás será aceptado y mucho menos bien recibido en su divina presencia?

¡Gloria a Dios! Nuestro ingreso a la presencia de Dios no se basa en nuestra valía, ¡sino en el valor de Jesucristo! Cuando entramos a la presencia de Dios en el nombre de Jesús, Dios nos acepta como acepta a Jesús, ¡porque Dios nos considera hijos amados![4]

Para un hijo, no existe un sitio más seguro y donde esté más a salvo que en los brazos del padre. Jesús nos invita a entrar en su nombre a la presencia de su Padre por medio de la oración, a subirnos a sus piernas por la fe, a apoyar la cabeza en su hombro poderoso, a sentir sus brazos amorosos y protectores que nos rodean, a llamarlo «Abba» papito, y derramar nuestro corazón ante Él[5].

Entremos bajo presión

La simple tensión emocional de tener que despedirse de sus amigos ya de por sí habrá sido totalmente extenuante para Jesús. Añadido al dolor de tener que abandonarlos estaba la aguda conciencia de estar a punto de sufrir una brutal tortura física. En pocas horas se convertiría literalmente en el Cordero sacrificial de Dios, y cargaría sobre sí el pecado y la culpa de todo el mundo. La combinación de ambas situaciones estresantes habría provocado en cualquiera el sobrecogerse en posición fetal y procurar una salida psicológica de los sucesos abrumadores de las próximas horas. En vez de eso, Jesús oró: «Padre, ha llegado la hora» (17:1). La hora a la que se refería era la hora de la traición, del arresto, de los juicios, de su crucifixión, de su muerte, de su sepultura, de su resurrección, de su ascensión...

Era la hora en que se partiría en dos la historia de Dios y la del mundo.
Era la hora para la que había nacido.
Era la hora de que se hiciera el Nuevo Pacto.
Era la hora de que pagara el precio de nuestra redención.
Era la hora de *presión*
memorable,
trascendental,
que desafiaría al infierno,
derrotaría al diablo,
burlaría la tumba,
y abriría el cielo.

¿Cómo se prepararía usted la noche antes de una crisis inminente? ¿Se iría a acostar temprano para poder descansar bien y así estar físicamente dispuesto para lo que va a enfrentar? El que Jesús haya pasado tanto tiempo en oración antes de esa semana tan penosa y la noche previa al día de torturas nos enseña que el descanso físico por sí solo no es la manera adecuada de manejar las presiones.

¿Qué crisis enfrenta? Aunque preste adecuada atención a su salud física, descanse, haga ejercicios y se alimente en forma adecuada, ¿hay veces en que la presión parece aplastarnos? ¿Será que está descuidando la oración y por ende privándose de la fortaleza espiritual necesaria para aguantar y sobreponerse?

Una de las razones por las que una crisis es una crisis es que nos toman desprevenidos. Para estar preparados para lo inesperado, necesitamos dedicar un tiempo todos los días a la oración. Si hemos establecido un hábito diario de oración en nuestra vida, no tendremos que aprender de repente cómo orar cuando aparece una crisis. No tendremos que andar por ahí copiando las oraciones de los demás y sustituyendo con ellas nuestras necesidades. Podremos atravesar la crisis con confianza porque hemos pasado un tiempo en la presencia del Padre.

Hace poco una gran amiga contaba cómo había sido la operación urgente de apendectomía de su hijo. El jovencito había ido de viaje para esquiar con algunos amigos cuando sintió un dolor agudo y lo llevaron en ambulancia al hospital. Le diagnosticaron apendicitis y lo operaron. Estaba solo, lejos de sus padres. Las otras madres a las que mi amiga les narraba lo ocurrido, hacían exclamaciones manifestando comprensión y asentían ante lo que suponían que significaba una conmoción emocional para ella. Sin embargo, en vez de aceptar su solícita preocupación, ella las miró y les dijo: «No comprenden. Yo no estaba conmocionada. Había orado y sabía que Dios cuidaría de mi hijo. Y lo hizo. En medio de ese problema, yo tenía perfecta paz».

Si usted y yo deseamos experimentar la paz que sobrepasa todo entendimiento, en especial cuando nos enfrentamos ante una crisis o nos hallamos bajo una enorme presión, necesitamos la fortaleza espiritual y el refrigerio que solo proviene de pasar tiempo en oración con nuestro Padre[6].

EXALTEMOS SU PERSONA

Me pregunto qué habrá sido para los discípulos escuchar las palabras de Jesús en su íntima conversación con el Padre, de ver en realidad a Jesús orando. Bajo las sombras parpadeantes de las teas del aposento alto, antes de continuar orando en el huerto de Getsemaní, Jesús «dirigió la mirada al cielo y oró» (17:1).

No inclinó la cabeza ni cerró los ojos al orar. Miró hacia arriba, como si con los ojos de la fe pudiera «ver» a su amado Padre. En esa mirada hacia arriba seguramente hubo una expresión tal de amorosa confianza e intensa añoranza que expresó algo de la profundidad y la fuerza del lazo entre el Padre y el Hijo.

¿Habrán inhalado los discípulos luego de que la escena les quitara el aliento? ¿Abrirían los ojos con asombro y el corazón les habrá dado un vuelco? ¿Se esforzarían por captar cada palabra, cada sílaba de lo que decía? Siendo Dios su Padre y sabiendo que podía pedir cualquier cosa que deseara, ¿qué sería lo primero que pediría al Padre en una noche como esta? Lo que escucharon en la quietud del aposento alto fue *el latido del corazón de Jesús:* «Glorifica a tu Hijo, para que tu Hijo te glorifique a ti» (17:1).

Glorificado como Salvador

Jesús pidió al Padre que lo glorificara, teniendo el conocimiento pleno de que el camino a la gloria conducía a una colina llamada Calvario y a una cruz que se mancharía de rojo con su propia sangre.

La gloria de Jesús se revelaría cuando el alcance de su obediencia al Padre lo hiciera entregar su vida por usted y por mí.

Fue en la cruz donde la ira de Dios por el pecado de Adán se arrolló en forma de corona y se la colocaron a Jesús.

Fue en la cruz que se pagó la redención de todo creyente con el sacrificio del Cordero de Dios.

Fue en la cruz que aun los mayores infractores recibieron por la fe el perdón total de sus pecados.

Fue en la cruz que la gracia de Dios se derramó como una fuente llena de su propia sangre.

Fue en la cruz que el Creador omnipotente murió por el pecado de la criatura humana.

Y sigue siendo en la cruz de Jesucristo donde millones de hombres y mujeres a través de todos los tiempos entregan todo lo que son y todo lo que tienen como una deuda de amor para con aquel que murió por ellos. No existe otra manera de que podamos ser salvos del infierno... de que tengamos nuestros pecados perdonados... de que alcanzar la reconciliación con Dios... de que recibamos vida eterna... de que vayamos al cielo cuando muramos, excepto por medio de la cruz[7].

Es en la cruz donde Jesucristo es glorificado como el único Salvador de pecadores que Dios reconoce y acepta. Y en su oración, que quedó escrita en forma indeleble en el corazón y la mente de los discípulos cuando Jesús pidió a su Padre que lo glorificara, en realidad ¡estaba pidiendo la cruz! En otras palabras, si Él podía glorificar a su Padre por medio de la muerte, estaba listo y dispuesto a morir, confiando en que su Padre lo conduciría a través de la cruz hacia la gloria de nuestra redención.

Es en la cruz donde también Dios es glorificado porque Él respondió a la oración de su Hijo y, al hacerlo, revela su divino amor por nosotros que se extiende hasta los confines más remotos de la eternidad.

Glorificado como soberano

Antes de la fundación del mundo, Dios, en su divina soberanía, ya había planeado enviar a su propio Hijo a la cruz para que fuera nuestro Salvador[8]. Antes del comienzo de los tiempos, del espacio y de la historia humana, consultó consigo mismo y decidió crearnos, plenamente consciente de que nos rebelaríamos contra Él y terminaríamos separados de Él por nuestro pecado[9]. Por eso, Él hizo los preparativos necesarios para nuestra redención; preparativos que se cumplieron una vez y para siempre en la cruz[10].

El anhelo de Jesús era finalizar el plan de su Padre y, al hacerlo glorificar a Dios. En otras palabras, por medio de su muerte en la cruz, revelaría el amor de Dios de tal manera que las personas de todas las épocas lo alabarían y lo amarían y le entregarían su vida. Así que aceptó la cruz y todo lo que esta significaba.

¿Qué sacrificio ha hecho usted...
¿Qué dificultad o provocación ha soportado...
¿Qué rechazo ha experimentado...
¿Qué dolor ha sufrido...
¿Qué ambición ha dejado de lado...
¿Qué relación ha abandonado...
¿Qué cruz le toca enfrentar...

por la causa de Jesús? ¿Escogería usted tomar su cruz como oportunidad de mostrar el amor y la gracia, la paz y el gozo de Dios a todos los que estén contemplando? ¿Oraría y le pediría a Dios que se revele en su vida y a través de su vida?

Si bien nadie desea padecer dolor y sufrimiento, el apóstol Pedro explicó que «la fe de ustedes, que vale mucho más que el oro, al ser acrisolada por las pruebas demostrará que es digna de aprobación, gloria y honor cuando Jesucristo se revele»[11].

La revelación de la gloria o del carácter de Jesucristo en nuestra vida a menudo se produce por medio de las presiones y del dolor, del estrés y del sufrimiento. Este principio vino a mi mente cuando una amiga me habló de un regalo que había recibido en Navidad. Se trataba de una caja con varias divisiones y en cada una había diferentes sabores de té. Los compartimientos estaban identificados, pero no así los sobres de té. Poco después de las fiestas, se levantó una mañana con la idea de tomar una taza de té caliente. Al intentar tomar la caja que estaba en el estante, se le escapó de las manos. Con enorme consternación contempló los saquitos de té desparramados por todo el piso de la cocina. Como ya no estaban acomodados en las pequeñas divisiones identificadas por sabor, no tenía idea de cuál era Earl Grey, cuál con sabor a limón, cuál el Darjeeling, cuál el de frutas rojas y cuál el té verde.

Juntó pues todos los sobres en un recipiente de plástico. Mi amiga me comentó que de ahí en adelante todas las mañanas era una auténtica aventura tomar un saquito de té cualquiera, sin saber de qué sabor se trataba hasta que lo introducía en el agua caliente. El calor del agua revelaba el sabor de la bolsita de té.

¿Ha calentado Dios su vida? ¿Será esta su oportunidad de que Dios lo glorifique al usar el calor para amoldarlo a la imagen de su amado Hijo? Y al mismo tiempo, ¿será esta su oportunidad de glorificarlo a Él cuando el «calor» haga surgir lo que está en su interior, en su carácter, y pueda revelar a Jesús a través de su amor, su alegría, su paz, su paciencia, su amabilidad, su bondad, su fidelidad, su humildad y su dominio propio?

Más allá de cuál sea su cruz, ¿le agradecería a Dios, no por el sufrimiento y el estrés, sino por la oportunidad que le brinda de glorificarlo?

ACEPTEMOS SUS PROPÓSITOS

Glorificar a Dios y revelar su carácter en nuestra vida para que los demás sean movidos a alabarlo a Él, es uno de los propósitos principales de nuestra existencia. Sin embargo, es también un propósito que lo conozcamos en una relación personal e íntima[12]. Cuando era niña asistía regularmente a una iglesia presbiteriana. Antes de que me bautizaran a la edad de nueve años, tuve que memorizarme el Catecismo Menor de Westminster y prepararme para citarlo al responder a las preguntas del consistorio de la iglesia.

Recuerdo cuán nerviosa estaba y cómo mi abuelo, miembro del consistorio, sonrió y me facilitó las cosas haciéndome la mayor parte de las preguntas. Debo de haber aprobado, porque me permitieron bautizarme. Al domingo siguiente, cuando finalizó la reunión de adoración, el doctor Stanley Bennett me formuló preguntas frente a la congregación que me dieron la oportunidad de confesar públicamente mi fe en Jesucristo como mi Salvador y Señor. Hasta el día de hoy, recuerdo la sensación del agua que me rociaron sobre la cabeza y que me corrió por el rostro y el cuello. Fue un momento de mi vida que jamás olvidaré. Tristemente olvidé la mayor parte del catecismo, excepto una de las preguntas y su respuesta. La única pregunta que recuerdo es: «¿Cuál es el fin principal del hombre?». Y la respuesta, según recuerdo, es: «El fin principal del hombre es glorificar a Dios, y gozar de Él para siempre». ¡Qué sencilla verdad para implantarla en la mente de un niño! ¡Qué verdad tan profunda alrededor de la cual edifiqué mi vida! Dios está para ser glorificado y para ser disfrutado en el contexto de una relación de amor correcta, personal y permanente. Se trata de una relación que Jesús usó para definir la vida eterna.

A través de la historia, muchas personas han buscado la «fuente de la juventud». Parecen desear vivir más y mejor que el período normal de la vida. Hoy en día la búsqueda de una permanencia más prolongada sobre la tierra se ha convertido en algo cada vez más perteneciente a la alta tecnología.

Cirugías increíblemente delicadas,
complicados trasplantes de órganos,
mejoras cosméticas para realzar la belleza,
implantes mecánicos que prolongan la vida,
hoy son cosa de todos los días.

Muchas personas priorizan...
el fortalecimiento muscular,
el equilibrio químico,
el enriquecimiento vitamínico,
la reducción del estrés y
las dietas orgánicas
con la esperanza de vivir más. Se invierten millones de dólares en conseguir un año, un mes, una semana o una hora más de vida. Sin embargo, una vida que dura para siempre, con una mejor calidad de vida que la actual, está a nuestro alcance.

Acepte su propósito eternamente

Nos ahorraríamos muchísimo tiempo, complicaciones y gastos si prestáramos atención a la oración del Señor: «Ya que le has conferido autoridad sobre todo mortal para que él les conceda vida eterna a todos los que le has dado» (17:2). *¡Vida eterna!* Por medio de la fe en Jesucristo, todos podemos vivir para siempre.

¿Le teme a la muerte? Yo le temo al dolor y al sufrimiento que pudiera estar asociado a la muerte, pero no tengo miedo de abandonar esta vida. Por la sencilla razón de que sé que cuando muera pasaré de vivir por la fe a vivir por vista! Cuando cierre los ojos en esta vida, ¡los abriré frente al rostro de Jesús! ¡La muerte no es el fin de mi vida!

Durante el año pasado, tuve la oportunidad de visitar una vez más la abadía de Westminster en Londres. Es una catedral enorme donde se hallan sepultados muchos de los reyes y dignatarios de Inglaterra y donde coronan a los reyes y a las reinas. El atrio es pequeño, oscuro y estrecho, hay tan solo un pequeño espacio para pasar de la puerta de entrada a la puerta que permite el ingreso a la catedral propiamente dicha. No puedo imaginar que alguien vaya a visitar la catedral y se sienta satisfecho de permanecer en el atrio. Tampoco puedo imaginar que alguien pueda hacer un enorme esfuerzo por permanecer allí sin siquiera pensar en avanzar hacia el glorioso interior que está un poco más allá.

Su vida y la mía aquí en la tierra es como el atrio de una enorme catedral. Nuestra vida es tan solo una zona de paso, de camino a la gloria de la vida eterna que se halla detrás de la puerta de la muerte. La muerte física, para el creyente, es tan solo una transición a la vida verdadera. Y el propósito de Dios es que usted y yo vivamos para siempre con Él.

Acepte su propósito personalmente

Consciente de que los discípulos escuchaban su conversación con el Padre, Jesús definió la vida eterna para ellos y para nosotros cuando oró: «Y ésta es la vida eterna: que te conozcan a ti, el único Dios verdadero, y a Jesucristo, a quien tú has enviado» (17:3). Desde el principio de la oración, Jesús indica que la vida eterna no es solo una vida que dura para siempre, sino una clase de vida aquí y ahora que se encuentra en una relación personal con Dios. La vida eterna es la vida que tendremos algún día en el cielo pero que se experimenta antes de llegar allí.

Es posible salvarse del infierno y estar seguro de ir al cielo si se ha colocado la fe solo en Jesucristo en cuanto a la salvación, y no alcanzar por lo que Jesús murió y resucitó para darnos aquí y ahora: un conocimiento personal de Dios.

Conocer a Dios es el pináculo de la experiencia cristiana.

¿Por qué quedarse uno sin alcanzarlo?

Conocer a Dios es lo que hace que la vida merezca la pena vivirla a pesar de las circunstancias.

¿A quién o a qué le ha permitido que le robe el significado de su vida?

Conocer a Dios es el tesoro del cielo que podemos poseer en la tierra.

¿Con qué ha sustituido la corona de joyas del cielo?

Hace veintiséis años estudié y enseñé el libro de Génesis por primera vez. Una de las cosas que me impactó fue el impresionantemente fuerte deseo de conocer a Dios que despertó en mí. No deseo conocer *acerca* de Él. Tampoco quiero conocerlo en forma superficial, como puede uno conocer a cualquier persona. Yo deseo conocerlo como Adán lo conoció: deseo caminar con Él y conversar con Él. Deseo conocerlo como Enoc lo conoció: deseo que su presencia llene mi vida de modo que me envuelva y no sea yo consciente de otra cosa sino de Él. Deseo conocerlo como Noé lo conoció: deseo poner en riesgo mi reputación y todo lo que soy y tengo para obedecer a su llamado en mi vida. Deseo que me importe más lo que Dios piensa de mí que lo que piense el mundo que me rodea. Y deseo conocerlo como Abraham lo conoció: deseo que Dios sea mi amigo y quiero que me considere *su* amiga.

De modo que esa fue mi oración. Tomé la decisión consciente de procurar conocer a Dios y comencé el peregrinaje de fe que sigo hoy en día. Si bien no lo conozco tanto como desearía o debería, lo conozco más en forma personal e íntima hoy de lo que creí posible hace veintiséis años atrás. Y pido en oración llegar a conocerlo más el año próximo de lo que lo conozco este año. Ese objetivo se ha convertido en el propósito particular de mi vida. Eso determina mis prioridades: la forma en que administro mi tiempo y mi dinero, la manera en que uso mi energía y esfuerzo. También condiciona mis relaciones: con quién paso el tiempo o con quién trabajo. Y determina lo que quiero: mis deseos y mis sueños. Lo determina todo.

Conocer a Dios es amarlo.
Amar a Dios es servirlo.
Servir a Dios es conocerlo mejor.
Conocerlo mejor es amarlo más.
Amarlo más es servirlo aun más…

a medida que nos vayamos alineando en este plan y propósito único para nuestra vida[13].

Acepte su propósito singularmente

Usted y yo hemos sido creados con el propósito de glorificar a Dios a través de un carácter similar al de Cristo en nuestra vida y por medio del fruto eterno de nuestro servicio. Cuando esté en el cielo, espero encontrar que he cumplido todo el propósito que Dios tiene con mi vida. Deseo que se complazca en mi nacimiento y se goce en mi nuevo nacimiento.

¡Deseo que confirme que haberme creado fue algo que valió eternamente la pena!

Para que esos deseos se *cumplan*, tengo que enfocar toda mi vida hacia su divino propósito *ahora*, que es lo que Jesús hizo; según se evidencia en su oración: «Yo te he glorificado en la tierra, y he llevado a cabo la obra que me encomendaste» (17:4).

¿Qué posibilidad existe de que usted lleve a cabo la obra que Dios le encomendó? ¿Sabe por lo menos cuál es esa obra, esa tarea específica que lo capacita para cumplir el propósito divino de glorificarlo a Él y disfrutarlo a Él? El trabajo específico que Dios tiene para mí es como la llanta de una rueda con varios rayos que se conectan con ella y sirven como canales para que todo funcione:

> Uno de los rayos es ser una esposa piadosa que ayude a su esposo a cumplir el propósito que Dios tiene con su vida.
>
> Uno de los rayos es ser una madre piadosa que críe a sus hijos de manera que cumplan el propósito que Dios tiene con su vida.
>
> Uno de los rayos es ser una abuela piadosa que ayude a sus hijos a criar a sus nietos para que cumplan el propósito que Dios tiene con su vida.
>
> Uno de los rayos es estudiar, aplicar, obedecer y enseñar la Palabra de Dios con fidelidad y poder de manera que los demás se sientan impulsados a cumplir el propósito que Dios tiene con su vida.
>
> Uno de los rayos es supervisar un equipo ministerial con tal excelencia y diligencia que tanto en forma individual como en grupos cumpla propósito que Dios tiene con su vida.

Si la *llanta* es la tarea específica que Dios me encomendó y los *rayos* son los diferentes canales por los que debo encauzar esa tarea, el *centro de la rueda* es mi enfoque, que está centrado en cumplir el propósito que Dios tiene con mi vida.

Jesús estaba enfocado. Al comienzo de su ministerio público, luego de haber caminado toda la mañana y de haber conversado con la mujer de Samaria durante gran parte de la tarde, los discípulos de Jesús regresaron con comida, animándolo a que comiera. Él se resistió a hacerlo diciéndoles: «Yo tengo un alimento que ustedes no conocen». Cuando los confundidos discípulos se preguntaban quién le habría llevado algo de comer, Él les explicó: «Mi alimento es hacer la voluntad del que me envió y terminar su obra»[14].

Para poder terminar la obra de Dios, Jesús debió mantener su enfoque y aceptar ese propósito con todo el corazón, y encauzar todas sus prioridades de la misma manera. El resultado de terminar la obra del Padre sería aun más satisfactorio que la comida para un hombre hambriento.

Si usted y yo logramos terminar la obra de Dios no será algo accidental. Será porque hemos estado concentrados cada minuto de cada día, de cada semana, de cada mes, de cada año de nuestra vida en el propósito de Dios. Y ese propósito determina la manera en que administramos nuestro tiempo, nuestro dinero, nuestras prioridades, nuestras relaciones, nuestras carreras y todo otro aspecto de nuestra vida. Dios no es algo que agregamos a nuestra vida… *¡Él es nuestra vida!* ¡Y también nuestra misión en la vida!

Cuando Jesús dijo que había llevado a cabo la obra que Dios le había encomendado, todavía había muchas personas…

ciegas que necesitaban la vista,
paralíticas que necesitaban caminar,
leprosas que necesitaban ser limpiadas,
sordas que necesitaban oír,
enfermas que necesitaban salud,
perdidas que necesitaban que las hallaran,
muertas que necesitaban resurrección…

Finalizar la obra del Padre no significaba resolver los problemas de todo el mundo ni decir que sí a todas las oportunidades.

A Jill Briscoe, una destacada escritora y conferencista internacional, recientemente le preguntaron cuál creía que era su mayor misión en la vida. Su respuesta revela que los rayos de su vida están bien conectados al centro de la rueda. Respondió que su mayor misión en la vida era «imaginar cada día qué debo hacer con mi vida según lo que Dios indica y luego hacerlo»[15]. En su sabiduría, Jill reconocía que hay muchas cosas que hacer en la vida que Dios no ha ordenado, razón por la cual debemos ser bien decididos.

Bien decidido al aceptar el propósito que Dios tiene con nuestra vida significa que habrá ocasiones en que *debemos decir que no...*

a una invitación a tomar café con unos amigos,
a una oportunidad de dar un mensaje motivador,
a una propuesta de escribir una novela,
a una oferta de un trabajo bien remunerado,
a un puesto en un equipo directivo de la universidad,
a un fin de semana largo...
en las tierras altas de Escocia,
o las montañas de Colorado,
o las playas de Florida,
o los espacios abiertos de Wyoming...[16]

Bien decididos al aceptar el propósito de Dios para nuestra vida significa que habrá ocasiones en que *debemos decir que sí...*

a dormir menos y orar más,
a menos TV y más estudio,
a salir menos de compras y a ofrendar más,
a comer menos y a hacer más ejercicio,
a hablar menos y a escuchar más,
a trabajar menos y a adorar más.

¿En qué está bizco? ¿Tiene un ojo puesto en *el propósito que Dios tiene* con su vida y otro en *el propósito que usted tiene con su vida*? ¿Tiene un ojo puesto en lo que *Dios* quiere y otro en lo que *usted* quiere? Si es así, su obra para Dios será incompleta. En ese caso, lo triste es que estará perdiéndose todo lo que Dios tenía intenciones de darle.

Acepte su propósito completamente

Yo tuve que tomar la decisión firme de aceptar completamente el propósito que Dios tiene con mi vida, porque es muy sencillo conformarse con menos de lo que Dios desea darnos. Lo único que tengo que hacer es relajarme y perder el enfoque y, al hacerlo, muy pronto...

estar con mis amigos parece más importante que estar con Dios,
dormir hasta más tarde parece más deseable que levantarse temprano para hacer el devocional,
tomar vacaciones parece más beneficioso que trabajar,
leer el periódico parece más importante que leer la Biblia,
navegar por Internet parece más interesante que escribir,
mantener mi reputación parece más necesario que hablar de Cristo,
edificar mi ministerio parece más estratégico que servir a mi familia,

… y la lista podría seguir.

Sin embargo, por alguna razón desconocida, quizá por la gracia de Dios, el clamor de mi corazón *no es por más* sino *¡por todo* lo que Dios desea darme! ¡No quiero perderme nada! Me siento impulsada, constreñida, llevada a vivir cada día de mi vida como si fuera el último. Si supiera que voy a ingresar a la eternidad en cinco minutos, desearía poder mirar hacia atrás en mi vida sin remordimientos. Deseo una gran entrada a la presencia de mi Padre. ¡Deseo que la bóveda celeste rebose de tesoros que he acumulado allí!

Al abrir Jesús su corazón ante el Padre, los discípulos pudieron escuchar en las palabras de su oración *el mismo clamor del corazón*: «Y ahora, padre, glorifícame en tu presencia con la gloria que tuve contigo antes de que el mundo existiera» (17:5). Jesús le pedía al Padre que le devolviera la gloria que había tenido como Hijo de Dios.

Antes de que el mundo *existiera*…
Antes de que las estrellas brillaran en el cielo…
Antes de que las olas rompieran en la playa…
Antes de que los ríos fluyeran por las montañas…
Antes de que las aves cantaran…
Antes de que las hojas susurraran…
Antes de que las flores brotaran…

Antes de que el hombre, el tiempo o
el espacio existieran…

En los inalcanzables límites de la eternidad, Dios el Padre y Dios el Hijo existían como una persona. Luego, debido a su incomprensible amor por nosotros, Dios el Hijo eligió dejar la gloria y todo lo que era suyo en el universo para humillarse y venir a la tierra como un hombre. Aquel que caminaba sobre los vientos de la tierra se confinó al útero de una mujer, se sometió al proceso del nacimiento humano, vivió en el pequeño cuerpo de un niño para luego crecer en estatura y favor para con Dios y los hombres con todas las limitaciones de un cuerpo físico. Aquel cuya sabiduría diseñó el universo, se sometió a unos padres sin instrucción y a las ignorantes autoridades romanas. De vez en cuando, su gloria como Hijo de Dios se dejaba ver…

cuando calmó el mar embravecido con una palabra,
cuando le dio la vista a un hombre que había nacido ciego,
cuando habló y los demonios huyeron,
¡cuando resucitó muertos!

Al final de sus días, el apóstol Pedro todavía recordaba con detalles el momento en que fue llevado aparte con Jesús a un callado lugar en la ladera de una montaña. En medio de la profunda oscuridad de la noche se sobresaltó ante la visión de Jesús envuelto en su gloria, más brillante que el sol del mediodía. Pedro vio, con sus propios ojos, a Jesús transfigurado ante él con la gloria que le pertenecía como Hijo de Dios. Cuando Pedro lo refirió más adelante a la iglesia, lo describió todavía sobrecogido: «No estábamos siguiendo sutiles cuentos supersticiosos sino dando testimonio de su grandeza, que vimos con nuestros propios ojos. Él recibió honor y gloria de parte de Dios el Padre, cuando desde la majestuosa gloria se le dirigió aquella voz que dijo: "Este es mi Hijo amado; estoy muy complacido con él"»[17].

Allí, en la noche en que iban a traicionarlo… la noche previa a morir en la cruz, Jesús le pidió al Padre que lo restableciera a su gloria original como Hijo de Dios. Y sumado a eso, Él le pedía a Dios que le diera la gloria como Hijo del hombre. Jesús le pedía de rodillas al Padre *que le diera más...* más honor, más riquezas, más sabiduría, más poder, más alabanza, más gloria! Y Dios respondió su oración cuando lo levantó de entre los muertos y «sometió todas las cosas al dominio de Cristo, y lo dio como cabeza de *todo* ... lo exaltó hasta lo *sumo* y le otorgó el nombre que está sobre *todo* nombre»[18].

Llegará el día en que los discípulos y también nosotros escucharemos al universo entero entonar una alabanza por la respuesta de Dios a la oración de su Hijo cuando rogó de rodillas la noche antes de ser crucificado. Al final de la historia de la humanidad tal y como la conocemos, todo el universo rugirá en una aclamación estruendosa en respuesta al clamor de su corazón cuando «la voz de muchos ángeles ... millares de millares y millones de millones. [Cantarán] con todas sus fuerzas: "¡Digno es el Cordero, que ha sido sacrificado, de recibir el poder, la riqueza y la sabiduría, la fortaleza y la honra, la gloria y la alabanza!"»[19].

AUNQUE LA ORACIÓN DE MIS LABIOS no es tan conmovedora ni trascendental como la alabanza de millones de millones de ángeles, ni tampoco tan elocuente o bien expresada como el ferviente pedido de nuestro Señor la noche en que lo iban a traicionar, el clamor de mi corazón resuena junto al de Él...

Anhelo...

más de su voz en mis oídos,
más de sus lágrimas en mi rostro,
más de su alabanza en mis labios,
más de su muerte en mi vida,
más del barro de sus manos en las mías,
más de su esperanza en mi dolor,
más de su fruto en mi servicio,

más de su amor en mi hogar,
más de su valor en mis convicciones,
más de su cercanía en mi soledad,
más de sus respuestas a mis oraciones
más de su gloria en mis rodillas.

¿Y *usted?*

Dios me ha dado ya mucho… pero ¡todavía anhelo más!

Hasta que mi fe se transforme en vista y pueda verlo cara a cara,
el clamor de mi corazón seguirá siendo…
Dios amado, ¡dame **MÁS**…
de Jesús!

Reconocimientos

Gracias…

Danny Lotz, por ser más que mi esposo… para mí eres como Jesús.

Franklin Graham, por ser más que mi hermano… eres mi plomada en cuanto al liderazgo valeroso y visionario.

Jonathan Lotz, por ser más que mi hijo favorito… eres quien me enseña a fortalecer la fe.

Ruth Bell Wright, por ser más que mi única nieta… eres mi preciosa alegría.

David Moberg, por ser más que mi editor… eres mi abogado de confianza.

Nancy Guthrie, por ser más que mi publicista… eres una inspiración bendecida.

Brenda Bateman, por ser más que la jefa operativa de *AnGeL Ministries*… eres mi levantadora de cargas.

Helen George, por ser más que mi asistente personal y asesora… eres *la mejor* correctora de prueba.

Marjorie Green y Doris Weathers, por ser más que socios de oración y ante quienes rendir cuentas... son mis almas gemelas espirituales.

Kip y Barbara Jane Eaton, Joe y Stephanie Farrell, por darme más que su respaldo... me han dado alas.

Jill Briscoe, por ser más que una mujer en el ministerio... eres mi precursora.

Fernando Ortega, por ser más que un músico... eres mi pastor del alma.

Darlene Barber, Vicki Bentley y Sandra MacIntosh por ser más que mis compañeros de labor... ustedes comparten mi búsqueda apasionada de más de Jesús.

Para recibir más información acerca del ministerio
de Anne Graham Lotz, escriba a:

AnGeL Ministries
5115 Hollyridge Drive
Raleigh, NC 27612
Teléfono: 919-787-6606
Fax: 919-782-3669

o visite:

www.annegrahamlotz.com

Notas

Anhelo más y siempre más

1. Vea Juan 13:33
2. Vea Juan 14:1; 16:6.
3. Vea Juan 9:1-7.
4. Vea Marcos 7:31-35.
5. Vea Marcos 1:21-27.
6. Vea Juan 6:1-13.
7. Vea Juan 6:16-20.
8. Vea Mateo 8:23-27.
9. Vea Juan 11:25,43-44.
10. Vea 1 Corintios 13:12.

Capítulo 1. MÁS de... su voz en mis oídos Juan 10:1-10

1. Esta suposición acerca de la experiencia del ciego está copiada de *Just Give Me Jesus* [Solo dame Jesús], de Anne Graham Lotz (Nashville: Word, 2000), 194-95.
2. Vea Isaías 43:1-2; Salmo 23:4; Apocalipsis 1:9,12-13.
3. Vea Amós 8:11.
4. Vea Mateo 24:11.
5. Esta es la primera de tres parábolas que hay en Juan 10. Las otras se encuentran en los versículos 7-10 y 11-18. Las parábolas no eran ilustraciones de Jesús para hacer más clara la verdad. En realidad eran lo opuesto: eran como velos para que la comprensión de la verdad fuera más difícil. Cuando los líderes religiosos de su época se negaron sistemáticamente a creer la verdad que Jesús

les había dado, Él comenzó a hablar con parábolas. Esto ocultó la verdad de aquellos que lo rechazaban, aunque la puso a disposición de los que la buscaban de todo corazón y deseaban penetrar el velo. En este caso, la primera parábola en los versículos 1-6 define la diferencia entre el pastor falso y el verdadero. La segunda parábola en los versículos 7-10 describe a Jesús como la puerta en el redil, lo que significa una relación personal y permanente con Dios o la vida eterna. La tercera parábola en los versículos 11-18 revela que Jesús mismo es el Buen Pastor cuya relación con sus ovejas es amorosa y sacrificial.

6. Juan 20:17.
7. Vea Mateo 28:9-10.
8. Mi paráfrasis de Jeremías 1:9,17-19, RV95.
9. Hechos 4:13
10. Mi paráfrasis.
11. Mi paráfrasis.
12. Vea 1 Corintios 9:18.
13. Una repercusión práctica fue que rediseñamos los folletos para el año siguiente de modo que aclararan específicamente que *Just Give Me Jesus* era un encuentro de avivamiento que cambiará la vida, exclusivo para mujeres. Cuando tomé la decisión de ajustar el enfoque para una audiencia exclusiva de mujeres y de transmitírselo a los demás también, Dios trajo a mi mente la historia de la mujer samaritana en Juan 4. En esa historia, Dios usó a una mujer que experimentó un avivamiento que cambió su vida para que a su vez ella fuera el canal de avivamiento para toda la ciudad. Oré de todo corazón: «Por favor, Señor, ¡hazlo de nuevo!». Entonces me puse a pensar: Si Dios pudo traer avivamiento en Samaria por medio de una mujer que lo había experimentado primero en su vida, ¿qué podría hacer Él con un predio lleno de mujeres que experimenten lo mismo? Por eso mi oración cambió: «Señor, ¡danos más de Jesús!».
14. Vea Romanos 3:23.
15. Vea Romanos 5:8.
16. Vea Juan 3:16.
17. Vea Efesios 2:8.
18. Vea 1 Juan 1:7.
19. Vea Juan 1:12.
20. Vea Hechos 4:12.
21. Vea Salmo 23:3.
22. El doctor David Jeremiah, pastor de la Shadow Mountain Community Church en San Diego, California, y presentador de un programa de radio semanal «Turning Point», dijo en una oportunidad que un maestro de la Palabra que fuera fiel expondría el pasaje bíblico sobre el que se basa la enseñanza.

23. Vea 1 Juan 1:9.
24. Vea Juan 3:16.
25. Vea Apocalipsis 3:20.
26. Vea Juan 1:12.
27. Vea Romanos 10:9.
28. Por razones de privacidad, el nombre de Susan fue cambiado.
29. Hechos 17:11.

Capítulo 2. MÁS de... sus lágrimas en mi rostro Juan 12:1-8

1. Génesis 12:3.
2. Vea Juan 11:6.
3. Vea Isaías 63:9.
4. Alguien sugirió que una de las razones por las que Jesús lloró fue que conocía la gloria de donde estaba Lázaro en comparación con donde iba a estar al regresar a la vida terrenal. Debemos recordar también que si bien Jesús resucito a Lázaro, este debía morir nuevamente.
5. Se dice que Jesús llamó a Lázaro por su nombre porque si hubiera dicho: «Ven fuera», ¡todos los muertos se hubieran levantado!
6. Entre todas las personas sepultadas en Judea, ¿por qué Jesús escogió resucitar a Lázaro y no a otro? He escuchado que usan esta historia para explicar la doctrina calvinista de que algunas personas son predestinadas para resucitar a la vida eterna mientras que otras no. Esa doctrina puede ser refutada con otros pasajes de las Escrituras, pero rechazo ese razonamiento basado en esta historia. Resulta evidente que Lázaro fue resucitado porque había dos hermanas que oraban por él.
7. Vea Efesios 3:20.
8. El incidente es real, pero el nombre de Robert ha sido cambiado.
9. Vea Efesios 2:1-3.
10. Lucas 15:7.
11. Vea Marcos 14:3.
12. Vea Lucas 10:41-42.
13. Vea Lucas 10:39.
14. Vea Marcos 14:3; Juan 12:5.
15. Vea Marcos 14:3.
16. Vea Marcos 14:8.
17. Vea Mateo 20:18; Juan 12:32-33; 18:32.
18. Vea Filipenses 3:10.
19. Vea Juan 1:11; 6:66.
20. Vea Marcos 3:21,31-35.

21. Vea Juan 7:2-5.
22. Vea Mateo 13:55-57; Marcos 3:22.
23. Vea Mateo 20:20.
24. Vea Mateo 13:54-57.
25. Vea Lucas 23:35-37.
26. Vea 1 Pedro 2:20-23.
27. Vea Mateo 12:1-14.
28. Vea Salmo 56:8.
29. Marcos 14:9.
30. Vea Mateo 25:21,23.
31. Vea Juan 17:24.
32. Vea Apocalipsis 22:16; Cantares 2:1.
33. Vea Apocalipsis 13:8.
34. Vea Juan 3:16.
35. Vea Juan 1:14.

Capítulo 3. MÁS de... su alabanza en mis labios Juan 12:12-19

1. Mientras que la vida es injusta y dura para todos, cristianos y no cristianos por igual, el cristiano tiene una indiscutida ventaja porque sabe que las presiones, los problemas y los dolores no son un desperdicio. Sirven para un propósito divino que es finalmente para nuestro bien y para la gloria de Dios. Vea Romanos 8:28.
2. Isaías 61:3, RV95.
3. Salmo 13:2-6, énfasis añadido.
4. Vea 1 Samuel 16:13.
5. Lamentaciones 3:17,19-23, énfasis añadido.
6. Hechos 16:25, énfasis añadido.
7. Filipenses 1:18, énfasis añadido.
8. Filipenses 4:4.
9. Vea Mateo 21:1-7; Marcos 11:1-7. Cierta vez me corrigieron por decir que Jesús nos necesita. La persona que me corrigió afirmó enfáticamente que Jesús no necesita a nada ni a nadie. Si bien técnicamente hablando estoy segura de que eso es cierto porque Él es el Hijo de Dios, resulta interesante notar que se lo cita en Marcos diciendo respecto del burro: «El Señor lo necesita...» Si Él necesitó un burro, puedo suponer que también nos necesita a nosotros; o al menos que nos escoge para usarnos en el servicio del reino.
10. Vea Salmo 118:25-26.

11. Esta lista apareció originalmente como siete frases separadas en mi libro *Just Give Me Jesus* y se basa en la grabación de una oración de tres minutos del doctor S. M. Lockridge.
12. Vea Apocalipsis 4:8-11; 5:11-13.
13. Vea Zacarías 9:9.
14. Vea Juan 11:53.
15. Vea Mateo 26:14-16.
16. Salmo 22:3-5, RV95.
17. La historia de Jericó se encuentra en Josué 6.
18. Isaías 6:1,3-4.
19. El incidente es real pero el nombre de Brad fue cambiado para proteger su privacidad.

Capítulo 4. MÁS de... su muerte en mi vida Juan 12:20-25

1. Vea Santiago 4:10.
2. Vea Mateo 16:25.
3. Vea 2 Corintios 6:10; 8:9.
4. Vea 2 Corintios 12:10.
5. Vea Mateo 5:6.
6. Vea Mateo 5:11-12.
7. Vea Gálatas 2:20.
8. Vea Mateo 20:20-28.
9. Vea Lucas 22:19-20; 1 Corintios 11:23-26.
10. Cuando Jesús emplea el término «aborrecer», no quiere decir que Él solamente usa a personas con autoestima baja o con complejos de inferioridad. Lo que quiso significar es que comparado con cuánto lo amamos a Él y el valor de sus bendiciones eternas, es como si nos aborreciéramos a nosotros mismos y a los tesoros temporales de esta vida. El énfasis no está puesto en lo que se aborrece sino en el contraste entre cómo vemos las cosas eternas en relación a las temporales.
11. Gálatas 2:20.
12. Vea Apocalipsis 1:17.
13. Mateo 16:24.
14. Juego de palabras intencional.
15. Hebreos 12:2.
16. Vea Hebreos 13:5.
17. Vea Salmo 27:10.

18. Vea Daniel 9:1-25.
19. Vea Juan 9.
20. Vea Isaías 43:2.
21. Vea Apocalipsis 1:9-13.
22. 1 Corintios 2:9.
23. Vea 2 Timoteo 2:12; Apocalipsis 5:10; 20:6; 22:5.
24. Vea Juan 14:21.
25. Vea Juan 14:23.
26. Vea Juan 17:8.
27. Vea Juan 12:26.
28. Vea Filipenses 3:13.
29. Vea Lucas 22:43-44.
30. Vea Apocalipsis 5:12.
31. Vea 1 Juan 3:2.
32. Vea Romanos 1:16-17.
33. Vea Mateo 25:21,31,34.
34. Vea Juan 14:3; Apocalipsis 21:1-2.
35. Vea Apocalipsis 21:3-5.
36. Dios habló con voz audible a Jesús solo en tres oportunidades durante su vida en la tierra. Le habló una vez en esta ocasión, una vez cuando fue bautizado (vea Mateo 3:17) y una en la transfiguración (vea Marcos 9:7).
37. El reverendo Joe Wright, el 23 de enero de 1996, oró durante una sesión de la legislatura estatal de Kansas e incluyó algunos de los mismos comentarios. Para mayor información, visite la página de su iglesia en la Internet: http://www.centralcc.org.
38. Estoy convencida de que Dios llama a algunos de sus hijos a desempeñarse a tiempo completo en la actividad política. Alabo a Dios por los hombres y las mujeres de la actualidad, que como Daniel o José lo hicieron en la antigüedad, sirven a Dios dentro del gobierno. Sin embargo, la política o la legislación por sí sola jamás podrá vencer al diablo.
39. Esta historia está copiada de *Just Give Me Jesus*, de Lotz, 260-61.
40. Vea Efesios 3:20. Años más tarde, este fue el mismo versículo que Dios le dio a Morrow para confirmarle la elección de su compañero para toda la vida: Traynor Reitmeier.

Capítulo 5. MÁS del... barro de sus manos en las mías Juan 13:1-17

1. Vea 1 Samuel 2:20-21.

2. Para más detalles, vea «When God Hides His Face» de David Van Biema, *Revista Time,* 16 de julio de 2001, 62-64 y *Holding on to Hope* de Nancy Guthrie, Tyndale, Wheaton, IL, 2002.
3. Vea Juan 12:37-38,42-43; Mateo 27:18.
4. Vea Marcos 14:15,22.
5. Filipenses 2:5-9.
6. Vea Lucas 22:24-27.
7. Vea Lucas 22:15-16.
8. 1 Pedro 5:6.
9. Vea 1 Juan 1:7; Efesios 1:7.
10. Vea 1 Juan 1:3-10.
11. Ver Mateo 27:3-5.
12. Vea Mateo 26:24.
13. Vea 1 Juan 1:8.
14. 1 Juan 1:9.
15. Existen denominaciones que se centran en el «lavamiento de pies» como ceremonia. Si bien el ritual de lavar los pies puede ser significativo, también puede servir para esconder la verdad de lo que Jesús estaba diciendo. Es posible que uno salga de la reunión con los pies físicamente limpios mientras que uno está espiritualmente sucio.
16. El arrepentimiento y el lavamiento de pies son esenciales para un avivamiento personal. Vea Hechos 3:19.
17. Vea Efesios 2:8.
18. Vea 1 Juan 1:9.
19. Vea 1 Corintios 6:20; Efesios 1:7.
20. Vea Marcos 10:45.
21. Vea Romanos 8:1-2.
22. Vea Efesios 1:13-14.
23. Vea Juan 17:22; Romanos 8:28-30.
24. Vea 1 Corintios 6:19.
25. La oración de Jabes, doctor Bruce H. Wilkirson, Editorial Unilit, Miami Florida, 2001
26. 1 Crónicas 4:10.
27. Ibíd.
28. Juan 13:17, RV95, énfasis añadido.
29. Vea 2 Corintios 1:20.

Capítulo 6. MÁS de... su esperanza en mi dolor Juan 14:1-11

1. *Revista Time,* 24 de marzo de 1997.

2. La autopsia reveló que John tenía un tumor cerebral masivo, maligno e inoperable.
3. Una «sopa», como se llama al trozo de pan mojado en un plato, era entregada generalmente por el anfitrión al invitado a quien se quería honrar en la mesa.
4. Resulta interesante notar cuántas veces en las Escrituras se identifica a Judas como el «hijo de Simón». ¡Cuánta vergüenza trajo al nombre de su padre! Vea 1 Samuel 17:55-58 por el ejemplo de un joven, posiblemente de la misma edad que Judas, que honró el nombre de su padre.¿Se sentirá honrado o avergonzado por su conducta el Padre celestial?
5. Vea Efesios 3:17-19.
6. En la versión Reina Valera 95, vea 2 Timoteo 1:12; Efesios 3:20; 2 Corintios 9:8; Hebreos 2:18; 7:25; Judas 24; Filipenses 3:21 y Mateo 9:28-29.
7. Vea Génesis 1:28; Efesios 1:3.
8. Vea Salmo 145:8.
9. Vea Salmo 119:138.
10. Vea Deuteronomio 33:27.
11. Vea Lamentaciones 3:23.
12. Vea Salmo 73:1.
13. Vea Levítico 11:45; 1 Pedro 1:16.
14. Vea 1 Timoteo 1:17.
15. Vea 2 Tesalonicenses 1:6.
16. Vea Jeremías 9:24.
17. Vea 1 Juan 4:16.
18. Vea Daniel 9:9.
19. Vea Filipenses 4:5.
20. Vea Apocalipsis 1:8; Hechos 1:24; Lucas 9:47.
21. Vea Génesis 17:1; Efesios 1:18-20; Números 14:13.
22. Vea Deuteronomio 33:26.
23. Vea Esdras 9:15.
24. Vea 2 Corintios 12:9, RV95, y 2 Corintios 3:5; 9:8.
25. Vea Juan 3:33; 14:6; Jeremías 10:10.
26. Vea Deuteronomio 6:4; 2 Reyes 19:15; Salmos 72:18; 86:10; Isaías 37:16,20.
27. Vea Habacuc 3:8; Proverbios 21:31; 1 Corintios 15:57.
28. Vea Romanos 16:27.
29. Vea 1 Crónicas 29:11; Job 36:22; 37:23; Salmo 92:8.
30. Vea Juan 1:1,14,18.
31. Vea Apocalipsis 21:1-5; 22:1-6.
32. Hechos 6:15; 7:55-56.
33. Vea Lucas 22:69; Efesios 1:20; 2:6; Hebreos 1:3.

34. Apocalipsis 12:11.
35. La autobiografía de la señorita Johnson es *Created for Commitment*, Tyndale, Wheaton, IL, 1982.
36. Bible Study Fellowship es una escuela bíblica laica e internacional para hombres, mujeres y niños. La clase de estudio bíblico en la que enseñé en mi ciudad de origen durante doce años fue una clase de Bible Study Fellowship. Para mayor información, escriba a Bible Study Fellowship, 19001 Blanco Road, San Antonio, TX 78258, EE.UU.
37. Dos pasajes de las Escrituras en los que la señorita Johnson basaba su esperanza en particular son 2 Corintios 5:8 y 1 Corintios 13:12.
38. Salmo 23:4, RV95, énfasis añadido.
39. Hechos 1:11, énfasis añadido.
40. Esta discusión y los versículos citados en ella son de 1 Tesalonicenses 4:13-18.
41. Vea 2 Corintios 5:4.
42. Vea Filipenses 3:21.
43. 1 Tesalonicenses 4:17-18.
44. Vea 1 Corintios 15:51-52 y Mateo 24:36-41. Este próximo suceso ha sido popularizado por la serie de libros, éxitos de librería, Dejados atrás. Uno puede fácilmente imaginar el caos resultante de la desaparición de los creyentes. Cuando eso suceda, un avión en pleno vuelo se quedará sin pilotos, los automóviles en la carretera perderán a sus conductores, los hogares y los negocios quedarán vacíos, los médicos perderán a sus pacientes en medio de la cirugía, los líderes gubernamentales importantes desaparecerán, y tanto miembros de la familia como amigos, clientes, socios, soldados y estudiantes ¡se esfumarán!
45. ¿Acaso la promesa del regreso de Jesús en vez de darle consuelo le produce temor? ¿Tiene miedo, no por usted, sino por sus seres queridos que no están preparados para encontrarse cara a cara con Él y que podrían ser dejados atrás si Jesús regresara hoy? Entonces recuerde sus palabras: «No se angustien». Confíe en el Señor en cuanto a sus seres queridos mientras procura llevarlos a confiar en Él.
46. 1 Corintios 15:52; Lucas 12:40; Hebreos 10:37.
47. Vea Juan 6:5-7.
48. Se dice que mientras los agnósticos se pelean entre sí, los creyentes discuten con Dios. Observe el pequeño libro de Habacuc como un ejemplo de un hombre cuya fe se desarrolló enormemente al hacerle preguntas a Dios.

    Tengo una joven amiga que ha estado durante cuatro años en un infierno emocional. La he observado mientras ella ha intentado hacer todo en la forma correcta, confiando ciegamente en Dios sin cuestionarlo. Ella temía incluso admitir que tenía dudas por temor a que Dios no la siguiera amando o usando o de que de alguna manera se pudiera convertir en una cristiana inferior si admitía su confusión. Al intensificarse el sufrimiento, la animé a que confesara todo de corazón ante Dios y que le presentara con respeto las preguntas que había estado reprimiendo.

Su situación se tornó intolerable y al sentirse espiritualmente deprimida por el dolor y la angustia, clamó al Señor. En respuesta, Dios comenzó a darle sus respuestas, sus promesas, su poder y, más que nada, de su amor hacia ella por medio de su Palabra. Si bien su situación todavía tiene que cambiar, los problemas han pasado a un segundo plano ante la emoción de escuchar la voz de Dios que le habla en forma personal después de haber comenzado a desarrollar una relación profunda e íntima con Él.

Así que, siga adelante. Pregúntele lo que tiene en mente. Él no se ofende. Él puede estar esperando que usted abra su corazón y su mente para revelarle lo que ha mantenido oculto de Él.

49. Juan 1:1,14,18.
50. Hebreos 1:1-3.
51. Vea Colosenses 1:15-20.
52. Vea Hechos 1:9; 7:55-56; 9:1-5.
53. Vea Apocalipsis 3:20; Juan 14:16.
54. Vea Hebreos 7:25.
55. Vea Mateo 26:64; Apocalipsis 1:7; 19:11-16.
56. Vea Juan 2:1-10.
57. Vea Juan 5:1-9.
58. Vea Juan 4:43-54.
59. Vea Juan 6:1-13.
60. Vea Juan 6:16-21.
61. Vea Juan 9:1-7.
62. Vea Juan 11:38-44.
63. Vea Juan 20:30.
64. Vea la introducción al capítulo 5: «MÁS del... barro de sus manos en las mías».
65. El pie deforme es un rasgo característico de los bebés con el síndrome de Zellweger.

Capítulo 7. MÁS de... su fruto en mi servicio Juan 15:1-8

1. Vea Juan 3:7.
2. Muchos cristianos, incluso mi madre, no pueden recordar el momento exacto de su conversión. Sin embargo, ellos pueden saber si confían en Cristo en este momento, si caminan en humilde arrepentimiento y con fiel obediencia.
3. Vea 1 Juan 4:13.

4. Existen otras dos interpretaciones acerca del versículo 6 y de la rama que fue arrojada y quemada: 1) La rama pertenecía a la vid pero fue quitada. En otras palabras, aunque una persona esté espiritualmente unida a Jesucristo por medio de la unción del Espíritu Santo, esa persona puede ser separada. No acepto esta interpretación porque otros pasajes de las Escrituras son claros en cuanto a que una vez que uno ha nacido de nuevo en la familia de Dios, no se puede volver atrás. No se puede perder la salvación. 2) La segunda interpretación es que la rama representa las obras o el servicio de la persona, en vez de la persona en sí. En otras palabras, si bien la persona está unida a Cristo, su servicio no fue realizado en el poder del Espíritu Santo y por lo tanto no dio fruto y era inútil. Tampoco acepto esta interpretación porque en el versículo 5 Jesús dice claramente que la rama representa a la persona y no a sus obras.
5. Este mismo concepto es usado por Jesús en la parábola de la mala hierba en Mateo 13:24-30,36-43. Jesús nos advierte acerca de que debemos cortar los «ladrones» o la mala hierba de la iglesia porque Él es el único que conoce verdaderamente cuáles son las ramas biológicamente unidas y cuáles son las falsas.
6. Apocalipsis 3:17.
7. Vea Mateo 7:15-23.
8. Vea Gálatas 5:22-23.
9. Énfasis añadido.
10. Énfasis añadido.
11. Elija un lugar de la casa donde pueda encontrarse con Jesús a primera hora de la mañana. Mantenga allí su Biblia, un bolígrafo, un lápiz, un anotador, un libro devocional y cualquier otro elemento necesario. De otro modo, si se levanta temprano pero tiene que comenzar a buscar cada cosa, se distraerá y perderá un tiempo precioso de su encuentro con el Señor.
12. Una de las ayudas más importantes en este tiempo de oración matutino ha sido el libro de meditaciones *Daily Light* publicado en 1998 por J. Countryman, Nashville, Tennessee. Se trata de una compilación de versículos divididos en lecturas para la mañana y la noche. Al comenzar mi día cada mañana con Jesús, leo los versículos seleccionados para ese día en el libro *Daily Light*. Luego uso los temas, promesas, advertencias o mandamientos de esos versículos como trampolín para mis oraciones. Inténtelo. *Daily Light* está disponible en un Morning Journal y en un Evening Journal, escritos a partir de mi propio tiempo de oración como una ayuda para quienes luchan, como yo, con la concentración y la regularidad en la oración. Puede hallar información acerca de estos productos al final de este libro.
13. RV95.
14. Isaías 42:3.

15. Vale la pena mencionar que Él recorta o poda nuestra vida para hacerla más fructífera. No podemos podarnos a nosotros mismos. He escuchado decir que estableciendo prioridades en nuestro uso del tiempo y de nuestros compromisos es lo mismo que la poda de Dios; sin embargo, no es así. Ciertamente necesitamos establecer prioridades. Este libro no habría sido escrito si yo no hubiera recortado muchas cosas de mi vida para poder tener tiempo de sentarme frente a la computadora y escribirlo. He tenido que recortar charlas al teléfono, viajes, conferencias, el trabajo de la casa, hacer las compras, cocinar, salidas con la familia o amigos y responder a la correspondencia, así como muchas otras cosas realmente buenas, con tal de poder tener tiempo para escribir. Sin embargo, el recortar esas cosas de mi vida no es lo mismo que el chac de las tijeras del labrador.
16. Vea Romanos 5:3.
17. Vea Hebreos 5:8.
18. Vea 2 Corintios 12:9.
19. Vea Isaías 53:7; 1 Pedro 2:23.
20. Vea Habacuc 2:4; 3:16-19.
21. Vea 1 Juan 4:16-18.
22. Vea Juan 13:8-10.
23. Vea Efesios 5:18.
24. Vea 1 Juan 1:9.
25. 1 Crónicas 4:10.
26. La oración de Jabes, David Wilkinson, Editorial Unilit, Miami Florida, 2001, 86-87.

Capítulo 8. MÁS de... su amor en mi hogar Juan 15:9-17

1. 1 Juan 4:16.
2. Romanos 5:5.
3. Vea Juan 8:42.
4. Vea Mateo 22:39.
5. Vea 1 Juan 4:20-21.
6. Vea 1 Juan 2:15.
7. 1 Corintios 13:1.
8. RV95.
9. Vea 2 Corintios 3:18.
10. Vea Juan 2:25.
11. Esta historia es verídica, pero el nombre de Karen ha sido cambiado por razones de privacidad.
12. Cuando llamé a Karen para solicitarle el permiso de publicar su historia, aceptó inmediatamente con la condición de que quedara bien en claro un punto. El

perdón que ella ofreció a la madre fue una decisión que ella tomó y no algo que sintió. Y esa determinación tenía que repetirla cada vez que pensaba en su madre o escuchaba su voz o estaba en su presencia. Fue una decisión que se tornó en un hábito que con el tiempo acarreó el sentimiento del perdón y la liberó para poder amarla de una manera genuina sin condicionamientos de ningún tipo.

El final verdadero y hermoso de esta historia es que durante las semanas previas al fallecimiento de la madre de Karen, ella llegó a confiar en Jesucristo como su Salvador. Y fue como si el amor por Karen, que había estado aprisionado durante tanto tiempo en el corazón de la madre, se liberara por el impacto de la cruz. No solo fue transformada su relación con Dios, sino que su relación con Karen se convirtió en una relación de amor y de aceptación. ¡A Dios sea toda la gloria!

13. Vea 2 Crónicas 20:7; Éxodo 33:11; Hechos 13:22.
14. Vea Gálatas 5:22-23.

Capítulo 9. MÁS de... su valor en mis convicciones Juan 15:17-27

1. Este relato se ha narrado de muchas maneras, con más o menos detalles. La veracidad de la historia ha sido verificada por The Voice of the Martyrs, la organización internacional de ayuda y oración, quien la incluyó en su libro, escrito junto al grupo dc Talk, titulado Locos por Jesús; Editorial Unilit, Miami Florida, 2001
2. El doctor John Perkins es una leyenda viviente para todos los involucrados en la reconciliación racial.
3. Vea Juan 14:6.
4. Todos los discípulos murieron como mártires, de muerte violenta, excepto Juan que estaba desterrado en Patmos. Al final de sus días, Juan regresó a Éfeso, donde murió y fue sepultado.
5. Los talibanes gobernaban Afganistán y adhirieron a una rama radical y fanática del islam que coopera y oculta a Osama bin Laden y a la red terrorista de Al Qaeda, responsables del ataque a los EE.UU. el 11 de septiembre de 2001.
6. Jezabel, mencionada en Apocalipsis 2:20, fue una mujer que con su ejemplo llevó a la iglesia de Tiatira a la inmoralidad.
7. Vea Génesis 3.
8. Vea Génesis 6-9.
9. Vea Génesis 11.
10. Vea Génesis 10. Para una explicación más detallada acerca de la rebelión del hombre y la amorosa paciencia de Dios en los inicios de la historia de la humanidad, por favor refiérase a *God's Story,* de Anne Graham Lotz; Word, Dallas; 1997.

11. Vea 2 Corintios 5:19.
12. Vea Jueces 21:25.
13. Vea Mateo 6:19-21.
14. Vea Lucas 12:15-21.
15. Vea Marcos 8:36.
16. Vea Mateo 25:41-46.
17. Vea 2 Corintios 6:17; Romanos 12:2; 1 Juan 2:15-17.
18. David B. Barrett, George T. Kurain, Todd M. Johnson, editores, *World Christian Encyclopedia;* Oxford University Press, Nueva York, 2001, 11.
19. Gene Edward Veith, «The New Multi-Faith Religion», *World* magazine, 15 de diciembre de 2001, 16.
20. Mateo 5:14.
21. A los tres años de esta situación que me partió el alma, ocasionada por muchas de las iglesias principales de los EE.UU., Dios me llamó para crear AnGeL Ministries. Uno de los versículos que me dio como parte de mi llamado y que me ayudó a establecer mis prioridades y a determinar la dirección de mi ministerio fue Apocalipsis 22:16: «Yo, Jesús, he enviado a mi ángel para darles a ustedes testimonio de estas cosas que conciernen a las iglesias». Supe que Él enviaba a este AnGeL a la iglesia en general con el testimonio de su Palabra. Es una misión que sigo tratando de cumplir hasta el día de hoy.
22. dc Talk and The Voice of the Martyrs, Locos por Jesús Editorial Unilit, Miami Florida, 2001, 208-209, 184-185, 83-84, 296-297, 141-142, 195-196, 53-55. El relato del martirio de cada discípulo concuerda con la tradición histórica.
23. Algunos críticos afirman que los discípulos inventaron la historia de la resurrección de Jesús para su provecho. Sin embargo, ¿alguno de ellos, a excepción de Juan, habría sufrido una muerte violenta por una simulación? Creo que no.
24. Vea Efesios 1:18-23.
25. Vea Juan 6:1-13.
26. Para un detalle completo de esta escalofriante historia que brinda aliento, por favor vea *Just Give Me Jesus,* 130-51.
27. Hechos 4:10,12-13.
28. Hechos 4:20.
29. Ibíd.
30. Adapté y personalicé esta composición que he visto atribuida a autores anónimos, a pastores africanos y a ministros norteamericanos. Me llamó la atención en un boletín de una iglesia que me envió un amigo, donde figuraba el nombre de Bob Moorhead. Si bien la identidad del autor es incierta, el desafío de las palabras parece revelar la inspiración del Espíritu de Dios. Seguramente proviene de la pluma de alguien que está muy seguro de sus convicciones.

Capítulo 10. MÁS de... su cercanía en mi soledad Juan 16:5-15

1. Diccionario de la Lengua Española, vigésima segunda edición, R.A.E., 2001, «soledad».
2. Génesis 1:1.
3. Vea Génesis 1:3,6,9,11-27.
4. Vea Juan 1:1-2,14.
5. Génesis 1:26-27, énfasis añadido.
6. El libro de los Hechos del Nuevo Testamento se refiere literalmente a los hechos del Espíritu Santo y no a los hechos de los apóstoles, como algunos creen.
7. Lotz, *Just Give Me Jesus,* 157-58.
8. Romanos 8:9.
9. Vea Mateo 28:19-20.
10. Vea Hechos 4:13.
11. 1 Corintios 1:23.
12. Vea 2 Corintios 4:3.
13. Vea 2 Corintios 4:4.
14. Vea Juan 15:5.
15. Vea Efesios 1:19-23.
16. 2 Corintios 5:21; Romanos 4:6.
17. Vea Romanos 3:10; Efesios 2:8-9.
18. Vea Romanos 3:23; 6:23; Juan 3:16; 14:6.
19. Vea Mateo 12:30; Lucas 11:23; Juan 8:24; 1 Juan 1:5-7; Apocalipsis 21:7-8.
20. El ejemplo es verídico pero el nombre de Elizabeth ha sido cambiado para proteger su privacidad.
21. 2 Crónicas 20:15.
22. Vea Filipenses 4:7.
23. Vea Romanos 6-8; Gálatas 4-5.
24. Apocalipsis 1:3 es una promesa de bendición especial para el lector del último libro de la Biblia; pero también es una promesa para el lector de la Biblia completa quien de continuo la lee, la estudia, la aplica y la obedece.
25. Vea 2 Timoteo 3:16.
26. Vea Lucas 24:27.
27. Vea Juan 4:25-26; Juan 1:29; Mateo 21:15; Juan 8:28; Hebreos 1:1-3; 1 Juan 4:14; Juan 14:6; Romanos 8:34; Apocalipsis 19:16; Juan 1:14.
28. En el Antiguo Testamento vemos la venida de Jesús por medio de los profetas, las ceremonias, la ley y la historia. En los Hechos y las Epístolas vemos la obra de Jesús por medio de los apóstoles en la iglesia primitiva. En Apocalipsis vemos a Jesús que vuelve en su gloria y poder para reinar sobre la tierra. El Espíritu Santo

es el autor de la Biblia. Y es el Espíritu Santo el que obra por medio de la Palabra escrita de Dios para revelarnos la Palabra viva de Dios, que es Jesucristo.

Capítulo 11. MÁS de... sus respuestas a mis oraciones Juan 16:23-27

1. Chuck Swindoll, compilado, *The Tale of the Tardy Oxcart*, Word, Nashville, 1998, 455-56.
2. Ibíd., 450-51.
3. Lucy A. Bennett (1850-1927), «Trust Him With Thy Wants Are Many».
4. Vea Efesios 1:18-21.
5. Ezequiel 36:37, RV95.
6. Como Jesús es nuestra justicia, Él nos da el derecho de estar frente a Dios. Esta es la única razón por la cual nosotros y nuestras oraciones reciben respuesta de parte de Dios.
7. La Biblia además nos da varias razones por las que nuestras oraciones no son contestadas. Algunas son: falta de fe (Mateo 21:22), egoísmo (Santiago 4:2-3), pecado (Salmo 66:18), falta de compasión (Proverbios 21:13), falta de armonía en el hogar (1 Pedro 3:7), orgullo (Job 35:12-13), desobediencia (1 Juan 3:22), pedir fuera de la voluntad de Dios (1 Juan 5:14) y falta de comunión con los demás creyentes (Mateo 18:19).
8. Vea Apocalipsis 3:8; Salmo 91:11; Mateo 17:20; Efesios 3:12; Hebreos 10:19; 2 Timoteo 1:7; Malaquías 3:16.

Capítulo 12. MÁS de... su gloria en mis rodillas Juan 17:1-5

1. Cuando escribí este ejemplo imaginario, me inspiré en una escena similar de John Phillips, *Exploring Hebrews,* Kregel, Grand Rapids, MI, 1992.
2. Hebreos 10:19-22.
3. Vea Marcos 1:35; 6:46-47; Lucas 3:21; 5:16; 6:12; 9:16; 9:18; 9:28; 11:1.
4. Vea Efesios 1:4-5; Juan 1:12.
5. Vea Romanos 8:15.
6. Vea Filipenses 4:7.
7. Si hubiera habido otro camino, Dios lo hubiera hallado. Jamás hubiera sometido a su único Hijo a una muerte de semejante crueldad.
8. Vea Efesios 1:4; Juan 17:24.
9. Vea Génesis 1:26-27.
10. Génesis 3:21 es el primer indicio que tenemos del sistema sacrificial que durante miles de años ilustró el sacrificio final del Cordero de Dios, sacrificado por el pecado de todo el mundo. Vea Juan 1:29 y Apocalipsis 5:6.

11. 1 Pedro 1:7.
12. La palabra de las Escrituras que se emplea con mayor frecuencia para describir lo que es conocer a Dios es la misma que describe la relación íntima entre un hombre y una mujer en el matrimonio.
13. Vea Efesios 2:10.
14. Juan 4:31-34.
15. «Profiles in Ministry», Ambassador Advertising Agency Update, Marzo 2002.
16. Durante los últimos tres años me he negado a cada una de estas cosas, entre otras, con tal de mantener mi enfoque en aquello que Dios me ha llamado a hacer.
17. 2 Pedro 1:16-17.
18. Efesios 1:22; Filipenses 2:9, énfasis añadido.
19. Apocalipsis 5:11-12.